ha Library

丸山眞男セレクション

平凡社ライブラリー

Heibonsha Library

丸山眞男セレクション

丸山眞男著
杉田敦編

平凡社

本書は平凡社ライブラリー・オリジナル編集です。

目次

編集付記

本書は、丸山眞男の代表的な論考を集めたものである。すべての論文について、『丸山眞男集』（岩波書店）を底本とした。ただし、初出時よりのちに加えられた「補註」は省いた。

国民主義の「前期的」形成

第一節　まえがき――国民および国民主義

国民とは国民たろうとするものである、といわれる。単に一つの国家的共同体に所属し、共通の政治的制度を上に戴いているという客観的事実は未だ以て近代的意味に於ける「国民」を成立せしめるには足らない。そこにあるのはたかだか人民乃至《ないし》は国家所属員であって「国民」(nation) ではない。それが「国民」となるためには、そうした共属性が彼等自らによって積極的に意欲され、或は少くも望ましきものとして意識されていなければならぬ。換言すれば一定の集団の成員が他の国民と区別されたる特定の国民として相互の共通の特性を意識し、多少ともその一体性を守り立てて行こうとする意欲を持つ限りに於て、はじめてそこに「国民」の存在を語ることが出来るのである。もとよりそうした一体意識は種々のニュアンスに於て存在しうる。言語・宗教・風俗・習慣其他文化的伝統の共通性を地盤として自己の文化的一体性については明確な自覚を保有しながら、政治的な国民意識を欠いている様な場合もある（典型的には十九世紀初期までのドイツ国民やイタリー国民）。しかしこうした文化国民[*1]にしてもその文化的一体性を外部から擁護せんとするや直ちに自らの存在を政治的なるものへと高め、国家的共同体を形成する必要に迫られる。かくして国民意識は苟《いやしく》もそれが自覚的なる限り、早晩政治的一体意識にまで凝集するに至る。近代的国民国家を担うものはまさにこの意味に於ける国民意識にほかならない。そうしてかかる国民意識を背景として成長する国民的統一と国家的独立の主張とをひろく国民主義[*2]（Nationalism; Principle of nationality）と呼ぶならば、国民主義こそは近代国家が近代国家として存立して行くため不可欠の精神的推進力である。しかも各国民の世界史的位置の異るに従って、国民国家の形成乃至発展の態様は区々であり、それに対応して、国民主義自体の発展も夫々《それぞれ》個性的な形態を取る。フォスラーのいう様に、「唯一の国民主義（*Der* Nationalismus）、全世界に二つとない国民主義といった様なものは存在しない。いくつかの相異った国民主義の複数的存在（Nationalis*men*）があるのみである[*3]」。国民主義の主張はその本性上個性的たらざるをえず、国民主義の発現形態のうちに当該国民国家の形成過程の特質は最も明瞭に刻印されるのである。

上の如き政治的範疇としての「国民」及びその自己主張としての国民主義が一定の歴史的段階の産物であることは明瞭であろう。国民が自らを政治的統一体として意識し、もしくは意欲するに至るまでには、通常それが単に自然的ないわば植物的な存在として生存を続けて来た長い時代が先行していたのである。もとよりその際にでも人間が一定の土地に代々定着していたことによって自然にその土地乃至風俗に対して懐くに至った愛着の念といった様なものは遠い過去からあったに違いない。しかしこうした本能的な郷土愛は国民意識を培う源泉ではあっても、それは直ちに政治的国民を造りあげる力とはならぬ。郷土愛とは畢竟《ひっきょう》、環境愛にほかならず、環境愛は自己の外なるものへの伝習的な依存であるのに対し、国民の国家への結集はどこまでも一つの決断的な行為として表現されねばならぬからである。のみならず環境愛は中心たる自己から波紋状に拡って行きその濃度は距離に反比例するから、多少とも抽象性を帯びた国家的環境はヨリ直接的な村落乃至家族的環境に比して自から親近性は薄からざるを得ない。そこである場合にはこうした郷土愛は国民意識を培うどころか、却《かえ》ってその桎梏として作用する。*4かかる際には近代的国民主義は伝統的郷土愛の揚棄を通じてのみ自らを前進せしめうるのである。

他方また全国民を包括する国家的秩序が一応存在していても、それは自然必然的に国民の間に政治的一体意識を醱酵せしめるとは限らない。その秩序の内部的機構によって国民の国家への政治的凝集が阻止されている場合には、そうした国家的秩序は国民を内面から把握するに至らず、国民の大多数は依然として自然的非人格的な生存を続けている。[*5] この場合には、国民主義は、国家的秩序と国民の間に介在してその直接的な結合を妨げていた勢力乃至機構をなによりもまず排除しようとする。いずれにせよ、国民主義がこの様に国民の伝習的な生存形態との矛盾衝突をも賭して自らを形成するということはとりもなおさず、政治的国民意識が自然的自生的存在ではなく、その発生が一定の歴史的条件にかかっていることを示している。国民は一定の歴史的発展段階に於てなんらか外的刺戟を契機として、従前の環境的依存からの、多かれ少かれ自覚的な転換によって自己を政治的国民にまで高める。通常この転換を決意せしめる外的刺戟となるのが外国勢力でありいわゆる外患なのである。

＊1　国家国民との区別に於て文化国民の範疇を提示したのはいう迄もなくマイネッケである（F. Meinecke, Weltbürgertum und Nationalstaat, 7. Aufl., 1928）。しかしここでいう文化国民はマイネッケのそれより一層狭く、歴史的に特定の文化的遺産なり伝統なりの刻印を受けているというだけでなく、そうした文化が国民によって共同に主体的に担われているものをいう。マイネッケは古い時期の「植物的」な国民と近代的自発性に目覚めた国民との両者を包含して、あ

の区別を立てているのであるが、吾々がここで問題にしているのは文化国民についても国家国民についても専ら後者である。それが一定の歴史的段階の産物なることはすぐ後に触れる。

＊2　Nationalism はまた民族主義と訳されるが、民族主義というと、例えば他の一国家の本土に少数民族として存在し、或は植民地となっていた民族が独立するとか、数個の国家に分属していた民族が一国家を形成するとかいう場合は適当であるが、我国の様に昔から民族的純粋性を保ちいわゆる民族問題を持たなかった国に於ては如何であろうか。日本で民族主義というともっぱら対外的問題の様にひびくが、ナショナリズムは後に明かになる如く対外的問題であると同時に内部的問題なのである。国家主義という言葉も屢《しばしば》々個人主義の反対観念として用いられているので適当でない。ナショナリズムは一定の段階に於てまさに個人的自主性の主張と不可分に結合しているからである。結局こうした種々のニュアンスを包含する意味で国民主義と呼んだのである。

＊3　O. Vossler, Der Nationalgedanke von Rousseau bis Ranke, 1937, S. 13.

＊4　シナに於て郷党的感情とそれに基く地方的団結意識が今日までいかに国民的一体意識の生長を阻んでいたかは周知のことである。孫文はこのことを「中国に於てはただ家族主義、宗族主義あるのみにして国族主義がない」という言葉で表現した（三民主義、民国十三年、邦訳『孫文』全集第一巻一〇頁）。尤《もつと》も彼はその際、家族・宗族の団結意識を「推広」すれば宗族主義は転じて国族主義となしうる、といっている（同、邦訳一一〇頁）。果して彼が事実かくの如く楽観的に考えたのか、それとも国民への心理的効果を狙ったのかは別として、宗族観念が

「国族主義」に自生的に発展するものに非ざる事は、恰《あたか》も国民主義が自動的に世界主義に発展しえざると同様である。外国勢力に対する共同の対抗の必要がはじめて中国人に宗族を超えた一体意識を喚起したのである。

＊5　その典型的な例も民国革命前のシナ帝国に見られる。

第二節　徳川封建制下における国民意識

長く輝かしい国民的伝統を担った我国に於ても、上述の意味での国民意識とそれを背景とした国民主義の生誕には明治維新を俟《ま》たねばならなかった。もとより我が国家体制の特性に基く神国観念乃至民族的自恃は建国以来脈々として国民の胸奥の裡に流れ続けて来た。しかしそれはそのまま国民の政治的一体意識にまでは昇華せず、それが直ちに国民的統一へ導くものではなかった。その為の国内的な社会的条件が成熟せず、国際的交通からも遠く隔っていたからである（むろん元寇等のことはあったが、それは偶然的な突発事にすぎなかった）。幕末外国勢力の渡来がなんら偶発的一時的な事件ではなく、世界市場形成の最後に残された一環を埋むべき歴史的必然として我国に迫ったとき、国民的独立と国民的統一の問題ははじめて日程に上ったのである。そうしてこの場合、我が国民主義はまさしく国民の国家への政治的凝集を強靭に妨げている機構乃至精神に直面しなければならなかった。ほかならぬ徳川封建制が是である。

かくして我が国民主義が克服せねばならなかった歴史的課題を理解するためには、まず以てこの徳川封建制及その下に於ける社会意識が如何なるものであったかが一応解明されねばならぬであろう。何故に国民的一体意識の進展はこの歴史的環境からの離脱を通じてのみ可能であったのか。――

第一に兵農分離を徹底的に押進めた結果として成立した徳川封建制に於ては治者と被治者の世界が確然と区画されていた。治者たる武士階級は一切の政治的権利を独占したのはもとより、社会的乃至文化的にも自己の生活様式を庶民のそれから判然と区別し、そうした身分の閉鎖性をばあらゆる法的手段によって擁護すべくつとめた。近代社会を担った市民階級は自らは「全て」であろうとし、いわゆる第四階級の登場によって不本意ながらも「階級」たらしめられたのである。しかるに封建的治者はむしろ反対に、国民の他の階層から区画された「身分」たることを欲し、そのことに誇りを感じていた。そうして農工商の庶民はひたすら武士に奉仕し武士を養う為にのみ生存を許容されていた。特にその中でも圧倒的多数を占める農民はもっぱら貢租を納める為の存在であった[*1]（農は納なり）。農民の社会的義務は貢租を滞りなく納めることに尽きていた。彼等はそれ以上国家社会の運命になんらの関心もましてや責任も負担する必要がなかった。その意味で「年貢さへすまし候得ば、百姓程心易きものは無レ之」という慶安御触書の言葉は、農民の肉体的生命の維持をも危殆ならしむる底の貢納義務をば「年貢さへ」と事もなげに扱っていることの皮肉を暫く別とすれば、たしかに或る歴史的真実を衝いていた。だから貢租義務といっても、厳密には、農民に政治的義務として、その政治的義務感に訴えて課せられるのではない。せいぜい貢租関係以外の生活関係に於ける「心易さ」の指示によって、逆に貢租義務自体を必然的運命として観念させようとするまでである。農民の側からいえば、貢租をば、政治的無関心と無責任の安易な世界に上から滴り落ちて来た黒点と見て、それを止むなき災厄として受取るのである。政治的秩序はどこまでも彼等の外部から彼等に対して与えられる。彼等がそれに服従するのは「泣く子と地頭には勝たれぬ」故であって、秩序への内面的自覚からではない。従って彼等は何時たりとも「一揆」によって彼等に押付けられた秩序をはねのけようとするのである。

それでは農民について庶民の主要な構成分子たる都市の商人はどうかといえば、農民が封建的生産者としてまだしも表面上尊重されたのに対し、商人は周知のごとく被治者の中でも最下位の価値秩序が指定されていた。彼等は「只だ利を知りて義を不レ知、身を利することをのみ心とす」（山鹿語類、巻第六）で一切の公共的義務意識を持たずひたすらに個人的営利を追求するいわば倫理外的存在とされた。こうした彼等が政治的に「無《リヤン》」ならしめられたのは当然である。封建的イデオロギーに於て彼等はせいぜい止むをえざる悪として容認されるか、或は

――武士階級が彼等の上層部に経済的に脅威さるるに至るや――呪詛され、抹殺論の対象とすらなるのである。そうして町人の側でも彼等に指定された価値秩序をそのままに受取り、已れは倫理の外に追放された存在なるが故に、私欲の満足のためには一切が許容されているという賤民根性に身を委ねた。*2 そこで彼等の多くは、その富を通じての社会的勢力を政治的なものに高めようとせずに、官能的享楽の世界に逃避し、そうした「悪所」の暗い隅で、はかない私的自由に息づき、或は現実の政治的支配関係に対してたかだか歪んだ嘲笑を向けるにとどまった。ここにも政治的秩序を自らのものとして積極的に担う自覚的な意思は全く見出されなかった。

かくの如くにして徳川封建社会は二つの部分に截然と亀裂し、一方武士階級は庶民に対してもっぱら政治的主体としての一切の政治的責任を自己の双肩に担い、反之《これにはんして》、全人口の九割以上を占める庶民はもっぱら政治的統制の客体として所与の秩序に受動的に「由らしめ」られていたのである。かく治者と被治者とが社会的に固定している処に於て、如何にして一体的な「国民」の存在を語りえようか。「夫《そ》れ一社会を以て一社会を制し、一階級を以て一階級を制するの国は、仮令《たと》ひ幾千万の人衆あるも、仮令善美なる法典あるも、是れ社会のみ、国民と称すべからず。人為の階級凡べて滅し、人民と政府の二大要素によりて、一国を組織するに至りてこそ、初めて一国民と称すべけれ」(竹越与三郎、新日本史、中、明治二十五年)といわれねばならぬ所以はここにあった。

さらにかかる武士対庶民という封建社会の基本的身分による分裂に附随して、武士階級乃至庶民階級の夫々内部に於ける階層的な身分的区別とその固定性が国民的統一意識の生長を妨げていた。そうしてこうした身分的階層が封建制の本質に従って一定の地域的な分布を持っているために、縦の身分的隔離は横の地域的割拠とからみ合って、そこに特有のセクショナリズムを醸し出すこととなるのである。近世封建制は屢々集権的封建制の名を以て呼ばれる。たしかに徳川幕府は全国の主要都市や鉱山を直轄とし、貨幣鋳造権を独占し、全国大名を自由に所替えする等、従来の政権に比し中央権力たるの色彩を強めてはいる。しかしその実質は依然たる一個の封建領主であり、天領以外の地域に対しては、どこまでも将軍に直隷する大名を通じての間接支配の様式を保持している。二百七十の藩は夫々閉鎖的な政治的単位を形成し、大名は自己の領地に対して独自の立法権・裁判権を行使する。各藩の間の交通は故意に著しく困難ならしめられている。そうして各藩の内部に於て藩士は数十の階層によって位階づけられ、夫々の身分は之《これ》また概ね固定的である。しかもこの様な身分乃至格式による社会的結合形態は庶民にまで押拡げられたから、いわば「日本国中幾千万の人類は各幾千万個の箱の中に閉され又幾千万個の墻壁に隔てらるるが如」（福沢諭吉、文明論之概略、巻之五）き光景を呈した。かくの如き環境に置かれた意識が固陋・狭隘に傾き公共性・開放性に乏しいのはきわめて自然である。松平定信は「一体日本の人は狭隘なる性多き故、たとへば下町のものは山の手をだに知らず、川崎の外へ出るもの稀なる故に海は品川の如く川は大川玉川の如きと思ふ計《ばかり》にて、思慮もただ目先の事をつとめかつて遠慮遠謀に及ぶべきなきをよろしき事と心得る風になり行なば愈《いよいよ》狭隘になり行べし」(閑なるあまり)と慨いた。しかしその定信自身の眼界は、日本橋の水がヨーロッパに通じている事実を指摘して外患に対して警鐘を打った林子平をば「奇怪異説」として処罰する程度のものだったのである。

政治的責任の独占的な担い手たる武士階級すら、その責任意識はもっぱら直接の主君を対象としていた。彼等のいう奉公の公とは、葉隠が「釈迦も、孔子も、楠も信玄も終に龍造寺鍋島に被官懸けられ候儀これなく候へば当家の風儀にかなひ申さざる事に候」と最も露骨に表現している様な、結局封禄によって結びつけられた個人関係を出でなかった。従って、藩相互の隔離と対立意識は殆ど今日の想像を絶するものがあった。維新以後殆ど一体の如くにして併称される薩長両藩にしてもその提携の前夜まで如何に深刻に対立したか、その打開の為には坂本龍馬や中岡慎太郎らの血の滲む様な努力を必要としたこと幕末史の示すが如くである。さればこそ維新の「志士」はその政治的活動を多少とも自由に遂行するためにはしばしば脱藩という非常手段に訴えねばならなかったのである。

近世封建制の社会機構自体が以上の如く一体的国民と、それに基く国民的統一意識の形成に対する決定的な桎梏であったが、徳川幕府の現実の政策は、この機構を最大限度に利用して、ひたすらそうした統一意識の下からの成熟を阻止することに向けられた。そもそも鎖国がまさにそうした役割を演じた最大の政策であるが、其他幕府が国内的統制のために取った諸方策は悉《ことごと》くこうした分割支配（divide et impera）の目的に仕えたといっても過言ではない。それは一方に於て幕政、いわゆる「御上意」の絶対性を貫徹し、之に対する「御政事を批判いたし候」事を以て「不憚公儀、不敬之至」（渡辺崋山の場合）として、国民の自発的な政治的志向を抑圧すると共に、他方に於て封建的割拠から生ずる猜疑感を巧に利用して相互に監視牽制せしめたのである。上は大名の統御より下は五人組の結成まで皆この方策に依らざるはない。この意味で幕府の官職たる「目付」という言葉は幕府の全統制原理を圧縮的に表現している。しかもそれはまた自から各藩内部の統制原理ともなった。かくて幕末の一外国公使をして感嘆せしめた如き "The most elaborate system of espionage ever attempted"[*3] が作り上げられた。そうしてまさにかくの如き国民的規模に於ける監察組織はみごとな成果をあげ幕府権力は鎖国体制の崩壊までの間、苟も政治的反対派にまで成長する懼ありと見た社会的思想的動向を悉く双葉のうちに苅除しえたのである（早くは由井正雪の慶安の変より、竹内式部らの宝暦明和事件、シーボルト事件、大塩の乱等皆密告によって探知された事を思え）。しかし同時に、二百六十年の長きに亙ってこうした支配様式に服したことによって、国民精神はどの様に蝕まれたことか。「人民も亦只管《ひたすら》無事を欲するの心よりして徒党と集議との区別を弁論する気力もなく、唯政府に依頼して国事に関らず、百万の人は百万の心を抱て各一家の内に閉居し、戸外は恰も外国の如くして、嘗《かつ》て心に関することなく、井戸浚《さらい》の相談も出来難し、況《いわん》や道普請に於てをや。行斃《ゆきだおれ》を見れば走て過ぎ、犬の糞に逢へば避けて通り、俗に所謂《いわゆる》掛り合を遁《のが》るるに忙はしければ、何ぞ集議を企るに遑《いとま》あらん、習慣の久しき其風俗を成し遂に今の有様に陥りたるなり」（文明論之概略、巻之二）と福沢諭吉をして痛嘆せしめた如く、そこに蔓延したのは国民相互の疑心暗鬼であり、君子危きに近寄らざるの保身であり、吾不関焉《われかんせずえん》の我利我利根性よりほかのものではなかったのである。そうして封建権力が自ら播いた種を刈り取る日はやがて到来せねばならなかった。

嘉永六年六月、ペリー四隻の軍艦を率いて浦賀に来り、大統領の国書を呈して開港を迫るや、幕府は周章措《お》く所を知らず、一方、事を朝廷へ奏聞し、在府諸大名へ諮問して「国家之一大事」「不容易筋」に就き挙国の協力を求めると共に、他方、従来国内統制上禁止していた五百石以上の造船及び大砲鋳造をはじめて許し、諸藩に軍備の強化を促し自らも急遽江戸湾防備対策を講じたが、国内的生産力及技術の低位は到底蔽うべくもあらず、当時の国防状況たる、高島秋帆をしていわしむれば「第一懸念仕候は国中之火薬にて一ヶ年之戦闘には足り合申間敷候」武器のみならず、「一度合戦相始り候得ば……早くも四五年は休戦難㆓相成㆒、左候ときは硝石は勿論《もちろん》、糧餉等之儀も如何可㆑有㆓御座㆒候哉、恐らくは三年の蓄有㆑之候御向は有㆑之間敷哉、常々承り候儀も御座候」（嘉永六年十月、高島秋帆上書）。しかもその秋帆自身さきに砲術の近代化の急務を説いたために嫌疑を蒙り、投獄された（天保十三年）事実の示す様に、そうした近代的生産及技術の生長を執拗に阻んだのは「古来唐山禦戎の論、我邦神風も頼べからざれば、先敵情を審《つまびらか》に仕るより先なるは無レ之候」（西洋事情御答書）という識見を持した渡辺崋山や高野長英らの蘭学者を捕えたと同じ「井蛙管見」（崋山、慎機論）の鎖国意識ではなかったか。嘉永三年に至っても、佐久間象山の、「夷俗を馭し候には夷情を知り候より先なるはなく、夷情を知り候には、夷語に通ずるより要なるはなく……海防は天下の海防に付、……天下の人に彼の情を知らせ候には、普通に夷書を読ませ候に若《し》くことなく、普通に夷書を読ませ候には、其詞書を板行候より先著は無二御座一」という和蘭《オランダ》語辞書の刊行の願出を遂に却下する*4等幕府は国民を外国事情から盲目ならしめる方針を維持しつづけて来たのである。されば幕府のペリー対策諮詢に応じた諸大名乃至諸藩士の上書が殆んど「井蛙管見」を出でなかったのは怪しむに足らない。声望一世に高かった水戸斉昭にして、「戦艦銃礮《じゅうほう》ハ手詰の勝負に便ならず、仮令かの夷人一旦ハ辺海の地を侵《おか》すといへども、上陸せされは其欲を逞する事を得す、我壮勇の士卒を撰、槍剣の隊を備へ、機ニ乗ジ変に応じ、我長技を以て彼が短なる所を制し、横合より突て出、或ハ敵の後より切て廻り、電光石火の如く血戦せハ、彼夷賊原を鏖《みなごろし》ニせん事、掌の中ニあるべし」*5として彼の戦艦銃礮に対するに我が「神国の長技」たる槍剣を以てせんとする。其他当時の軒昂たる論にしても攘夷の具体的方法はこの程度のものが多かった。

　こうした観念論に対しては、高島秋帆がさきの上書に於て、「刀槍の働朝鮮の役に過たるは有レ之間敷、戦場百練之将士一卒といへ共弱卒は無二御座一、忠勇を尽奮戦致候得共、前後七年之合戦朝鮮に被レ泥候て、遂に明境に入事不レ能は、遺憾之次第に御座候。今之清国は漢満二国を合せ、其頃之明に較候ては、一倍之大国に相成居候を、英吉利《イギリス》之を攻め、三年に過ずして居ながら降を乞はしめ候は何に長じたれば如レ斯勝を制候哉……是を以相考候時は、刺撃之術に長候とて特に難二相成一、火器之精器と練熟之者多無レ之ては当今夷狄の合戦には甚危奉レ存候」と痛烈に批判しているが、幕府が開港の止むなきを悟ったとき却って国内におけるこの種の盲目的な攘夷論（攘夷論にも種々の類型ある事後述の如し）の鎮撫に腐心するという皮肉な運命に見舞われたのである。しかもたとえ「井蛙管見」にせよ、国内が一致して対外的脅威に関心を集中しえたならまだしもよかった。最も不幸なことは事態茲《ここ》に至って国内相互の不信と猜疑が深刻に根を張っていたことである。仙台藩士大槻平次をして「当今之急務を申上候へば、内和人心之一事に御座候」*6といわしめ、佐久間象山をして「御国威御更張之機会も亦此時に有レ之候間、御大変革被レ為在度思召候得共、当時御国内人心折合方も有レ之、人心不二折合一候節は内外何様の禍〔禍〕を引出し可レ申も難レ計候間」*7云々と歎ぜしめ、横井小楠をして「加レ之今日人心之不和器械之不備を以て及二戦争一候へば百敗必然之勢」*8と憂えしめたものは何か。幕府乃至之と親近関係にある藩主が開港要求に応ずることに就てなによりまず恐れたのは、「右様御屈辱を御忍ひ被レ成候御武徳之衰弱を見透候時ハ、異国は扨置、全国之大小名迄も如何見取可レ申哉ニ而、御国地之御政道も是迄之御振合ニハ立行兼、足利氏の末世同様ニも可レ有二御座一歟と致二恐怖一候」（嘉永六年八月七日松平慶永対幕府上書）[*9]といい、「打払之儀御決定に不二相成一、余り寛宥仁柔之御処置のミニ而ハ、下々ハ御懐合不二相分一候故、奸民共御威光を不レ恐、異心を生し候も難レ計、国持始メ御取締にも拘り候様成行候も難レ測」（徳川斉昭前掲上書）とある如き、幕府統制力弛緩に乗じての諸侯乃至庶民の反逆であった。封建権力は外を恐れるよりまず内を警戒したのである。いな、内を恐れたが故にこそ外を恐れたといいうるであろう。とくに純被治者としての庶民に対しては、幕府諸藩を通ずる、封建支配者一般の深い疑懼が集中した。上に見た斉昭の如き、夙《つと》に天保十三年に、老中水野忠邦が阿片戦争による清国の脆き敗退に刺戟されて、文政八年の無二念打払令を緩和した（所謂天保薪水令）とき、之に反対して強硬攘夷論を幕府に進言したが、その論拠たる、もっぱら「封内の民俗、愚戇《ぐとう》にして漁夫艖丁《さてい》尤《もっと》も甚し、日に攘夷の令を布くも猶或は夷人と洋中に昵むを恐る。今其の令を廃せば貿易の姦決して防ぐべからず。請ふ暫く乙酉の令（文政八年打払令を指す——筆者）に沿ひ、以て愚戇の民を全うせん」[*10]という点に求められた。こうした愚民観に基く庶民への不信、その外国勢力との結託に対する疑惑が、対外関係の密接化につれていかに支配層に根強く漲るに至ったかは当時の文献から容易に窺い知られるところである。[*11] そうしてまさにかくの如き不信に対応するかの如く、一部の商人は峻厳なる取締をくぐって、渡来せる外船と盛に密貿易を行った。そこにはたしかに「利潤に迷ひ候者商売人之常に御座候得ば、乍レ存二犯罪一厳刑を蒙り候者も不レ少儀に可レ有二御座一候得共、相罷候儀にも至り申間敷、事あるに臨み候時は、利潤之為如何成内応仕候哉も難レ計」と高島秋帆が指摘した（前掲上書）様な、いかなる内面的矜持も持たず利潤の為に手段を撰ばぬ賎民根性が働いていたではあろう。がそれ故にかの斉昭的愚民観が正当づけられるのではなく、前述した様に、そうした破廉恥こそ、商人を価値秩序の最下位に指定した封建体制及道徳の反射的産物にほかならぬのである。一般庶民にしても一切の政治的能動性を否定され、ひたすら統治の客体として私生活の狭隘さに追込められて来た彼等に卒然として国民的責任意識を期待しうる筈《はず》がない。元治元年八月、率先攘夷を実行した長州藩が英・米・仏・蘭連合艦隊のため脆くも馬関砲台を占拠されるの悲運に陥ったとき、庶民は如何に振舞ったか。当時英艦にあって終始事件を目撃したアーネスト・サトウの記す所によれば、「日本人たちは作業している部隊にはきわめて友好的な態度を示し、自ら進んで大砲の持運びを手伝った。彼等は彼等にさんざ迷惑をかけた玩具を取払うのをまぎれもなく喜んでいた」[*12]。何たる光景！上の国民に対する不信と下の政治的無関心とはかくして相補い合ったのである。これが多年に汎《わた》る封建的支配関係の齎《もたら》したいたましい現実であった。そうして横井小楠が万延元年に「日本全国の形勢如レ斯区々分裂して統一の制あることなければ、癸丑の墨使彼理《ペリー》が日本紀行に無政事の国と看破せしは実に活眼洞視と云べし。当今忌諱《きき》を犯して論ずる時は、幕府の諸侯を待つ、国初の制度、其兵力を殺ん事を欲するによりて、参観交代を初、大小に随て造営の助功・両山其他の火防・関門の守衛且《かつ》近年に至つては辺警の防守等最労役を極めて各国の疲弊民庶に被る事を顧ず、又金銀貨幣の事より諸般の制度天下に布告施行する所、覇府の権柄により徳川御一家の便利私営にして絶て天下を安んじ庶民を子とするの政教あることなし。彼理が無政事といへるも寔《まこと》に然り」（国是三論[*13]）と断じたとき、彼はまさしくそれによって徳川封建制二百六十年の支配を一括して清算勘定に入れたのである。

＊1　このことは他方に於ける農民をいたわれ、農民を愛撫せよとの訓令乃至説教のおびただしい存在とすこしも矛盾するものではなく、むしろ補完的な関係にあった。山鹿素行はその関係を次の様に見事に解明している。

「民は至て無知にしてあとさきの考もなく、知計謀慮なきもの也、唯農業桑麻の家職を事とし、三時にいとまあらざるがゆへに、他に心をはこぶ処なければ、知慮のたくみ生ずべき間なし。自《ラ》苦労をつくして以て上に収納せしむ、而して上の政令に生死をまかす、これ民を愛すべきことわり也」（謫居童問）

＊2　近松は「山崎与次兵衛寿の門松」に浄閑をして次の様にいわしめている。「侍の子は侍の親

が育てて、武士道を教ゆるゆへに武士と成、町人の子は町人の親が育てて、商売の道を教ゆるゆへに商人と成、侍は利徳を捨て名をもとめ、町人は名を捨て利徳を取り、金銀をためる、是が道と申もの……死ぬる迄金銀を神仏と尊ぶ、是が町人の天の道」。是が「士は義を以て職となし、商賈は利を以て職となす」（鳩巣、士説）という上からのイデオロギーと表裏一体をなすものであること明瞭である。要するに「町人の身ながら大夫買て禿に足をひねらせ、太鼓に軽薄笑させて寝ながら酒呑むで四つ袖の大夜着かついで伽羅《きやら》くべて股火すればとて天下の御法度を背かざれば何の咎なし」（手管三味線）という心境にはいかなる本来の規範意識もない。「天下の御法度」に対する外面的服従の下であらゆる私的享楽を逞うせんとする奔放な恣意があるのみである。

＊3　R. Alcock, The Capital of the Tycoon: a narrative of a three years' residence in Japan, 1863, Vol. II, p. 250.

＊4　その経緯は文久二年九月幕府への上書稿（象山全集上巻、二二三頁）中に述べてある。

＊5　嘉永六年七月上書、「幕末外国関係文書之一」所収（但し変体仮名は全て普通仮名に改む。以下同様）。

＊6　嘉永六年八月上書、「幕末外国関係文書之二」所収。

＊7　安政五年四月対幕府上書稿、象山全集上巻、一九六頁。

＊8　文久三年対幕府上書、横井小楠遺稿、昭和十七年、一〇〇頁。

＊9　幕末外国関係文書之二所収。

＊10　藤田東湖「回天詩史」に依る。

＊11　幕末外国関係文書に多数例あり。一、二を示せば
「奸黠《かんかつ》之異人とも其虚に乗し金銀宝貨を以人を誑誘《きょうゆう》し、恩恵を施し申候ハヽ、愚痴・無知之細民等困窮之余り奸謀に陥り候とハ不覚、結句彼等の恩に懐候様相成申間敷者にも無之候」
（嘉永六年八月、島津淡路守忠寛上書、同文書之二）
「昨今両年之来船、当表微賤之者殊之外難渋、気請不宜、酒なぞ俗にいふやけ飲いたし、遂に争論を引出し、又人之婦女を犯し候者なぞ多く、時世を恨る者も有之哉に聞へ候、然処異人は、元来愚民を懐候事殊之外上手ニ而、有様時世を恨候者多き処に、異人より付込、恩沢を施候ハヽ、由々敷御大事ニ而可有候」（安政元年正月、浦賀与力中島三郎助よりの聞合、同文書之四）

＊12　E. Satow, A diplomat in Japan, 1921, p. 118. 同様の事実はフランス士官、アルフレッド・ルサンによっても確認されている（Alfred Roussin, Une campagne sur les côtes du Japon, 1866. 邦訳、英米仏蘭聯合艦隊幕末海戦記、一八三頁）。なお、尾佐竹猛「明治維新」中、三六六・四五六頁参照。

＊13　横井小楠遺稿、前掲、三九頁。

第三節　前期的国民主義の諸形態

海防論――富国強兵論――尊皇攘夷論――それらの歴史的限界

一

前節に於て封建体制とその下にはぐくまれた意識形態が国民的統一意識に基く国民の国家的秩序への凝集を強勒に阻止した次第は一まず明かにされたであろう。吾々の叙述はある意味ではあまりに常識的な命題について少しく立入り過ぎたかもしれない。しかしこの事の理解なくしては、我国の国民主義に課せられた歴史的問題が如何に巨大であり、その思想的選手の辿《たど》るべき道程が如何に荊棘《けいきょく》に満ちていたかは遂に体得されないのである。明治維新は一君万民の理念によって、国民と国家的政治秩序との間に介在せる障害を除去して国民主義進展の軌道を打ち開いた画期的な変革であった。がそれは問題の解決自体ではなくむしろ問題解決の前提を成就したものにほかならぬ。国民主義はまさにこの地点から前進を開始するのである。ただこの前提そのものは近世封建制の胎内に於て漸次に準備されて行った。そうした前提の形成過程はとりも直さず徳川社会構成の解体過程であり、これをイデオロギーの面から云えば、封建的観念形態を多かれ少かれ超出[*1]する思想の成熟過程である。真の近代的国民主義思想の形成は維新の変革を俟《ま》たねばならなかったが、その地均《じな》らしは旧体制の重圧の下に着々と進められていた。吾々は次にこの国民主義の前段階としての、いわば「前期的」国民主義思潮に一瞥を投じよう。広くいうならば一切の反ないしは超封建的思惟形態はそれ自体に於て近代的国民主義の素地をなしているのであるが、ここでは近世社会体制に内在する問題が、それ自体として――というのは純粋に政治社会乃至《ないし》文化経済問題として――ではなく、多かれ少かれ国民的統一乃至国家的独立という命題との関連に於て、提起されている限りに於て吾々の視野に入って来るのである。

しかし国民意識の割拠的分裂を白日下に照し出す契機となったところの外船渡来は同時にまたそれの止揚としての国民的統一観念を発芽せしめる契機でもあったのである。もとより一方、神国日本の意識及それと不可分の尊皇観念は近世を通じて脈々と伝えられたし、他方国内交通の発達、商品交換の普及による国内市場の漸次的形成等統一国家の内的条件は準備されつつあったけれども、そうした内的条件の急激な成熟を促し、宗教的乃至倫理的情操としての尊皇観念に政治的性格を与える端緒をなしたのはまぎれもなく外国勢力との直面であった。その限りで「国外の警報は直に対外の思想を誘起し、対外の思想は直に国民的精神を発揮し、国民的精神は直に国民的統一を鼓吹す。……それ外国てふ思想は、日本国てふ観念を刺戟す。日本国てふ観念の生する日は、是れ各藩てふ観念の滅ぶる日なり。各藩てふ観念の滅ぶる日は、是れ封建社会顚覆の日なり」[*2]というのはいささか直線的ではあるが、史的系列に於ては誤りではない。むろん現実の日本の歩んだ道ははるかに紆余曲折に富んで居り、「国外の警報」が国民的精神の集中的表現たる尊皇論をば真に「封建社会顚覆」の指導理念に高める迄にはなお幾多の段階を経過せねばならなかったのである。そもそも外国勢力の脅威が問題となり出したのは既にペリー来航を遡る七、八十年前、ほぼ明和安永の頃からであった。脅威はまず北方から来た。明和八年、阿波に露船漂着し、安永七年、露商人国後《クナシリ》島に上陸し、松前藩に通商を求める等のことあったが、寛政四年に至って露帝使節ラックスマンが我が漂流民を伴って根室に入港し正式に通交を求めた。林子平が三国通覧図説・海国兵談の刊行によって禁錮されたのはこの年であるが、この頃から対露関係は漸く識者の間に論ぜられるに至った。かくて彼等によって北方武備の問題と関連して対外脅威に対する挙国的関心がまず要請されることとなったのである。かかる海防論こそは前期的国民主義の第一段階に外ならぬ。

林子平が「三国通覧図説」に於て、「夫《それ》此三国ハ壌ヲ本邦ニ接シテ、実ニ隣境ノ国也。蓋《けだし》本邦ノ人、無二貴賤一無二文武一知ベキモノハ此三国ノ地理也」として我周辺に位して国防に直接関係ある朝鮮・琉球・蝦夷の地理に就て全国的注意を喚起し、「海国兵談」に於て「日本の武備は外寇を防ク術を知ルこと指当《さしあたつ》ての急務」となして海国日本の地位を明かにし、国際情勢とその対策を詳論したのは周知の如くである。とくにこの時代の著作として注目すべきは大原左金吾の「北地危言」（寛政九年）であり、そこでは、「外寇は、天下のあたにして一国限の寇にあらず（一国というのは一藩を意味すること云う迄もない——筆者）候間、天下の人の智力を尽して」防禦策を講ずべしという立場からして「都下に口を糊する者、山中に身を隠すもの」より人材を抜擢すると共に軍略・器械・戦術等に関して、「諸侯各自国の功を貪り、よきことも秘して他へ伝へざる」秘密主義を捨てて汎《ひろ》く諸藩に公開し、全国の軍備技術を「いづれをとらぬやう平《な》ら」す必要が力説されている。ここに早くも対外的国家防衛の要請がやがて縦に身分的隔離、横に地方的割拠を乗越えて進まざるをえなくなる事態が端初的な形態に於て示されている。そうして時代が寛政を過ぎて文化文政に至る頃には、文化三年さきに通商を拒絶された露人が樺太《カラフト》・択捉《エトロフ》島を寇するあり、同五年には長崎に於ける英船フェートン号の暴行あり、国際的脅威はもはや単なる蓋然性を超えたまぎれもなき現実になっていた。北からのロシアに南からのイギリスが加わった。海防論も自ら尖鋭ならざるをえない。古賀精里の「極論時事封事」はこうした情勢を最もよく反映した十項より成る国内体制の強化論であるが、その根本動機たるや、「今強虜陸梁、大邦讎と為り、火已に燃ゆ、群下尸素して百姓心を離す、病已に深し……臣誠に憤懣の至……敢て策十事を以て言となす」（原漢文）とある如く、国内上下を通ずる国防的関心の欠如に対する憤懣であった。しかも精里によれば「辺を開くの策に非ざるを切言して禄を褫《うば》はるる者これあり、著書して夷狄の辺患たるを論じて囚せらるる者これあり、……街談巷議頗《すこぶ》る辺事に渉れば則ち捕へて獄に下し、因《より》て罪を得し者累々相踵《つ》ぐ、差除の失、措画《そかく》の謬、群臣明かに其非を知るも敢て言はず……上に災患あれば下の人泛然《はんぜん》聞かざるが若《ごと》く……下に殃苦《おうく》あれば上の人蔑焉《べつえん》知らざるがごとく……上下の勢壅隔《ようかく》此の如し、一旦変起らば渙然瓦解せんのみ」（同上）で国民一般のそうした三猿的冷淡さは一切の政治的批判いな巷議すらも峻厳に禁圧する幕府的統制の必然的な産物に外ならぬ。かくて精里は「言路を開き以て壅蔽を防ぐ」事をば国防対策の筆頭に掲げる。海防論は外に対する挙国的関心の要請より発して漸次内に於ける問題の核心に近づいて来たのである。

さらにこの頃になると近世社会の機構的矛盾が急速に激化し、定信の「寛政改革」を必然ならしめた支配層の甚しき財政的困窮は必然に農民の貢租の重化となり、天明以来打続く飢饉、洪水等の災厄と相俟って農村を荒廃せしめ、間引の蔓延、一揆打毀しの全国的昂揚を見るに至った。かかる深刻な社会問題を内に妊みつつ、単に兵備施設の拡充や個々的な政治的対策のみを以て外患の備え成れりとする事はもはや事態が許さない。しかもその軍備の強化自体、幕府乃至諸藩の現実の財政を以てしては忽《たちま》ち障壁に当面するのである。茲に於て国際的脅威の排除のためにはまずその前提として国内の経済的安定をはかりそれを通じて国防を充実せしめんとする思想的動向が生れる。かくの如くにして初期の海防論はやがて富国強兵論へと転化して行くのである。もとよりさきの海防論者らに於ても、国内経済問題は対外策との関連に於て土着論や蝦夷地開発論として取上げられてはいた。しかしそこで主たる論点を構成したのは、国防の技術的契機であった。[*3] しかるにいまや国内の経済的窮迫の打開こそが対外危機克服の中心課題にまで高められる。そうして、かかる窮迫が一時の政策的失敗や個人的遊惰の所産ではなく、深く近世社会に機構的に根ざしたものであることが——主としてヨーロッパ事情との対比に於て——多少とも洞察されるに及んで、その対策も断片的な政策としてではなく、多かれ少かれ、制度的変革としての意味を帯びる。しかもこうした変革の遂行は自から政治力の集中を必要とし、茲にその内容からもまたその推進力の主体という点からも、所謂《いわゆる》「大名仕掛」を逸脱して中央集権的絶対主義的色彩を帯びた国家体制の構想を成熟せしめるに至る。かかる「富国強兵」論は、幕末に近づくと共にますます喧しい問題となり、やがて後述の尊皇攘夷論の潮流と合して前期的国民主義を最終的に形成するファクターとなるのである。

＊1　「超出」といったのは明確に反封建的な思想は近世を通じて殆んどといってよい程存在しないからである。
＊2　徳富猪一郎「吉田松陰」明治四十一年、八七頁。
＊3　例えば海国兵談の構成を見るに、全十六巻のうち、十五巻までをいわば狭義国防論が占め、最後の一巻が「食を足《たし》兵を足《たす》の義」に宛てられている。

二

上の如き集権的絶対主義的色彩を帯びた富国強兵論を最も組織的に提示した思想家としてはなにより本多利明と佐藤信淵が挙げられるであろう。彼等の雄大な制度的改革論の基底に絶えず流れているのは、「大日本国」（利明）乃至「皇国」（信淵）という観念であっても、はや区々たる地方的―藩的利害ではない。と共にこの皇国観念は蘭学を通じて養成された「世界」意識と相補完しているので、シナ的「中華」観念から著しく解放されているのを見るべきである。むしろ彼等は共に東洋の西洋に対する立遅れの認識から出発した。

「海洋渉渡の明法は、西洋諸国の制度最一の国務とする国風なり。是《これ》自国を末増に富国にする道理を竭《つく》し究たる制度なり。東洋の諸国に於はいまだ其沙汰なし。残念なる次第なり」（経済放言）

「夫国家の大利を興す事、航海通商に若《し》くものなし。傷哉《いたましいかな》東洋の人只《ただ》自国を守るのみを務めて、一時の安迭〔佚〕を楽み、治極の華驕に溺れて、百年の後謀を忘れ、……内外困乏して病根既に深し、終に魯西亜《ロシア》・諳厄利西《イギリス》の二豎《じゅ》をして全世界に雄たらしめん事も、亦悲しからずや、亦悲しからずや」（西洋列国史略）

従って彼等の国防論は消極的な鎖国とは反対に、或は外国貿易により、或は海外経略による、積極的防衛体制であり、その極まるところ、信淵の「宇内混同」すなわち世界統一にまで至っている。鎖国政策のいまだ磐石の如き時代にあって、「渡海運送交易」（利明）による立国を説き、商業に対する伝統的蔑視ではなく工業生産と商業の国家管理による「殖産興業」を企図し、それを通じて日本を「世界最第一の大豊饒大剛強の邦国」（利明）乃至「世界第一の上国」（信淵）にせんとする彼等の根本思想（もとより両者はその思想内容を異にするが、いまは差当りその富国強兵論としての共通面だけを問題とする）がいかに当時の時代から飛躍的な、むしろユートピア的色彩を帯びていたかは容易に窺われる。ところで彼等が打樹てようとした制度の絶対主義的性格はどの様な点に現われているであろうか。抑々《そもそも》近代国民国家に先行する絶対主義の歴史的役割は、封建制の多元的権力を中央に一元化し、政治的正統性を最高の君主が独占することによって、いわゆる仲介勢力（pouvoirs intermédiaires）を解消し、唯一の国法の支配に服する同質的＝平均的な国民を造り出すことにある。その際、マックス・ウェーバーのいわゆる行政職（Verwaltungsstab）の行政手段（Verwaltungsmittel）よりの分離を通じて、近代的な官吏層と軍隊が形成されるのである。

利明や信淵によって提起された富国強兵論に於ても、むろん甚だ不徹底な形に於てではあるが、多元的政治力を可及的に統合し、一方に於ける「国君」乃至君主と他方に於ける「万民」とに中間勢力を分解せんとする傾向はまがう方なく現われている。利明が所謂四大急務の制度樹立によって期したところは、「古へ武国の高名たる大日本国を再興し、追々開業大成就して東蝦夷の内に都府を建、中央に江戸の都、南都は今の大坂の城と定め、三ケ所に巡周あつて御政務あるに於ては、世界最第一の大豊饒大剛強の邦国とならんことは慥《たしか》なり。……是皆仕向け一ツにあつて、別に子細あるにてなし。仕向け善ければ天下の英雄豪傑躍り出、御手足となりて忠節を尽し、天下の金銀独り集り来て如レ意融通し、天下の万民皆国君に忠節を竭《つくさ》んことを計りて信方内に向ひ、万民内心一致して制度を扶《たす》け、国政を侵す者なければ罪人鮮《すくな》し」(経世秘策)という点にあった。一方に日本が「世界最第一の大豊饒大剛強の邦国」となることは、他面からいえば全国民が——厳密にいえば最高統治者一人を除く全国民が——一体となって新秩序に内面的に服従する状態にほかならぬのである。また彼が「渡海運送交易」を商人に任せている結果は豪商の台頭となり、士農二民は日本開国以来嘗《かつ》てなき困窮に陥るに至ったとなし、「今此時に当て国君より押へざれば、必ずしも二民の怨念積鬱、憤怒発起して、如何様の事か出来せん」(同上)といっているのも、封建的な商人抑圧——それは商業そのものの蔑視を基調とする——よりも、むしろ、豪商が国君と国民との間に介在する巨大な中間勢力に成長することによって、国民の平均性が破壊され、国君による国民的統一が危殆ならしめられることに対する警告なのである。国君はその際、士・農・商のいずれの階級からも超然たる存在の如くに描き出されている。

佐藤信淵が「世界を混同」し、「全世界悉《ことごと》く（我が）郡県と為す」（混同秘策）という驚くべき世界政策の前提として要請した有名な三台・六府・八民の「垂統」組織に於ては、士農工商の伝統的階級は一応全く解体した後に、「万民」を改めて、草・樹・礦・匠・賈・傭・舟・漁の八民に分って是を六府に夫々《それぞれ》配属せしめるのである。利明に於てと同じく、ここでも、武士階級は唯一の君主の前には他の社会層と全く同じく、「万民」を構成する要素にすぎない。大名領はなお存続するが二十万石を限りとし、かつ最高君主の任命した国司の下知に服する。他方、例えば商民も奉行にまで登用される。かくして主権者が「日本全国ヲ我手足ノ如ク自由ニスル」事がこうした根本的社会改革の終局目標とされるのである。けだし「若《も》シ夫レ自国ノ運動猶癱瘓《たんたん》スルガ如キハ豈《あに》他邦ヲ征スルニ遑《いとま》アランヤ」（同上）で、国内の絶対支配確立は、海外経略の前提だからである。なお注意すべきはこの「垂統」国家に於ては皇居を江戸に置き、その周辺を君主に直属する官人と軍卒の組織で固めて居るし、また利明もカムサスカ経略後、そこに建てるべき国家に於て人材登用による官僚組織を構想していることで、これらは近代国家構造の部分的模写とも見られるのである。

ところでこうした利明や信淵の絶対主義的植民帝国の「国君」は如何に考うべきか。多元的勢力の一元化は必然にこの問題を惹起せずには置かない。そうした巨大な大日本国の最高主権は信淵に於て既に「皇居」等の言葉に於て暗示されている様に、単なる覇者的存在以上の伝統と神聖性を担っていることが要請される。とくにそうした理想国家の構想が切実な国際的脅威を動機としているだけに、それは自から自国の歴史的伝統の裡に自国存立の精神的支柱を求めようとする。かくして富国強兵論はやがて己れの胎内から尊皇論を生み出して行くのである。吾々は前期的国民主義の発展を辿り来って、漸くその最後段階に到達した。

三

幕末の政治的—社会的一大潮流をなした尊皇攘夷論をば後年、大隈重信は次の様に回顧している。

「所ガサウナツテ来ルト国家ガ封建デ分裂シテ居テハ危ナイト云フコトニナツタ。人窮スレバ天ニ訴フト云フガ今ハ訴ヘル所モナイ。恐ルベキ力ガモウ迫ツテ居ルノデ仕方ガナイ、ソコデ万世一系ノ帝室ト云フモノヲ此処ニ持ツテ来タ。是レガ日本ノ統一ノ基ニナツタノデ、ソレデナクトモ人文ノ発達ニ従ツテ武断政治封建政治デハイカヌト云フコトガ分ツテ居タノダカラ自然統一ノ時ハ来ツタニモ相違ナイガ、動機ガ無クテハナカナカ七百年来ノ封建政治ガ急ニ亡滅スルヤウナコトハアリ得ナイ……人文ノ発達ニ依テ大義名分ト云フ声モ起ツタガ夫レハ甚ダ微弱ナモノデアツタ。茲《ここ》ニ国難ガアツテ、ドウシテモ国家ノ分裂ヲ統一シテ行カナケレバナラヌト云フ、此ノ力ヲ以テ国難ニ当ルヨリ外ニ途ガナイト云フ精神ガ猛然ト起ツテ、ソレガ攘夷党トナリ勤王党トナツタノデアル。勤王党ト攘夷党ガ結ビ附イタモノガ尊王攘夷トナツテ遂ニ国民的大運動トナツタノデアル」[*1]（日本ノ政党）

大隈の言葉は、尊皇攘夷論が前期的国民主義の最後段階として果した役割を大綱的には指示しているけれども、そうした「国民的大運動」の内容にやや具体的に立入って見ると、一口に尊皇攘夷といってもそこには動機と方向に於て著しく異る潮流が併存し錯綜して居り、到底単純な図式化を許さぬものがある。例えば攘夷論は屢々《しばしば》機械的に開国論と対立するかの如く考えられるけれども、それは鎖国論と攘夷論とを混同しているので、事実は最も熱烈な「攘夷」論者にして同時に積極的な開国論者たりしもの少からず（佐久間象山・吉田松陰・大国隆正等）、逆に開国論というも、その本来の内面的傾向はむしろ最も保守的な鎖国論であって、ただ現下の情勢に押されての止むをえざる開国論にとどまるものもあった。[*2] また尊皇論が幕末に至って明白に一つの政治的標語たるの意味を帯びるに至った場合でも、それは必ずしも反幕論乃至倒幕論を意味せず、況《いわん》や反封建論ではなく、そこには尊皇、敬幕論から、公武合体論を経て倒幕論に至るまで、その変革性の度合を異にした主張が殆ど無数のニュアンスを形成していたのである。従って攘夷とか尊皇とかの主観的な用法が問題なのではなく、その客観的な意味が重要なのであり、幕末の複雑な政治的情勢のさ中に於て、それが如何なる社会層の如何なる社会的立地に於て主張されているかということが具体的に分析されてはじめて、尊皇攘夷思潮はその歴史的全貌を露わにする。「尊皇攘夷」を単純に国民的統一と国民的独立という近代的国民主義の命題と直接的に連続するものとなしえない所以もそこから自ずと理解されるのである。例えば、諸侯らの主唱した攘夷論の根柢には、前にも一寸《ちょっと》触れた様に、国際関係の密接化に伴う支配的特権の動揺を恐れるという階級的利害が屢々露骨に作用していたのであって、その点幕府の事勿れ主義的開港論と、現われた結果は反対でも、根本的動機に於て却《かえ》って相通ずるものを持っていた。されば、オールコックが、「支配者たちは、人民大衆が智的にかつ道徳的に啓蒙されたならば、不可避的に諸々の根本的な変革が招来されるのであろうということ、しかもその変革の筆頭に来るものが、自分らの猜疑に満ちた、拘束的な封建権力の保持の破壊であろうことを見、かつ理解するだけの知見と叡知とは持ち合せている。多くの生産者たちの金銭的利益は外国貿易によって恐らく増したと思われるにも拘らず、多少とも有力な諸侯や大名が挙って外交関係の樹立と通商の進展とに執拗なる敵意の眼を向ける所以はここにあるのである」[*3]といっているのも、あながち外人的偏見と断じえず、むしろ、例えば松平下総守の安政四年十一月老中への上書に「当時之時勢、兎角《とかく》武家疲弊致し、随而《したがって》商賈に権力相移り来候様被レ存候間、此上交易自在に相成候はば、商賈弥々利を得、武家之威益々衰ひ〔へ〕候事に可二相成一は必定」とある如きと恰も表裏の関係をなして、こうした封建的攘夷論の本質を呈示している。

しかも同じオールコックが、こうした支配層の特権維持のための攘夷論の脆弱性を見抜いて之《これ》に対する列国の強硬措置を説きながら、他方、それが「疑もなく日本人の性格の裡に存するところの愛国的感情の潜在的な狂熱性」*4に点火することによって大衆運動に化することを極度に警戒していることは興味深い。若し幕末尊攘論が日本を植民地化乃至半植民地化の運命から救うに与《あずか》った一つの力であったとするならば、それは諸侯的立場に於けるそれではなくして、いわゆる「書生の尊王攘夷論」（大隈伯昔日譚）だったのである。そうして諸侯的攘夷論は大体に於て尊皇敬幕論乃至公武合体論と結び付き、「書生の尊王攘夷論」はやがて反幕乃至討幕論と合流した。尊攘思想の面から見た幕末史は、前者の優越性が次第に後者に移行して行く過程にほかならぬ。尊皇攘夷論は思想乃至理論である以上に一つの政治的綱領であり、政治的実践と不可分にからみ合っているから、その全発展過程の跡付けはむしろ政治史の課題であるが、ここではその比較的に思想的な纏まりを持ったものに限り、尊皇攘夷論の最初のそうして最も有力な理論的表現として後期水戸学の立場と、「書生の尊王攘夷論」の典型としての吉田松陰のそれとを対照しつつ、上の様なアクセントの移行を窺って見よう。

後期水戸学に於ける尊皇攘夷論を最も明確に体系づけたのはいう迄もなく会沢正志の「新論」である。文政八年幕府が文政打払令を発した前後の騒然たる情勢を背景として成ったこの書は、国体・形勢・虜情・守禦・長計の五項目より成り、国体の尊厳より説き起して、世界情勢と欧米列強の東亜侵略の方策を述べて、之に対する防衛体制を緊急措置と根本対策の両面から論じた頗る組織的な論作で、幕末思想界に驚くべく広汎な影響を与え、一時は幕末志士の聖典視された程であるが、しかもほかならぬこの尊攘論の「聖典」に於て、尊攘論の国民主義思想としての「前期」的性格がまざまざと示顕しているのである。その攘夷論の根柢には被支配層に対する根本的不信、庶民層が外国勢力の支援を恃《たの》んで封建的支配関係を揺がすことに対する恐怖感が絶えず流れていた。そうした不信なり恐怖なりが「ソレ天下ノ民、蠢愚甚ダ衆《おお》クシテ君子甚ダ鮮《すくな》シ。蠢愚ノ心一タビ傾クトキハ則チ天下固《まこと》ニ治ム可カラズ。故ニ聖人、造言乱民ノ刑ヲ設クル事甚ダ厳ナルハ、其愚民ヲ惑ハスヲ悪ンデ也」（巻之二）という「愚民」思想を発祥地とせることというまでもない。世上の富国強兵論を批判して、「論者方《まさ》ニ言フ、国ヲ富シ兵ヲ強クスルハ辺ヲ守ルノ要務ナリト。今虜民心ノ主ナキニ乗ジ、陰《ひそ》カニ辺民ヲ誘ヒ暗ニ之カ心ヲ移ストセン、民心一タビ移ルトキハ則チ未ダ戦ハズシテ天下既ニ夷虜ノ有ト為ラン。所謂富強ナル者ハ既ニ我ガ有ニ非ズシテ、適《たまたま》以テ賊ニ兵ヲ借シ、盗ニ糧ヲ齎《もた》ラスニ足ルノミ。心ヲ労シ慮ヲ竭《つく》シテ、其国ヲ富強ニシテ一旦挙ゲテ以テ寇賊ニ資ス、亦惜ムベキナリ」（巻之二）と論ずるのも、また蘭学に対して「異日狡夷ヲシテ之ニ乗ジテ以テ愚民ヲ蠱惑セシムルトキハ、則チソレ復《また》変シテ狗羯羶裘《くかつせんきゅう》ノ俗トナルコト、孰《いず》レカ之ヲ禁ズルヲ得ン……其広害深蠹《しんと》ヲナス所以ノ者、豈ニ熟察シテ予ジメコレガ防ヲ尽サルベケンヤ」（同上）と警戒するのも、基底をなす論理は――というより心理は、全く同一である。もとより正志は一方に於て家康の封建的統治の確立によって、「民始メテ愚ニ、天下始メテ弱ク、一時ノ人豪、屏息シテ命ヲ聴ク」にいたったことを、「英算偉略」と称しながら、他方それが現下の国際危機に於ける弱点ともなっていることをも認め、「民ヲ愚ニシ兵ヲ弱クスルハ治ヲ為スノ奇策ナリト雖モ、本ト利ノ為ニスル所以ニシテ、利ノ在ル所、弊亦之ニ随フ。之ヲ矯メザル事ヲ得ズ」として愚民政策の限界を説き、そこから権力の或程度の分散——その具体的表現が農兵制である——を通じて、「海内ノ全力ヲ用ヒテ」外敵に当ることを主張して居る（ここに国民主義の内在的論理の抗すべからざる発現を読み取りうるわけである）。しかしながら、彼が新論に於て展開した一種の国防国家体制、彼自らの言葉によれば「不抜ノ業」を愈々《いよいよ》実現するという段に至って、彼の落着した帰結は、「今之ヲ施行セント欲セバ、宜シク民ヲシテ之ニ由ラシムベクシテ、之ヲ知ラシム可カラズ」（巻之四）というところにあったのである。そうしてかくの如き「愚民」観は「新論」のみならず後期水戸学全体に陰に陽に纏い付いた色彩をなしていた。例えば藤田東湖は「回天詩史」に於て古代の尚武の気象が、次第に失われて行った経過を述べ、嘗て武を尚ぶの俗が貴族から武家に移ったのは「猶ほ室に亡して堂に存する」ものであるが、「今や承平日久しく、……因循にして察せず」という情況に於て、万一其の堂に存する者を失ったならば、忽《たちま》ち「姦民狡夷将《まさ》に起りて之を拾ふ者あらんとす。豈に寒心せざるべけんや」——と憂えている。国内に於ける「姦民」は国外からの「狡夷」と同列に於て敵対関係に置かれているのである。

「夫英雄ノ天下ヲ鼓舞スル、唯《ただ》民ノ動カザル事ヲ恐ル。庸人ノ一時ヲ糊塗スル、唯民ノ或ハ動カンコトヲ恐ル」とは「新論」の有名な命題であり、「新論」を「虚名空論」とか「紙上の空言」とか批評していた吉田松陰の如きも、「内に一言懐に触るるものあり」としてこの一節を引用している位であるが、新論を含めて後期水戸学の攘夷論は、広く国民と共に対外防衛に当ろうとする近代的国民主義とはむしろ逆に、動《やや》もすれば「民ノ或ハ動カンコトヲ恐」れたのではなかったか。それは「伝に曰く、君子は心を労し、小人は力を労す。心を労する者は人を治め、力を労する者は人に治めらると。蓋《けだ》し其身、愈々卑き者は其力を労すること愈々勤む。其位愈々尊き者は其心を労すること愈々切なり」（弘道館記述義）という如き治者・被治者の固定観の上に立ち、「邦家の勢、日に危殆に赴くが若きは、孰《いず》れか其責に任ずる。豈《あに》独り人を治むる者、其職を廃するの致す所あるのみにあらざらんや」（同上）として、国家的危機の責任ある担い手をどこまでもそうした固定的な治者にのみ求めて行ったのである。こうした立場での攘夷論と結合された尊皇論が具体的にいかなる性格を帯びるかは想像に難くない。それは封建的身分的階統制と牴触するどころか、むしろ後者の基礎づけとして役立ちうるものであった。

会沢の尊皇論が敬幕論を絶えず随伴していることは本書〔『日本政治思想史研究』〕の第二章〔近世日本政治思想における「自然」と「作為」〕において既に述べた如くである。それは藤田幽谷に於ても東湖に於ても基本的に変りはない。彼等に於ては皇室は封建制の階層的君臣関係の最上位にましますものとして理解され、従って臣からいえば、「臣民たらん者、各々其の邦君の命に従ふは、即ち幕府の政令に従ふの理にて、天朝を仰ぎ天祖に報い奉るの道なり」（会沢、迪彝篇）で、自己の直隷する主君に服従することが即ち尊皇の具体的実践にほかならず、同様に君からいうも、「幕府、皇室を尊べば則ち諸侯は幕府を崇び、諸侯幕府を崇べば則ち卿大夫は諸侯を敬し、夫れ然る後に上下相保し、万邦協和す、甚しいかな、名分の正且《か》つ厳にせざるべからざるや」（幽谷、正名論）ということになる。名分を正すとは畢竟こうした上下のヒエラルヒッシュな秩序を維持することであって、「一君」に対して「万民」が直接平等に忠誠を捧げるの謂《いい》ではない。かく検討し来ると、水戸学は上述した諸侯的立場からの尊攘論の理論的定式化と称してもほぼ誤りなかろう。もとより水戸学の実践的影響は、はるかに広汎な範囲に滲透し、恰《あたか》も一切の――下士的乃至は草莽的立場をも含めた――尊皇攘夷運動の思想的基礎をなした観を呈した。それは一つには、そこで国体論がはじめて具体的な時務論と結び付けられ、尊皇論と富国強兵論が不可分の一体として力強く説かれたことが、なんといっても時代の冥々の動向に適合していたため、その尊皇論なり富国強兵論なりの具体的内容が問われるより先に、一つの政治的パローレ（合言葉）として人心を吸着したからであり、更に一つには水戸学の中心的人格たる斉昭と幕閣との政治的対立関係が――事実はなんら幕藩機構の核心に関する対立ではないに拘らず――水戸藩が親藩という特殊的地位にあるだけに却って大きく映し出され、恰も幕末の漠然たる現状打破的諸動向の集中的表現の如く看做されることによるのである。しかしイデオロギーの系譜を辿るならば、水戸学的意味での尊皇論乃至攘夷論が、尊攘論一般を代表しえたのは精々安政・万延までであって、初期の「打払」的攘夷論が列国との条約締結後はもはや現実から浮上ってしまい、斉昭や正志が晩年開国論に転じた頃から、尊攘論の分化が明瞭となり、本来の水戸学的な立場は例えば薩摩の島津久光などの所論と行動に受継がれて、「激派」尊攘論と次第に鋭い対立を形成するに至るのである。そうした「激派」尊攘論を最も早く思想的に代表し、かつ実践したのが吉田松陰であった。

会沢や藤田父子の尊攘論が文政—弘化期に終局的に形成されたのに対して、吉田松陰のそれが明確に思想的成熟を遂げたのはペリー来航以後のことであった。松陰が浦賀に碇泊する米艦を目のあたり見て後、江戸の藩邸に提出した「将及私言」に於て吾々は既にその具体的結実を見ることが出来る。そこで彼がなにより切実な問題としたのは、封建的＝地方的な割拠根性を打破して、対外的重大危機——それはペリーの再来すべき半年後に迫っていた——に対する防衛を天朝への挙国的な義務たらしめることにあった。劈頭「大義」と題して、「普天の下王土に非ざるはなく率〔ママ〕海の浜王臣に非ざるはなし。……然るに近時一種の憎むべきの俗論あり。云はく、江戸は幕府の地なれば御旗本及び御譜代・御家門の諸藩こそ力を尽さるべし、国主の列藩は各々其の本国を重んずべきことなれば、必ずしも力を江戸に尽さずして可なりと。嗚呼《ああ》、此の輩唯《ただ》に幕府を敬重することを知らざるのみならず、実に天下の大義に暗きものと云ふべし。夫れ本国の重んずべきは固《もと》よりなり。然れども天下は天朝の天下にして乃《すなわ》ち天下の天下なり、幕府の私有に非ず。故に天下の内何《いず》れにても外夷の侮りを受けば幕府は固より当《まさ》に天下の諸侯を率ゐて天下の恥辱を清《そそ》ぐべく、以て天朝の宸襟を慰め奉るべし。是の時に方《あた》り、普天率土の人、如何《いか》で力を尽さざるべけんや」*5 といっているのは即ちそれである。と同時に松陰は同書に於て「近来直諫の風地を掃《はら》ひしこと」を歎き、「言路を開く」ことを要請し、「総じて大事を挙げ行ふ時は必ず衆議帰一の所を用ふべし。是れ政の先著なり」*6 となしている如く、横のいわば地方的な閉鎖性と並んで縦の、身分的な閉鎖性の裡に挙国一致の最大の障害を見出したのである。同じ頃、彼の思想の簡明な要約とも見らるべき詩に於て、「墨奴逓書向レ我期。国家安危正是時。普天率土孰非二王臣与王土一。協レ力当須レ郤《しりぞク》二狄夷一。如今上下浴二至治一。紀綱稍弛弊沓至。第一可レ憂是壅蔽。臨レ朝聴レ政久廃棄。大臣悠々不レ恤《うれエ》レ事。小臣営々徒謀レ利。外臣含レ憤胸鬱勃。内臣承レ顔色柔媚。此弊一洗備始修」云々といい、政治外交についての「都兪吁咈《とゆくふつ》」——すなわち賛否の自由な討議——を力説しているところにも*7 彼の時弊に対する関心が奈辺にあったかが窺われる。しかし他方、さきの文中に於ける「嗚呼、此の輩唯に幕府を敬重することを知らざるのみならず、……」という言葉の示す様に、朝幕関係については、この時代の松陰はいまだ水戸学的な尊皇敬幕論から一歩も出でなかった。幕府が「首を俛《た》れ気を屏《ひそ》め、通信通市唯だ其の求むる所のままにして」[*8]（幽囚録）ペリーと和親条約を締結したとき、彼の憤激は甚しかったが、安政二年三月、野山獄中から僧月性に与えた書に於ても、彼は「天子に請ひて幕府を討つの事に至りては殆んど不可なり」と月性の討幕論を反駁し、

「兄弟墻《かき》に鬩《せめ》げども外其の侮を禦《ふせ》ぐと。大敵外に在り、豈に国内相責むるの時ならんや。唯だ当に諸侯と心を協せて幕府を規諫すべく、与に強国の遠図を策すべきのみ」[*9]

として公武合体的挙国一致論を主張していたのである。しかるに安政五年六月、井伊直弼が勅許を俟《ま》たずしてハリスとの間に通商仮条約の調印を断行するに及んで、この立場は一転し、

「墨夷の謀は神州の患たること必せり。墨使の辞は神州の辱たること決せり。ここを以て天子震怒し、勅を下して墨使を絶ちたまふ。是れ幕府宜しく縮蹙《しゅくしゅく》遵奉之れ暇あらざるべし。今は則ち然らず、敖然《ごうぜん》自得、以て墨夷に諂事《てんじ》して天下の至計と為し、国患を思はず、国辱を顧みず、而して、天勅を奉ぜず。是れ征夷の罪にして、天地も容れず、神人皆憤る。これを大義に準じて、討滅誅戮して、然る後可なり。少しも宥すべからざるなり」（大義を議す）[*10]

としてここで漸く彼の尊皇攘夷論は討幕論にまで到達した。そうしてやがて所謂《いわゆる》安政の大獄が開始され、松陰自身も老中間部詮勝の要撃を策して遂に再度捕えられる前後から、彼の思想はひたすら急進化の一路を辿る。すなわち最初討幕の実行的主体を反幕的諸侯に期待した彼はや

がて、「当今二百六十諸侯、大抵膏粱子弟《こうりょうしてい》にて天下国家の事務に迂闊にして、殊に身家を顧み時勢に媚諛《びゆ》」（時勢論）[*11]するのみなるを見て、それを「草莽の志士」乃至「天下の浪人」に求めるに至った。ほぼ同じ頃、梅田雲浜も「我知る、今の諸侯其れ必ず無能なるを。今の諸侯大率《おおむ》ね童心無知、財竭《つ》き武弛《ゆる》み、一日天下に事あらば只だ其れ自国の立たざるを恐る。又奚《なん》ぞ天朝を奉り、外寇を憂ふるに暇あらんや。……然りと雖も明天子上に在し、皇威赫々日一日と烈なり。我知る、千秋の後必ず復古せん。有志の士其れ勉めざる可けんや」（送二久坂玄瑞一序）というるにも窺いうる如く、尊皇攘夷論は此頃、水戸学的な段階からは決定的に飛躍しつつあったのである。かくしてそれはもはや封建的階統制の単純な再確認にとどまりえない。

「徳川存する内は遂に墨〔米〕・魯〔露〕・暗〔英〕・払〔仏〕に制せらるることどれ程に立ち行くべくも計り難し、実に長大息なり。幸に上に明天子あり。深く爰《ここ》に叡慮を悩まされたれども搢紳衣魚の陋習は幕府より更に甚しく、但だ外夷を近づけては神国の汚れと申す事計りにて、上古の雄図遠略等は少しも思召し出されず、事の成らぬも固より其の所なり。列藩の諸侯に至りては征夷の鼻息を仰ぐ迄にて何の建前もなし。征夷外夷に降参すれば其の後に従ひて降参する外に手段なし。独立不羈三千年来の大日本、一朝人の羈縛を受くること、血性ある者視るに忍ぶべけんや。那波列翁《ナポレオン》を起してフレーヘードを唱へねば腹悶医《いや》し難し」[*12]（安政六年四月七日北山安世宛書簡）

という松陰の悲痛な現状観察——日本の対外的自由独立を双肩に担いうる者は、幕府にも諸侯にも公卿にも、要するに一切の封建支配層のうちに見出しえないという認識——の赴くところは自から、「尊攘は迚《とて》も今の世界を一変せねば出来るものに之れなく」[*13]「今の世界、老屋頽廈《たいか》の如し。是れ人々の見る所なり。吾れは謂《い》へらく、大風一たび興つて其れをして転覆せしめ、然る後朽楹《きゅうえい》を代へ、敗椽《はいてん》を棄て、新材を雑《まじ》へて再び之れを造らば、乃ち美観とならんと。……是れに由りて之れを観るに、尊皇攘夷豈に其れ容易ならんや」（子遠に語《つ》ぐ）[*14]として、現政治社会機構の擁護ではなく逆に「今の世界の一変」に一切の課題の解決を懸けることとなる。もとより松陰自身、そうした「世界の一変」が具体的に如何なるものであるかについて殆んど知るところなく、ただ来るべき一君万民への方向を漠然と予感しつつ、「四海皆王土。兆民仰二太陽一。帰期君勿レ問。到処講二尊攘一」[*15]と詠じて静かに断罪の地へ赴いた。ともあれ尊皇攘夷論はここに至ってその歴史的限界の許す限りの道程を歩み尽したという事が出来る。

＊1　明治憲政経済史論、一〇二頁。
＊2　例えば井伊大老はじめ幕閣の開国論はかかるものであった。福翁自伝、福沢諭吉全集、七巻、一四八頁参照。
＊3　R. Alcock, op. cit., Vol. II, pp. 249-250. 尚 Vol. II, pp. 211-212 参照。
＊4　Ibid., p. 222.

＊5　普及版吉田松陰全集、一巻、二九八―二九九頁。
＊6　同上、三〇〇頁。
＊7　同上、三一一―三一二頁。
＊8　同上、三五三頁。
＊9　「野山獄文稿」全集四巻、二五頁。
＊10　安政五年七月十三日の藩に対する建白、「戊午幽室文稿」全集五巻、一九二頁。
＊11　同上、全集五巻、二五一―二五二頁。
＊12　全集九巻、三二六頁。
＊13　安政六年四月九日、岡部富太郎宛書簡、全集九巻、三三〇頁。
＊14　己未文稿、全集六巻、一二二頁。
＊15　安政六年五月十九日東行前日記、全集十一巻、一九一頁。

四

さて吾々がこれまで辿り来った「前期的国民主義」思潮を総観すると、その思想内容の多岐性にも拘らず、そこには或る内面的傾向が太い線をなして全体を貫通しているのを見出すであろう。封建社会の多元的分裂が外国勢力に直面してその無力を暴露したとき、国家的独立のための国民的統一の要請は国内対策として二つの方向を取って現われた。一は政治力の国家的凝集として、他はその国民的滲透として。既に初期の海防論に於て吾々は一方に於ける横の地方的割拠の否定、挙国的関心の要請が他方に於ける縦の身分的隔離の緩和——言路洞開への要望と不可分に結合されているのを見た。その思想的関連は尊皇攘夷論まで一すじに尾を曳いている。仲介勢力の自立的存在が国家と国民の内面的結合の桎梏をなしている以上、その克服者としての国民主義理念は当然に、この様な集中化と拡大化という両契機を同時的に内包しつつ、そのいわば弁証法的な統一過程に於て自己を具体化する。この政治的集中の方向は富国強兵論に於て絶対主義的体制として決定的に強化され、やがてその集中が最後的に帰属すべき主体を求めて尊皇論を政治面に登場せしめた。しかも他方、尊皇攘夷論がその社会的な担い手を封建的支配者から次第に「草莽屈起」の民へと移して行った次第も上述せる如くである。それは幕末思想界に於けるいわゆる「公議輿論」思潮の台頭と同じ歴史的動向の表現にほかならぬ。この意味に於て、かのペリー来航の際、老中阿部正弘が前述の如く、その処置に困惑して一方、事を朝廷に奏聞すると共に他方、諸大名以下に対して、「仮令《たとい》忌憚に触候事にても不ㇾ苦候間、銘々心底を不ㇾ残見込之趣十分に可ㇾ被二申聞一候事」と対策を諮詢したということは、中間勢力の解体の二つの方向——即ちその最高主体への凝集と他方国民層への拡大——を暗示的に示して居り、その限りに於て、当事者の意図を超えて国民主義の力学《ディナミーク》のいわば歴史的象徴であったという事が出来る。

ところで、「前期的」国民主義思想は上の如き二契機の軽重なき均衡の上に発展したであろうか。答は明白に否である。そこでの終始圧倒的な役割を与えられたのは容易に見らるる如く政治的集中の契機であった。対外的危機に面してなにより急速に要望されたのは封建的＝割拠的政治勢力を可及的に一元化し、「日本全国ヲ我ガ手足ノ如ク自由ニスル」（信淵）強力な中央集権によって国防力を充実することであり、そのための前提として国民生活の安定と「殖産興業」の進展が説かれたのである。之《これ》に対して他方、政治的関心を益々広き社会層へ滲透せしめ、それによって、国民を従前の国家的秩序に対する責任なき受動的依存状態から脱却せしめてその総力を政治的に動員するという課題は、漠然たる方向としては最初から前の問題と不可分に提起されながら、前者の動向に喘ぎ喘ぎ追随するのみで、そのテンポは著しく遅れがちであった。それは半ば東洋的な「言路洞開」の要望にはじまって身分的障壁の緩和、下層よりの人材吸収、公議輿論思想へと漸次具体化しつつも、政治的権利の下部への滲透の主張はつねに超すべからざる一線によって限界づけられ、国家的独立の責任を最後まで担う者は誰かという決定的な点に立到ると、水戸学に於て典型的に示されている様に封建的支配層以外の国民大衆は忽ち問題の外に放逐されてしまうのである。抽象的には「上列侯より下大夫士庶に至るまで心を協《かな》へ力を戮《あわ》せ*1」（松陰）「日本国中を一家と見候*2」（左内）事が説かれても、現実に国民の政治的総動員を不可能ならしめている社会的素因にまで突進んだ見解は殆ど見られない。尊皇攘夷の推進力を幕府から諸侯、諸侯より家臣、家臣より浪人へと漸次に下の社会層に求めて行った松陰も、最後に望を嘱したのは「草莽の志士」であって、かつそこにとどまった。[*3] そうして注意すべきことは、前期的国民主義思想に於ける「拡大」契機のこうした脆弱性は封建的「中間勢力」の強靭な存続を許すことによって、また却ってその「集中」契機をも不徹底ならしめたのである。

いわゆる富国強兵論に於て、或は海外貿易乃至殖民的見地（信淵・利明・（帆足）万里・象山）からであれ、或は農兵論的立場（子平・幽谷・正志・東湖）からであれ、殖産興業の遂行と軍備の充実のために多かれ少かれ要望された政治力の集中は、いずれも大名領の政治的経済的自足性を超えるものではあっても、それを破るものとはされなかった。そのことはその中心的政治力の帰属点が朝廷に求められようと一応幕府中心に考えられようと変りはない。尊皇論が尊皇敬幕論から公武合体論を経て漸く討幕論にまで行きついたときも、真木和泉守の「義挙三策」に「諸侯に勧めて事を挙ぐる策」を上策とし、「義徒事を挙ぐる策」を下策とせる如く、尊攘論者の大勢は未だ藩の独自的権力に一指を触れる事をも思い及ばなかった。吾々は僅に松陰の末期の思想等に於て、日本の対外的「フレーヘード」の保持のためには、もはや全体制のなにかしら根本的転換が不可欠の課題として迫りつつあるという予感を読みとりうる程度である。要するにこれら富国強兵論なり尊皇攘夷論なりが、かくの如く国民的滲透の契機に於てはもとより、集権的政治力の確立という方向に於ても、封建機構の最後の鉄壁の前には一様に立ち止らねばならなかったこと――まさにそのことこそ、それらの国民主義理論がまとっている種々の「前期的」性格の窮極的根拠にほかならぬのである。そうして以上の様な思想的展開の特質は、幕末日本が現実に辿った政治的統一の過程と基本的動向に於て全く照応していた。既述の如く外船渡来を契機とする幕府権力の弛緩によって齎された国内的分裂と無政府的混乱を克服すべき政治力はついに庶民の間から成長しなかった。王政復古の政治的変革は既に周ねく知られている様に、封建的支配層の自己分解の過程に於て、激派公卿・下級武士とたかだか庶民の上層部を主たる担い手として行われた。そうして幕府消滅の後にまず出現した政治形態は朝廷の下に於ける雄藩の連合であった。公議輿論思想の差当っての具体的結実はかくの如きものであった。もとより是を以て封建的多元的統治形態の単純なる継続乃至変形と看做す事は出来ない。欧米列強の重圧を絶えず身近かに感じつつ、国家的独立を全うするがために、「政令ノ帰一」――すなわち政治力の集中――による富国強兵政策は焦眉の問題として迫っていた。いな、上述した諸々の思想家の提唱した如き軍備の近代化及び「殖産興業」は、既に幕末に於て、幕府自身によってかなりの程度まで試みられて居り、とくに、維新政府を構成した西南雄藩はこの点に於て最も進んでいた。すなわち封建的権力は末期的段階に於ては、自己保存のためには異質的な近代産業及び技術に依拠せざるをえなくなっていたのである。従って絶対主義的体制の樹立は幕末に近づくにつれて、朝幕いずれの側においても、殆ど普遍的な課題をなすに至り、問題はただその指導力をめぐる争いにあったといってもよい。その限りに於て純粋に封建的階統《ヒエラルヒー》的な分権組織はもはや存立の余地はなかった。にも拘らず「仲介勢力」の排除が庶民層の能動的参与なしに、まさに「仲介勢力」を構成する分子によって遂行されたというところに近代的国民国家の形成のための維新諸変革を決定的に性格づける要因があった。依然として去らない国際的重圧のさ中にあって、「全国人民の脳中に国の思想を抱かしむる」（福沢、通俗国権論）という切実な課題は、いまや新らしく明治の思想家の双肩に懸って来たのである。

＊1　全集三巻、四三九頁。

＊2　安政四年十一月二十八日村田氏寿宛書翰、橋本景岳全集、上巻、五五五頁。

＊3　松陰が安政六年三月二十六日野村和作宛書簡において、「只今の勢にては諸侯は勿論捌《さば》けず、公卿も捌け難し、草莽に止まるべし。併し草莽も亦力なし。天下を跋渉して百姓一揆にても起りたる所へ付け込み奇策あるべきか」（全集九、二九一頁）といっているのは、彼の末期における焦慮と絶望をよく現わしている。百姓一揆のエネルギーに着目したのは流石《さすが》であるが、その場合にもそれは「付け込」まるべき対象にとどまり、決して百姓一揆の主体的な力の評価ではない。

（国家学会雑誌、第五八巻三・四号、一九四四年三・四月）

超国家主義の論理と心理

一

日本国民を永きにわたって隷従的境涯に押しつけ、また世界に対して今次の戦争に駆りたてたところのイデオロギー的要因は連合国によって超国家主義《ウルトラ・ナショナリズム》とか極端国家主義《エクストリーム・ナショナリズム》とかいう名で漠然と呼ばれているが、その実体はどのようなものであるかという事についてはまだ十分に究明されていないようである。いま主として問題になっているのはそうした超国家主義の社会的・経済的背景であって、超国家主義の思想構造乃至《ないし》心理的基盤の分析は我が国でも外国でも本格的に取り上げられていないかに見える。

それは何故かといえば、この問題があまりに簡単であるからともいえるし、また逆にあまりに複雑であるからともいえる。あまりに簡単であるという意味は、それが概念的組織をもたず、

「八紘為宇《はっこういう》」とか「天業恢弘《かいこう》」とかいったいわば叫喚的なスローガンの形で現われているために、真面目に取り上げるに値しないように考えられるからである。例えばナチス・ドイツがともかく「我が闘争」や「二十世紀の神話」の如き世界観的体系を持っていたのに比べて、この点はたしかに著しい対照をなしている。しかし我が超国家主義にそのような公権的な基礎づけが欠けていたということは、それがイデオロギーとして強力でないという事にはならない。それは今日まで我が国民の上に十重二十重の見えざる網を打ちかけていたし、現在なお国民はその呪縛から完全に解き放たれてはいないのである。国民の政治意識の今日見らるる如き低さを規定したものは決して単なる外部的な権力組織だけではない。そうした機構に浸透して、国民の心的傾向なり行動なりを一定の溝に流し込むところの心理的な強制力が問題なのである。それはなまじ明白な理論的構成を持たず、思想的系譜も種々雑多であるだけにその全貌の把握はなかなか困難である。是《これ》が為には「八紘為宇」的スローガンを頭からデマゴギーときめてかからずに、そうした諸々の断片的な表現やその現実の発現形態を通じて底にひそむ共通の論理を探りあてる事が必要である。これはもとより痛ましい我々の過去を物ずきにほり返す嗜虐趣味では断じてない。けだし「新らしき時代の開幕はつねに既存の現実自体が如何なるものであったかについての意識を闘い取ることの裡に存する」(ラッサール)のであり、この努力を怠っては国民精神の真の変革はついに行われぬであろう。そうして凡そ精神の革命を齎《もた》らす革命にして始めてその名に値するのである。

以下の小論はかかる意味で問題の解答よりも、むしろ問題の所在とその幅を提示せんとする一つのトルソにすぎない。

二

まずなにより、我が国の国家主義が「超《ウルトラ》」とか「極端《エクストリーム》」とかいう形容詞を頭につけているる所以はどこにあるのかという事が問題になる。近代国家は国民国家《ネーションステート》と謂われているように、ナショナリズムはむしろその本質的属性であった。こうした凡そ近代国家に共通するナショナリズムと「極端なる」それとは如何に区別されるのであろうか。ひとは直ちに帝国主義乃至軍国主義的傾向を挙げるであろう。しかしそれだけのことなら、国民国家の形成される初期の絶対主義国家からしていずれも露骨な対外的侵略戦争を行っており、いわゆる十九世紀末の帝国主義時代を俟《ま》たずとも、武力的膨張の傾向は絶えずナショナリズムの内在的衝動をなしていたといっていい。我が国家主義は単にそうした衝動がヨリ強度であり、発現のし方がヨリ露骨であったという以上に、その対外膨張乃至対内抑圧の精神的起動力に質的な相違が見出されることによってはじめて真にウルトラ的性格を帯びるのである。

ヨーロッパ近代国家はカール・シュミットがいうように、中性国家（Ein neutraler Staat）たることに一つの大きな特色がある。換言すれば、それは真理とか道徳とかの内容的価値に関して中立的立場をとり、そうした価値の選択と判断はもっぱら他の社会的集団（例えば教会）乃至は個人の良心に委ね、国家主権の基礎をば、かかる内容的価値から捨象された純粋に形式的な法機構の上に置いているのである。近代国家は周知の如く宗教改革につづく十六、十七世紀に亘る長い間の宗教戦争の真只中から成長した。信仰と神学をめぐっての果しない闘争はやがて各宗派をして自らの信条の政治的貫徹を断念せしめ、他方王権神授説をふりかざして自己の支配の内容的正当性を独占しようとした絶対君主も熾烈な抵抗に面して漸次その支配根拠を公的秩序の保持という外面的なものに移行せしめるの止むなきに至った。かくして形式と内容、外部と内部、公的なものと私的なものという形で治者と被治者の間に妥協が行われ、思想信仰道徳の問題は「私事」としてその主観的内面性が保証され、公権力は技術的性格を持った法体系の中に吸収されたのである。

ところが日本は明治以後の近代国家の形成過程に於て嘗《かつ》てこのような国家主権の技術的、中立的性格を表明しようとしなかった。その結果、日本の国家主権は内容的価値の実体たることにどこまでも自己の支配根拠を置こうとした。幕末に日本に来た外国人は殆ど一様に、この国が精神的《スピリチュアル》君主たるミカドと政治的実権者たる大君（将軍）との二重統治の下に立っていることを指摘しているが、維新以後の主権国家は、後者及びその他の封建的権力の多元的支配を前者に向って一元化し集中化する事に於て成立した。「政令の帰一」とか「政刑一途」とか呼ばれるこの過程に於て権威は権力と一体化した。そうして是に対して内面的世界の支配を主張する教会的勢力は存在しなかった。やがて自由民権運動が華々しく台頭したが、この民権論とこれに対して「陸軍及ヒ警視ノ勢威ヲ左右ニ提《ひっさ》ケ凜然トシテ下ニ臨ミ民心ヲシテ戦慄」（岩倉公実記）せしめんとした在朝者との抗争は、真理や正義の内容的価値の決定を争ったのではなく、「上君権ヲ定メ下民権ヲ限リ」といわれるように、もっぱら個人乃至国民の外部的活動の範囲と境界をめぐっての争いであった。凡そ近代的人格の前提たる道徳の内面化の問題が自由民権論者に於ていかに軽々に片づけられていたかは、かの自由党の闘将河野広中が自らの思想的革命の動機を語っている一文によく現われている。その際決定的影響を与えたのはやはりミルの自由論であるが、彼は、

「馬上ながら之を読むに及んで是れまで漢学、国学にて養はれ動《やや》もすれば攘夷をも唱へた従来の思想が一朝にして大革命を起し、忠孝の道位を除いただけで、従来有《も》つて居た思想が木葉微塵の如く打壊かるゝと同時に、人の自由、人の権利の重んず可きを知つた」（河野磐州伝、上巻、但し傍点丸山）

と言っている。主体的自由の確立の途上に於て真先に対決さるべき「忠孝」観念が、そこでは

最初からいとも簡単に考慮から「除」かれており、しかもそのことについてなんらの問題性も意識されていないのである。このような「民権」論がやがてそれが最初から随伴した「国権」論のなかに埋没したのは必然であった。かくしてこの抗争を通じて個人自由は遂に良心に媒介されることなく、従って国家権力は自らの形式的妥当性を意識するに至らなかった。そうして第一回帝国議会の召集を目前に控えて教育勅語が発布されたことは、日本国家が倫理的実体として価値内容の独占的決定者たることの公然たる宣言であったといっていい。

果して間もなく、あの明治思想界を貫流する基督教と国家教育との衝突問題がまさにこの教育勅語をめぐって囂々《ごうごう》の論争を惹起したのである。「国家主義」という言葉がこの頃から頻繁に登場し出したということは意味深い。この論争は日清・日露両役の挙国的興奮の波の中にいつしか立ち消えになったけれども、ここに潜んでいた問題は決して解決されたのではなく、それが片づいたかのように見えたのは基督教徒の側で絶えずその対決を回避したからであった。今年初頭の詔勅で天皇の神性が否定されるその日まで、日本には信仰の自由はそもそも存立の地盤がなかったのである。信仰のみの問題ではない。国家が「国体」に於て真善美の内容的価値を占有するところには、学問も芸術もそうした価値的実体への依存よりほかに存立しえないことは当然である。しかもその依存は決して外部的依存ではなく、むしろ内面的なそれなのだ。国家のための芸術、国家のための学問という主張の意味は単に芸術なり学問なりの国家的実用性の要請ばかりではない。何が国家のためかという内容的な決定をば「天皇陛下及天皇陛下ノ政府ニ対シ」（官吏服務紀律）忠勤義務を持つところの官吏が下すという点にその核心があるのである。そこでは、「内面的に自由であり、主観のうちにその定在《ダーザイン》をもっているものは法律のなかに入って来てはならない」（ヘーゲル）という主観的内面性の尊重とは反対に、国法は絶対価値たる「国体」より流出する限り、自らの妥当根拠を内容的正当性に基礎づけることによっていかなる精神領域にも自在に浸透しうるのである。

従って国家的秩序の形式的性格が自覚されない場合は凡そ国家秩序によって捕捉されない私的領域というものは本来一切存在しないこととなる。我が国では私的なものが端的に私的なものとして承認されたことが未だ嘗てないのである。この点につき「臣民の道」の著者は「日常我等が私生活と呼ぶものも、畢竟《ひっきょう》これ臣民の道の実践であり、天業を翼賛し奉る臣民の営む業として公の意義を有するものである。（中略）かくて我らは私生活の間にも天皇に帰一し、国家に奉仕するの念を忘れてはならぬ」といっているが、こうしたイデオロギーはなにも全体主義の流行と共に現われ来ったわけでなく、日本の国家構造そのものに内在していた。従って私的なものは、即ち悪であるか、もしくは悪に近いものとして、何程かのうしろめたさを絶えず伴っていた。営利とか恋愛とかの場合、特にそうである。そうして私事の私的性格が端的に認められない結果は、それに国家的意義を何とかして結びつけ、それによって後ろめたさの感じ

から救われようとするのである。漱石の「それから」の中に、代助と嫂とが、

「一体今日は何を叱られたのです」

「何を叱られたんだか、あんまり要領を得ない。然し御父さんの国家社会の為に尽くすには驚いた。何でも十八の年から今日迄のべつに尽くしてるんだつてね」

「それだから、あの位に御成りになつたんじやありませんか」

「国家社会の為に尽くして、金がお父さん位儲かるなら、僕も尽くしても好い」（傍点丸山）

という対話を交す所があるが、この漱石の痛烈な皮肉を浴びた代助の父は日本の資本家のサンプルではないのか。こうして、「栄え行く道」（野間清治）と国家主義とは手に手をつなぎ合って近代日本を「躍進」せしめ同時に腐敗せしめた。「私事」の倫理性が自らの内部に存せずして、国家的なるものとの合一化に存するというこの論理は裏返しにすれば国家的なるものの内部へ、私的利害が無制限に侵入する結果となるのである。

三

国家主権が精神的権威と政治的権力を一元的に占有する結果は、国家活動はその内容的正当性の規準を自らのうちに（国体として）持っており、従って国家の対内及び対外活動はなんら

国家を超えた一つの道義的規準には服しないということになる。こういうとひとは直ちにホッブス流の絶対主義を思い起すかも知れない。しかしそれとこれとは截然と区別される。「真理ではなくして権威が法を作る」というホッブスの命題に於ける権威とはその中に一切の規範的価値を内包せざる純粋の現実的決断である。主権者の決断によってはじめて是非善悪が定まるのであって、主権者が前以て存在している真理乃至正義を実現するのではないというのがレヴァイアサンの国家なのである。従ってそれは法の妥当根拠をひたすら主権者の命令という形式性に係わらしめる事によって却《かえ》って近代的法実証主義への道を開いた。例えばフリートリヒ大王のプロシャ国家にしてもこうしたホッブス的絶対国家の嫡流であり、そこでは正統性(Legitimität)は究極に於て合法性(Legalität)のなかに解消しているのである。

ところが我が国家主権は前述したとおり決してこのような形式的妥当性に甘んじようとしない。国家活動が国家を超えた道義的規準に服しないのは、主権者が「無」よりの決断者だからではなく、主権者自らのうちに絶対的価値が体現しているからである。それが「古今東西を通じて常に真善美の極致」とされるからである(荒木貞夫、皇国の軍人精神、八頁)。従ってここでは、道義はこうした国体の精華が、中心的実体から渦紋状に世界に向って拡がって行くところにのみ成り立つのである。「大義を世界に布く」といわれる場合、大義は日本国家の活動の前に定まっているのでもなければ、その後に定まるのでもない。大義と国家活動とはつねに同時存在なのである。大義を実現するために行動するわけだが、それと共に行動することが即ち正義とされるのである。「勝つた方がええ」というイデオロギーが「正義は勝つ」というイデオロギーと微妙に交錯しているところに日本の国家主義論理の特質が露呈している。それ自体「真善美の極致」たる日本帝国は、本質的に悪を為し能わざるが故に、いかなる暴虐なる振舞も、いかなる背信的行動も許容されるのである！

こうした立場はまた倫理と権力との相互移入としても説明されよう。国家主権が倫理性と実力性の究極的源泉であり両者の即自的統一である処では、倫理の内面化が行われぬために、それは絶えず権力化への衝動を持っている。倫理は個性の奥深き底から呼びかけずして却って直ちに外的な運動として押し迫る。国民精神総動員という如きがそこでの精神運動の典型的なあり方なのである。

前述の基督教と教育勅語の問題から、神道祭天古俗説、咢堂の共和演説を経て天皇機関説問題に至るまで、一たび国体が論議されるや、それは直ちに政治問題となり、政治的対立に移行した。「国体明徴」は自己批判ではなくして、殆どつねに他を圧倒するための政治的手段の一つであった。これに対して純粋な内面的な倫理は絶えず「無力」を宣告され、しかも無力なるが故に無価値とされる。無力ということは物理的に人を動かす力がないという事であり、それは倫理なり理想なりの本質上然るのである。しかるに倫理がその内容的価値に於てでなくむしろその実力性に於て、言い換えればそれが権力的背景を持つかどうかによって評価される傾向があるのは畢竟、倫理の究極の座が国家的なるものにあるからにほかならない。こうした傾向が最もよく発現されるのは、国際関係の場合である。例えば次の一文を見よ（但し傍点丸山）。

「我が国の決意と武威とは、彼等（主要連盟国を指す――丸山）をして何等の制裁にも出《い》づること能はざらしめた。我が国が脱退するや、連盟の正体は世界に暴露せられ、ドイツも同年秋に我が跡を追ふて脱退し、後れてイタリヤもまたエチオピヤ問題に機を捉らへて脱退の通告を発し、国際連盟は全く虚名のものとなつた。かくして我が国は昭和六年の秋以来、世界維新の陣頭に巨歩を進め来たつてゐる」（臣民の道）

　ここでは、連盟が制裁を課する力がなかった事に対する露わな嘲笑と、反対に「機を捉らへ」たイタリーの巧妙さに対する暗々裡の賞讃とが全体の基調をなしている。連盟の「正体」なり、イタリーの行動なりは、なんらその内在的価値によってでなく、もっぱらその実力性と駆け引きの巧拙から批判されているのである。これが「教学」の総本山たる文部官僚の道義観に於ける他の側面だったのである。しかもこうして倫理が権力化されると同時に、権力もまた絶えず倫理的なるものによって中和されつつ現われる。公然たるマキァヴェリズムの宣言、小市民的道徳の大胆な蹂躙の言葉は未だ嘗てこの国の政治家の口から洩れたためしはなかった。政治的権力がその基礎を究極の倫理的実体に仰いでいる限り、政治の持つ悪魔的性格は、それとして率直に承認されえないのである。

この点でもまた東と西は鋭く分れる。政治は本質的に非道徳的なブルータルなものだという考えがドイツ人の中に潜んでいることをトーマス・マンが指摘しているが、こういうつきつめた認識は日本人には出来ない。ここには真理と正義に飽くまで忠実な理想主義的政治家が乏しいと同時に、チェザーレ・ボルジャの不敵さもまた見られない。慎ましやかな内面性もなければ、むき出しの権力性もない。すべてが騒々しいが、同時にすべてが小心翼々としている。この意味に於て、東条英機氏は日本的政治のシンボルと言い得る。そうしてかくの如き権力のいわば矮小化は政治的権力にとどまらず、凡そ国家を背景とした一切の権力的支配を特質づけている。

例えば今次戦争に於ける俘虜虐待問題を見よう(戦場に於ける残虐行為についてはやや別の問題として、後に触れる)。収容所に於ける俘虜殴打等に関する裁判報告を読んで奇妙に思うのは、被告が殆んど異口同音に、収容所の施設改善につとめた事を力説していることである。私はそれは必ずしも彼らの命乞いのための詭弁ばかりとは思わない。彼らの主観的意識に於てはたしかに待遇改善につとめたと信じているにちがいない。彼等は待遇を改善すると同時になぐったり、蹴ったりするのである。慈恵行為と残虐行為とが平気で共存しうるところに、倫理と権力との微妙な交錯現象が見られる。軍隊に於ける内務生活の経験者は這般《しゃはん》の事情を察しうるであろう。彼らに於ける権力的支配は心理的には強い自我意識に基づくのではなく、むしろ、国家権力との合一化に基づくのである。従ってそうした権威への依存性から放り出され、一箇の人間にかえった時の彼らはなんと弱々しく哀れな存在であることよ。だから戦犯裁判に於て、土屋は青ざめ、古島は泣き、そうしてゲーリングは哄笑する。後者のような傲然たるふてぶてしさを示すものが名だたる巣鴨の戦犯容疑者に幾人あるだろうか。同じ虐待でもドイツの場合のように俘虜の生命を大規模にあらゆる種類の医学的実験の材料に供するというような冷徹な「客観的」虐待は少くも我が国の虐待の「範型」ではない。彼の場合にはむろん国家を背景とした行為ではあるが、そこでの虐待者との関係はむしろ、「自由なる」主体ともの(Sache)とのそれに近い。これに反して日本の場合はどこまでも優越的地位の問題、つまり究極的価値たる天皇への相対的な近接の意識なのである。

しかもこの究極的実体への近接度ということこそが、個々の権力的支配だけでなく、全国家機構を運転せしめている精神的起動力にほかならぬ。官僚なり軍人なりの行為を制約しているのは少くも第一義的には合法性の意識ではなくして、ヨリ優越的地位に立つもの、絶対的価値体にヨリ近いものの存在である。国家秩序が自らの形式性を意識しないところでは、合法性の意識もまた乏しからざるをえない。法は抽象的一般者として治者と被治者を共に制約するとは考えられないで、むしろ天皇を長とする権威のヒエラルヒーに於ける具体的支配の手段にすぎない。だから遵法ということはもっぱら下のものへの要請である。軍隊内務令の繁雑な規則の適用は上級者へ行くほどルーズとなり、下級者ほどヨリ厳格となる。刑事訴訟法の検束、拘留、予審等々の規定がほかならぬ帝国官吏によって最も露骨に蹂躙されていることは周知の通りである。具体的支配関係の保持強化こそが眼目であり、そのためには、遵法どころか、法規の「末節」に捉われるなということが繰返し検察関係に対して訓示されたのである。従ってここでの国家的社会的地位の価値規準はその社会的職能よりも、天皇への距離にある。ニーチェは、「へだたりのパトス」(Pathos der Distanz) ということを以て一切の貴族的道徳を特質づけているが、我が国に於ては「卑しい」人民とは隔たっているという意識が、それだけ最高価値たる天皇に近いのだという意識によって更に強化されているのである。

かくして「皇室の藩屏」たることが華族の矜持であり、(天皇親率の軍隊たることに根拠づけられた) 統帥権の独立が軍部の生命線となる。そうして支配層の日常的モラルを規定しているものが抽象的法意識でも内面的な罪の意識でも、民衆の公僕観念でもなく、このような具体的感覚的な天皇への親近感である結果は、そこに自己の利益を天皇のそれと同一化《アイデンティファイ》し、自己の反対者を直ちに天皇に対する侵害者と看做す傾向が自から胚胎するのは当然である。藩閥政府の民権運動に対する憎悪乃至恐怖感にはたしかにかかる意識が潜んでいた。そうしてそれはなお今日まで、一切の特権層のなかに脈々と流れているのである。

四

職務に対する矜持が、横の社会的分業意識よりも、むしろ縦の究極的価値への直属性の意識に基いているということから生ずる諸々の病理的現象は、日本の軍隊が殆んど模範的に示してくれた。軍はその一切の教育方針を挙げてこうした意味でのプライドの養成に集中したといっていい。それはまず、「軍人は国民の精華にして其の主要部を占む」(軍隊教育令)として、軍を国家の中枢部に置いた。軍人の「地方」人(!)に対する優越意識はまがいもなく、その皇軍観念に基づいている。しかも天皇への直属性ということから、単に地位的優越だけでなく一切の価値的優越が結論されるのである。

例えば荒木貞夫男爵によれば、軍隊出身者はしばしば正直過ぎるという世評を受けるが、「此等の批評の反面には、一般社会の道徳の水準が軍隊内のそれと相当の差があつて、軍隊出身者にとつて方今の社会生活に多くの困難を感ずるもののあることを物語る」(皇国の軍人精神、五一頁、傍点丸山)のであって、従って軍人は「一般社会精神を浄化して軍隊精神との渾一に努力」(同五二頁)する事が要請される。ところが日本国民は今度の戦争で、荒木男爵とまったく逆の意味で、軍隊内の道徳水準と一般社会のそれとの間に「相当の差が」あることを見せつけられたのであった。また軍医大尉として永く召集されていた私のある友人の語るところによれば、軍医学の学問的水準は大学をふくめて一切の「地方」の医学のそれよりはるかに高いというのが、殆んど本職の軍医の間の通説だったそうである。是ももとよりこの真面目な病理学者に従えば、事実は全く反対であった。そうしてこのような自己中心的なプライドの高揚は軍対「地方」の間に存するだけでなく、軍そのものの内部にもち込まれる。例えば「作戦要務令」に、「歩兵ハ軍ノ主兵ニシテ、諸兵種協同ノ核心トナリ」云々という言葉がある。私は朝鮮に教育召集を受けたとき、殆んど毎日のようにこれを暗誦させられた。ある上等兵が、「いいか、歩兵は軍の主兵だぞ、軍で一番えらいんだ、「軍ノ主兵」とあるだろう、軍という以上、陸軍だけでなく海軍も含むんだ」といって叱咤した声が今でも耳朶に残っている。むろんこれは本人も真面目にそう考えていたわけではないが、そういう表現のうちに軍教育を貫く一つの心的傾向性といったものが抗い難く窺われるのである。かくして部隊は他の部隊に対する、中隊は他の中隊に対する、内務班は他の内務班に対する優越意識を煽られると共に、また下士官には「兵隊根性」からの離脱が、将校には「下士官気質」の超越が要求される。

戦争中、軍の悪評をこの上もなく高くしたあの始末の悪い独善意識とセクショナリズムはこうした地盤から醱酵した。ひとり軍隊だけでなく、日本の官庁機構を貫流するこのようなセクショナリズムはしばしば「封建的」と性格づけられているが、単にそれだけではない。封建的割拠性は銘々が自足的閉鎖的世界にたてこもろうとするところに胚胎するが、上のようなセクショナリズムは各分野が夫々縦に究極的権威への直結によって価値づけられている結果、自己を究極的実体に合一化しようとする衝動を絶えず内包しているために、封建的なそれより遥かに活動的かつ「侵略」的性格を帯びるのである。自らはどこまでも統帥権の城塞に拠りつつ、総力戦の名に於て国家の全領域に干与せんとした軍部の動向が何よりの証示である。

このようにして、全国家秩序が絶対的価値体たる天皇を中心として、連鎖的に構成され、上から下への支配の根拠が天皇からの距離に比例する、価値のいわば漸次的稀薄化にあるところでは、独裁観念は却って生長し難い。なぜなら本来の独裁観念は自由なる主体意識を前提としているのに、ここでは凡そそうした無規定的な個人というものは上から下まで存在しえないからである。一切の人間乃至社会集団は絶えず一方から規定されつつ他方を規定するという関係に立っている。戦時中に於ける軍部官僚の独裁とか、専横とかいう事が盛んに問題とされているが、ここで注意すべきは、事実もしくは社会的結果としてのそれと意識としてのそれとを混同してはならぬという事である。意識としての独裁は必ず責任の自覚と結びつく筈《はず》である。ところがこうした自覚は軍部にも官僚にも欠けていた。

ナチスの指導者は今次の戦争について、その起因はともあれ、開戦への決断に関する明白な意識を持っているにちがいない。然るに我が国の場合はこれだけの大戦争を起しながら、我こそ戦争を起したという意識がこれまでの所、どこにも見当らないのである。何となく何物かに押されつつ、ずるずると国を挙げて戦争の渦中に突入したというこの驚くべき事態は何を意味するか。我が国の不幸は寡頭勢力によって国政が左右されていただけでなく、寡頭勢力がまさにその事の意識なり自覚なりを持たなかったということに倍加されるのである。各々の寡頭勢力が、被規定的意識しか持たぬ個人より成り立っていると同時に、その勢力自体が、究極的権力となりえずして究極的実体への依存の下に、しかも各々それへの近接を主張しつつ併存するという事態――さるドイツ人のいわゆる併立の国（Das Land der Nebeneinander）――がそうした主体的責任意識の成立を困難ならしめたことは否定出来ない。

第八十一議会の衆議院戦時行政特例法委員会で、首相の指示権の問題について、喜多壮一郎氏から、それは独裁と解してよいかと質問されたのに対し、東条首相が、

「独裁政治といふことがよく言はれるがこれを明確にして置きたい。（中略）東条といふものは一個の草莽の臣である。あなた方と一つも変りはない。たゞ私は総理大臣といふ職責を与へられてゐる。ここで違ふ。これは陛下の御光を受けてはじめて光る。陛下の御光がなかつたら石ころにも等しいものだ。陛下の御信任があり、この位置についてゐるが故に光つてゐる。そこが全然所謂《いわゆる》独裁者と称するヨーロッパの諸公とは趣を異にしてゐる」（昭和一八年二月六日、朝日新聞速記、傍点丸山）

と答えているのは、それがまさに空前の権限を握った首相の言だけにきわめて暗示的といえる。そこには上に述べた究極的権威への親近性による得々たる優越意識と同時に、そうした権威の精神的重みをすぐ頭の上にひしひしと感じている一人の小心な臣下の心境が正直に吐露されているのである。

さて又、こうした自由なる主体的意識が存せず各人が行動の制約を自らの良心のうちに持たずして、より上級の者（従って究極的価値に近いもの）の存在によって規定されていることからして、独裁観念にかわって抑圧の移譲による精神的均衡の保持とでもいうべき現象が発生する。上からの圧迫感を下への恣意の発揮によって順次に移譲して行く事によって全体のバランスが維持されている体系である。これこそ近代日本が封建社会から受け継いだ最も大きな「遺産」の一つということが出来よう。福沢諭吉は「開闢の初より此国に行はるゝ人間交際の定則」たる権力の偏重という言葉で巧みにこの現象を説いている。曰く、

　「上下の名分、判然として、其名分と共に権義をも異にし、一人として無理を蒙らざる者なく、一人として無理を行はざる者なし。無理に抑圧せられ、又無理に抑圧し、此に向て屈すれば、彼に向て矜《ほこ》る可し。（中略）前の恥辱は後の愉快に由て償ひ、以て其不満足を平均し、（中略）恰《あたか》も西隣へ貸したる金を東隣へ催促するが如し」（文明論之概略、巻之五）

ここでも人は軍隊生活を直ちに連想するにちがいない。しかしそれは実は日本の国家秩序に

隅々まで内在している運動法則が軍隊に於て集中的に表現されたまでのことなのである。近代日本は封建社会の権力の偏重をば、権威と権力の一体化によって整然と組織立てた。そうしていまや日本が世界の舞台に登場すると共に、この「圧迫の移譲」原理は更に国際的に延長せられたのである。維新直後に燃え上った征韓論やその後の台湾派兵などは、幕末以来列強の重圧を絶えず身近かに感じていた日本が、統一国家形成を機にいち早く西欧帝国主義のささやかな模倣を試みようとしたもので、そこに「西隣へ貸したる金を東隣へ催促」せんとする心理が流れていることは否定出来ない。思えば明治以後今日までの外交交渉に於て対外硬論は必ず民間から出ていることも示唆的である。更にわれわれは、今次の戦争に於ける、中国や比律賓《フイリピン》での日本軍の暴虐な振舞についても、その責任の所在はともかく、直接の下手人は一般兵隊であったという痛ましい事実から目を蔽ってはならぬ。国内では「卑しい」人民であり、営内では二等兵でも、一たび外地に赴けば、皇軍として究極的価値と連なる事によって限りなき優越的地位に立つ。市民生活に於て、また軍隊生活に於て、圧迫を移譲すべき場所を持たない大衆が、一たび優越的地位に立つとき、己れにのしかかっていた全重圧から一挙に解放されんとする爆発的な衝動に駆り立てられたのは怪しむに足りない。彼らの蛮行はそうした乱舞の悲しい記念碑ではなかったか（勿論《もちろん》戦争末期の敗戦心理や復讐《ふくしゅう》観念に出た暴行は又別の問題である）。

五

ところが超国家主義にとって権威の中心的実体であり、道徳の泉源体であるところの天皇は、しからば、この上級価値への順次的依存の体系に於て唯一の主体的自由の所有者なのであろうか。近世初期のヨーロッパ絶対君主は中世自然法に基く支配的契約の制約から解放されて自らを秩序の擁護者(Defensor Pacis)からその作為者(Creator Pacis)に高めたとき、まさに近世史上最初の「自由なる」人格として現われた。しかし明治維新に於て精神的権威が政治的権力と合一した際、それはただ「神武創業の古」への復帰とされたのである。天皇はそれ自身究極的価値の実体であるという場合、天皇は前述した通り決して無よりの価値の創造者なのではなかった。天皇は万世一系の皇統を承け、皇祖皇宗の遺訓によって統治する。欽定憲法は天皇の主体的製作ではなく、まさに「統治の洪範を紹述」したものとされる。かくて天皇も亦、無限の古にさかのぼる伝統の権威を背後に負っているのである。天皇の存在はこうした祖宗の伝統と不可分であり、皇祖皇宗もろとも一体となってはじめて上に述べたような内容的価値の絶対的体現と考えられる。天皇を中心とし、それからのさまざまの距離に於て万民が翼賛するという事態を一つの同心円で表現するならば、その中心は点ではなくして実はこれを垂直に貫く一つの縦軸にほかならぬ。そうして中心からの価値の無限の流出は、縦軸の無限性（天壌無窮の皇運）によって担保されているのである。

かくていまや超国家主義の描く世界像は漸くその全貌を露わにするに至った。中心的実体からの距離が価値の規準になるという国内的論理を世界に向って拡大するとき、そこに「万邦各々其の所をえしめる」という世界政策が生れる。「万国の宗国」たる日本によって各々の国が身分的秩序のうちに位置づけられることがそこでの世界平和であり、「天皇の御稜威《みいつ》が世界万邦に光被するに至るのが世界史の意義であつて、その光被はまさしく皇国武徳の発現として達成せられるのである」（佐藤通次、皇道哲学）。従って万国を等しく制約する国際法の如きは、この絶対的中心体の存在する世界では存立の余地なく、「御国の道に則つた、稜威のみ光りが世界を光被することになれば、国際法などはありえない」（座談会、赴難の学、中央公論、昭和一八年一二月）ということになる。山田孝雄博士は肇国《ちょうこく》神話の現存性を説いて、「二千六百年前の事実がこれを輪切りにすれば中心の年輪として存在してゐる。……だから神武天皇様の御代のことは昔話としてでなく、現に存在してゐるのである」（神国日本の使命と国民の覚悟、中央公論、昭和一八年九月）といわれた。まことに「縦軸（時間性）の延長即ち円（空間性）の拡大」という超国家主義論理の巧妙な表現というべきである。

「天壌無窮」が価値の妥当範囲の絶えざる拡大を保障し、逆に「皇国武徳」の拡大が中心価値の絶対性を強めて行く――この循環過程は、日清・日露戦争より満州事変・支那事変を経て太平洋戦争に至るまで螺旋的に高まって行った。日本軍国主義に終止符が打たれた八・一五の日はまた同時に、超国家主義の全体系の基盤たる国体がその絶対性を喪失し今や始めて自由なる主体となった日本国民にその運命を委ねた日でもあったのである。

（世界、一九四六年五月号、岩波書店）

福沢諭吉の哲学——とくにその時事批判との関連

まえおき

本稿は、実質的には「東洋文化研究」第三号に掲載した拙稿「福沢に於ける「実学」の転回」の続編であり、さきの所論が福沢哲学への序論であるのに対して、いわば本論という関係に立っている。従って、本稿の読者に対しては、この前論文を併せ読まれんことをお願いしたい。私がいかなる意味において福沢の「哲学」を問題にするか、ということも前稿のまえがきで触れて置いたから再説するのを避ける。ここではただ本稿の理解の上に最小限度に必要な限りでの二、三の前提を述べて置こう。

第一に、本稿の意図は福沢の多方面にわたる言論著作を通じてその基底に一貫して流れている思惟方法と価値意識を探り出し、それが彼の政治・経済・社会等各領域の具体的問題に対する態度と批判の方向をいかに決定しているかということを究明するにある。従ってそうした目的のためには自から、彼の表面に現われた言説そのものよりも、そうした言説の行間にひそむ論理をヨリ重視することとなる。とくに福沢の様にその方法論なり認識論なりを抽象的な形で提示することのきわめてまれな思想家の場合には、その意識的な主張だけでなく、しばしば彼の無意識の世界にまで踏み入って、暗々裡に彼が前提している価値構造を明るみに持ち来さねばならない。そのために私は彼の論著を一度バラバラに解きほぐして再構成する方法を採らざるをえなかった。それが果してドグマティックな帰結に導きはしなかったかということは、ひとえに読者の批判に委ねるほかない。ただ本稿が福沢の生涯にわたるきわめて奔放かつ多彩な時事批判の思想的「軌跡」をいくらかでも明らかに為《な》しえたならば私の目的は達せられるのである。

従って第二に、本稿は福沢の生涯を通じて一貫した思惟方法を問題とし、彼の思想の時代的な変遷や推移はそれ自体としては取り上げられていない。福沢の思想や立場にもともと時代に応じての発展もあり変容もあった。そうした変化はある場合には、彼の基本的な考え方にも拘らず起った変化であり、他の場合には、基本的な考え方ゆえに起った推移である。後の場合は当然本稿のテーマに触れてくるわけであるが、前者の場合は一応本稿の視野の外に置いた。福沢が後期において初期の立場から転向して反動化したという見解がひろく行われている。この見解が果して、また、いかなる限度において正当であるかということはそれ自体きわめて興味ある問題であるが、ここでは直接それを取り上げるとあまり論点が多岐にわたるので、他日の機会を俟《ま》つこととした。

最後に注意して置きたいことは、本稿では福沢の思想に対して欧米の学者や思想家の及ぼした影響については、ごく簡単に触れるにとどめ、一まず彼の思想構造を全体として geschlossen なものとして取扱ったことである。これについては或は異論があるかもしれない。福沢をもって単なるヨーロッパ文明の紹介学者とし、彼の思想が欧米学者の著書からの翻訳にすぎないとしてその独創性を否定する見解は古くからある。この見解に対しては、まず、そのいうところの「独創性」とは、具体的に何を意味するかが反問されねばならない。もし独創性ということが、いかなる先人の思想からも根本的な影響を受けずに己れの思想体系を構成したという意味ならば、福沢は到底独創的思想家とはいわれない。しかし果して何人の思想家や哲学者がかくの如き意味で独創的な名に値したであろうか。一個独立の思想家であるか、それとも他人の学説の単なる紹介者乃至《ないし》解説者であるかということは、他の思想や学説の影響の大小によるのではなく、むしろ彼がどの程度までそうした影響を自己の思想のなかに主体的に取り入れたかということによって決まるのである。そうしてこの意味においては福沢の思想と哲学はまぎれもなき彼自身のものであった。例えば「学問のすゝめ」がウエイランドの“Elements of moral science" の圧倒的な影響の下に成り、「文明論之概略」の所論の背景にバックルの "History of civilization in England" やギゾーの "Histoire de la civilisation en Europe" が大きな存在となっていることは福沢自らの認めている如くである。

しかしギゾーやバックルの影響を強く受けたのは福沢だけでなかった。これらの歴史家の著作は明治初期の啓蒙思想家をはぐくんだ共通の土壌であった。加藤弘之然り、田口卯吉然りである。しかも福沢の思惟傾向になにゆえに彼等のいずれにも見られぬ独自の色彩が生れたかということこそが問題なのである。福沢がいかにそれら西欧学者の所説や史論を自家薬籠中のものとし、完全にそれを彼の国と彼の時代の現実に従って、自己の立場の中に溶解したかということは、彼此の著作を細密に点検すればするほどますます深く納得されるであろう。こうした研究もそれ自体独立のテーマに値する問題であるがこれも別の機会に譲り、本稿ではただ叙述の際に直接にこれらの学者の影響に出ていると思われるものを註で一、二指摘するにとどめた。

一

福沢の厖大な言論著作は周《あま》ねく知られている様にその殆どがきわめて具体的な時事問題に対する所論であり、ほぼ純粋な理論的著作としては僅に「文明論之概略」を挙げうるにすぎない。

我々の考察方法はまえおきで述べた様に、彼の思想が真向から理論的な形で提示されているかどうかには必ずしも拘泥しないのではあるが、なんといっても、此書は彼の基本的な考え方を最も鮮明に示す著作であり、その意味において、われわれもまず、ここに現われている思惟方法の分析を手がかりとして彼の思想構造の内面に立ち入って行くこととしよう。

「概略」はこうした書出しで始まっている。[*1]

「軽重、長短、善悪、是非等の字は、相対したる考より生じたるものなり。軽あらざれば重ある可らず、善あらざれば悪ある可らず、故に軽とは重よりも軽し、善とは悪よりも善しと云ふことにて、此と彼と相対せざれば軽重善悪を論ず可らず。斯《かく》の如く相対して重と定り善と定りたるものを議論の本位と名《なづ》く」

「学問のすゝめ」の劈頭をなす「天は人の上に人を造らず人の下に人を造らず」という文字が広く天下に喧伝され、殆ど福沢イズムの合言葉となっているのに比べると、この「概略」の方の書出しはあまり知られていないし、この書の数多い読者も第二章「西洋の文明を目的とする事」あたりから以下は注意して読んでもこの言葉ではじまる第一章はややもすると軽い前置きの様なつもりであっさり読過してしまう。そのためか、この言葉が福沢の全思想構造のなかでどの様な意味を持っているかという事、更に、何故福沢は「概略」において時代に対する彼の積極的主張を展開するに先立って、この章の標題が示す様に「議論の本位を定る事」の必要を説いたかというような問題が従来あまり反省せられていない様に思われる。しかし実は「概略」のなかで展開せられているさまざまの論点の伏線は悉《ことごと》くこの第一章に張られているのであり、その劈頭のテーゼは、恰《あたか》も「天は人の上に……」の句が「学問のすゝめ」全体の精神の圧縮的表現であるのと同様に、「概略」を貫く、いな、ある意味では福沢の全著作に共通する思惟方法を最も簡潔に要約しているのである。

まずこのテーゼの意味するところを最も広く解するならば価値判断の相対性の主張ということに帰するであろう。福沢によれば事物の善悪とか真偽とか美醜とか軽重とかいう価値判断はそれ自体孤立して絶対的に下しうるものではなく、必ずや他の物との関連において比較的にのみ決定される。我々の前に具体的に与えられているのは、決して究極的な真理や絶対的な善ではなく、ヨリ善きものとヨリ悪しきものとの間、ヨリ重要なるものと、ヨリ重要ならざるものとの間、ヨリ是なるものとヨリ非なるものとの間の選択であり、我々の行為はそうした不断の比較考量の上に成立っている。従ってまた、そうした価値は何か事物に内在する固定的な性質として考えらるべきではなく、むしろ、事物の置かれた具体的環境に応じ、それがもたらす実践的な効果との関連においてはじめて確定されねばならぬ。具体的状況を離れて抽象的に善悪是非をあげつらっても、その議論は概ね空転して無意味である。例えば「城郭は、守る者のために利なれども、攻る者のためには害なり。敵の得は味方の失なり。往者の便利は来者の不便なり。故に是等《これ》の利害得失を談ずるには、先づ其ためにする所を定め、守る者のため歟《か》、攻る者のため歟、敵のため歟、味方のため歟、何れにても其主とする所の本を定めざる可らず」（概略、巻之一）。議論の本位を定めるとはすなわち、この様に問題を具体的状況に定着させることにほかならない。

この様な考え方が「概略」の骨子をなす主張といかに関連するかは追々述べるとして、ここで注意したいのは、こうした価値を具体的状況との相関において決定する考え方は決してその場の思い付といったものではなく、福沢の考え方のなかに繰返し繰返し色々のヴァリエーションを以て現われるところの根本主題をなしているということである。例えば既に「学問のすゝめ」十六編において、「人の働には規則なかる可らず。其働を為すに場所と時節とを察せざる可らず。譬へば道徳の説法は難有《ありがたき》ものなれども宴楽の最中に突然と之を唱ふれば徒《いたずら》に人の嘲を取るに足るのみ」と言い、また、「概略」の他の個所においても、「事物の得失、便不便を論ずるには時代と場所とを考へざる可らず。陸に便利なる車も海に在ては不便利なり。昔年便利とせし所のものも今日に至ては既に不便利なり。又これを倒《さかさま》にして今日の世には至便至利のものたりと雖ども、之《これ》を上世に施す可らざるもの多し。時代と場所とを考の外に置けば、何物にても便利ならざるものなし、何事にても不便利ならざるものなし」（巻之四、第七章）、また、「試に見よ、天下の事物其局処に就て論ずれば、一として是ならざるものなし。一として非ならざるものなし。節倹質朴は野蛮粗暴に似たれども、一人の身に就ては之を勧めざる可からず。秀美精雅は奢侈荒唐の如くなれども、全国人民の生計を謀れば日に秀美に進まんことを願はざる可らず。国体論の頑固なるは民権のために大《おおい》に不便なるが如しと雖ども、今の政治の中心を定めて行政の順序を維持するがためには亦大に便利なり。民権興起の粗暴論は立君治国のために大に害あるが如くなれども、人民卑屈の旧悪習を一掃するの術に用れば亦甚だ便利なり。忠臣義士の論も耶蘇《ヤソ》聖教の論も儒者の論も仏者の論も、愚なりと云へば愚なり、智なりと云へば智なり。唯其これを施す所に従て、愚とも為る可く智とも為る可きのみ」(巻之六)等々。これらの所論はいずれも時代と場所という situation を離れて価値決定はなしえないという命題に帰着する。

そうして福沢は単にこうした命題を抽象的に掲げたのではなかった。社会、政治、文化のあらゆる領域にわたる具体的批判はすべてその時々の現実的状況に対する処方箋として書かれて居り、そうした具体的状況から切離しては理解出来ぬ性質のものである。一定の具体的状況が彼に一定の目的を指定させる。そうしてこの目的との関連においてはじめて事物に対する彼の価値判断が定って来る。従って、目的が状況に応じて推移すれば同じ事物に対する彼の価値判断も当然変化せざるをえない。このことを無視して、背後の具体的状況から切断された言説のみを問題にするならば福沢のなかから幾多の奇怪な矛盾を拾い出して来ることはきわめて易々たることである。従って福沢の有名になった一つの言説のみを通じて彼のイメージを構成している者にとって彼はしばしば不意に他の側面を露呈して、端倪《たんげい》すべからざる印象を与える。「理のためには「アフリカ」の黒奴にも恐入り、道のためには英吉利《イギリス》、亜米利加《アメリカ》の軍艦をも恐れず」（学問のすゝめ、初編）といって国際関係における道理の規範力を強調するイデアリストとして現われたかと思えば、次の瞬間には、「百巻の万国公法は数門の大砲に若かず……大砲弾薬は以て有る道理を主張するの備に非ずして無き道理を造るの器械なり」（通俗国権論）という様に、マキアヴェリスト的な口吻を洩らす。「文明男子の目的は銭に在」ることを多年力説したために、福沢をもっぱら「拝金宗」と思い込んでいた国粋主義者たちは、彼の「瘠我慢の説」に接してかつは驚き、かつは喜んだ。彼は一方では儒教がいかなる時代の社会的現実からも浮上った観念的教説であるといいながら、他方ではそれが周時代の社会構成にきわめてよく照応していたことを強調する。徳川体制を権力の偏重の典型的なものとして排撃する半面において、そこには諸社会力の平衡関係が見事に実現せられていたとして賞揚する。こうした点は、それ自身絶対的な事実の認識と見るならば明白に相互に矛盾している。しかし、福沢にとっては、それらはすべて一定の実践的目的に規定された条件的な、いわば括弧付の認識であり、そのゆえにいずれも正当なのである。例えば徳川体制が典型的な権力偏重の社会だと彼がいうとき、彼はヨーロッパの近代市民社会を眼中に置きつつ、それとの比較において、現実の日本に至る処根を張る抑圧と卑屈の循環現象を剔抉することが具体的な問題であった。他方、徳川社会において、諸権力のバランスが最もよくとれているという際には、彼は、明治維新後の中央集権的統一国家の成立が経済も教育も学問も芸術も一切を挙げて政治力の中心に凝集せしめつつある傾向に対してプロテストするという実践的意図に導かれていた。そういう観点から見るとき、政治的権力（幕府）と精神的権威（皇室）と経済的権力（町人階級）が夫々《それぞれ》担い手を異にし、更に政治的権力の内部に複雑な相互牽制が作用していた徳川社会は、たしかに社会的価値の分散という意味で、明治絶対主義体制よりもすぐれているという判断が生れるのも怪しむに足りないのである。だから徳川社会が専制時代であるかどうかという問題を一つとっても福沢的にいえば、それ自身絶対的な解答はないのであって、何に比べてヨリ専制であり何に比べてヨリ自由であるということしかいえない。ある観点をとれば専制という解答が出るし、観点を他に移動させれば、自由という解答もまた可能である。そうしていかなる観点をとるかという事はその時々の具体的状況における実践的目的によって決定されるという事になるのである。

　して見れば彼が「概略」のなかで最も力をこめて書いた新日本建設へのテーゼにしてもつねにこの様な相対的＝条件的性格を持っているのであって、それ自体抽象的に絶対化して理解されてはならない事は自から明かである。「概略」の実践的課題はその第二章の「此時に当て日本人の義務は唯この国体を保つの一箇条のみ。国体を保つとは自国の政権を失はざることなり。

政権を失はざらんとするには人民の智力を進めざる可らず。其条目は甚だ多しと雖ども、智力発生の道に於て第一着の急須は、古習の惑溺を一掃して西洋に行はるゝ文明の精神を取るに在り」という一節に尽くされている。つまり彼のライト・モチーフは「国体を保つこと」にあった。国体を保つというのは日本人が日本国の政治を最終的に決定するということであって、福沢によれば、いかに皇統が連綿としていても、もしかかる意味における政治的決定権が日本人の手を離れたならば、その時国体は喪失せられたといわねばならぬ。彼の当時における最も切実な関心は国際的闘争場裡にいかにして日本の国民的独立を確保するかということにあった。ヨーロッパ近代文明はこの日本の置かれた具体的状況において危機を処理するための不可欠の「道具」として要請せられたのである。従って福沢が一生その先達を以て自他ともに許したヨーロッパ近代文明は決してそれ自身絶対的な目的乃至理念ではなかった。近代文明の妥当性は福沢において上下二つの括弧によって相対化せられていた。まず第一にはヨーロッパ文明の採用はつねに日本の対外的独立の確保という当面の目標によって制約せられる。「国の独立は目的なり。国民の文明は此目的に達するの術なり」（概略、巻之六）。「先づ日本の国と日本の人民とを存してこそ然る後に爰《ここ》に文明の事をも語る可けれ」（同上）。しかし第二に、ヨーロッパ近代文明は、文明の現在までの最高の発展段階であるという歴史性によって限定せられる。福沢によれば文明という観念自体もまた相対的にのみ規定される。例えば半開は野蛮に比しては文明である。ヨーロッパ文明も半開に対して僅に文明というのであって、決して之を以て至善至美と看做すべきものではない、やがて文明の一層の進歩（それが具体的に何を意味するかは後に述べる）は現在の西欧文明を以て野蛮と看做す時期が来よう。ただそれはヨリ遅れた段階にある東洋諸国家の現状にとっての目標であるにすぎない。こうした二つの制約からして福沢は彼の周囲に氾濫していたヨーロッパ文明の抽象的絶対的な美化傾向に対し、「概略」だけでなく、彼の著書のいたるところでたたかい、最初から最後まで「口を開けば西洋文明の美を称し……凡そ智識道徳の教より治国、経済、衣食住の細事に至るまでも、悉皆西洋の風を慕ふて之に倣はんと」（学問のすゝめ、十五編）する「開化先生と称する輩」と鋭く対立したのである。福沢がいわゆる盲目的な欧化主義者といかに遠いかということは近年比較的に広く認識せられて来たが、その際どこまでも注意すべきはそうした立場は単に彼の愛国心とか国家主義とかいう事に帰せられるだけでなく、彼の根本的な思惟方法に直接連なっているということである。後にわれわれは政治形態の問題をのべるときに再びこの問題に立ちかえるであろう。

欧州文明が福沢にとってこの様に条件的であるということは、その現実的意義をいささかでも軽視する事にはならない。むしろその反対である。欧州文明の採用が当時の日本の具体的状況によって必然的に規定せられているとするならば、この具体的状況の変じない限り、ヨーロッパ的学問と文化は一切の事物の批判についての最高の価値規準でなければならぬ。かくして

「本書（文明論之概略のこと――筆者）全編に論ずる所の利害得失は悉皆欧羅巴の文明を目的と定めて、この文明のために利害あり、この文明のために得失ありと云ふもの」であり、「欧羅巴の文明を目的として議論の本位を定め、この本位に拠て事物の利害得失を談ぜざる可らず」（巻之一、第二章）ということになる。議論の本位をまず定めることの必要をこの著の第一章に説いたことがここで生きて来るのである。この様に福沢は一面ヨーロッパ文明の熱烈な伝道者でありながら、しかも他面において絶えずその価値を相対化する用意と余裕とを忘れず、その時々の具体的状況に応じて、例えば文明開花の盲目的心酔時代にはむしろその批判者として現われ、逆に復古的反動的風潮が支配的たろうとする場合にはいつも断乎としてヨーロッパ＝近代的なものの側に立ったのであった。

従って、ヨーロッパ文明論と並ぶもう一方のテーゼとしての日本の国家的独立という事もまた福沢にとっては、条件的な命題であることを看過してはならない。国の独立が目的で文明は手段だと福沢がいうとき、それはどこまでも当時の歴史的状況によって規定せられた当面の目標を出《い》でないのであって、一般的抽象的に、文明はつねに国家的存立乃至発展のための手段的価値しかなく、国家を離れて独自の存在意義は持たぬという立場を取ったのでは決してない。かえって福沢は「文明」が本質的に国家を超出する世界性を持っていることについて注意を怠らなかった。さればこそ、上の命題を掲げたすぐ後に、「人間智徳の極度に至ては其期する所、固《もと》より高遠にして、一国独立等の細事に介々たる可らず」といい、「此議論は今の世界の有様を察して今の日本のためを謀り、今の日本の急に応じて説き出したるものなれば、固より永遠微妙の奥蘊《おううん》に非ず。学者遽《にわか》に之を見て文明の本旨を誤解し、之を軽蔑視して其字義の面目を辱しむる勿れ」（概略、巻之六）と繰返し念を押しているのである。やがて福沢が「通俗国権論」を以て、一層露わな国権論者として登場した際においても、彼は自由民権論の論理的帰結たる個人主義的世界主義が天然自然の「正論」であり、之に対して、「人為の国権論は権道」であることを認めつつ、しかも現実の弱肉強食の国際的環境に在って敢て「我輩は権道に従ふ者なり」となしているのであって、わざわざこうしたまわりくどい表現法を通じてどこまでも彼の立場の条件的性格を明白にすることを忘れていない。福沢から単なる欧化主義者乃至天賦人権論者を引出すのが誤謬であるならば、他方、国権主義者こそ彼の本質であり、文明論や自由論はもっぱら国権論の手段としての意義しかないという見方もまた彼の条件的発言を絶対化している点で前者と同じ誤謬に陥ったものといわねばならぬ。文明は国家を超えるにも拘らず国家の手段となり、国家は文明を道具化するにも拘らずつねに文明によって超越せられる。この相互性を不断に意識しつつ福沢はその時の歴史的状況に従って、或は前者の面を或は後者の面を強調したのである。要するに、こうした例に共通して見られる議論の「使い分け」が甚だしく福沢の思想の全面的把握を困難にしているのであるが、まさにそこにこそ福沢の本来の面目はあった。彼はあらゆる立論をば、一定の特殊的状況における遠近法的認識として意識したればこそ、いかなるテーゼにも絶対的無条件的妥当性を拒み、読者に対しても、自己のパースペクティヴの背後に、なお他のパースペクティヴを可能ならしめる様な無限の奥行を持った客観的存在の世界が横わっていることをつねに暗示しようとしたのである。

二

しかしながら、福沢が価値をつねに具体的状況との関連において定立し、その結果一切の認識の situation による制約を説いたことによって、彼は決して無方向な機会主義的立場に陥ったのではなかった。むしろ逆に、そうした場当りの、「無理無則」の機会主義を何よりも排し、つねに真理原則に基いて予量し、計画する人間の育成ということが彼の「実学」教育の根本理念であったことは前稿で私が述べたごとくである。手放しの相対主義や無軌道の機会主義への逸脱から内面的に彼をまもったところの価値意識が何であったかということは行論とともにやがて明らかにされよう。ここではただ、福沢が決して客観的真理そのものを否定したのではないこと、ただそうした「真理原則」は前もって静止し固定した存在として我々に与えられているのではなく、むしろ個別的な状況のなかに絶えず具体化され行く過程にほかならぬというのが彼の根本の考え方であったこと、を指摘するにとどめる。こういうと、ひとは直ちにプラグマティズムの真理観を連想するにちがいない。福沢の思想はしばしば功利主義の名を以て呼ばれて来た。しかし功利主義という範疇はきわめて漠然としていて、必ずしも適確に福沢の立場を表現していない。功利主義のある特徴はたしかに彼にも見出されるが、逆に彼の立場は少くも歴史的に現われた功利主義には見出されない考え方をも含んでいる。その意味で、福沢の思惟方法に最も近く立っている西洋哲学を求めるならば、なによりもプラグマティズムであろう。あらゆる認識の実践的目的（「議論の本位」）による規定性を説き、「物の貴きに非ず其働の貴きなり」として事物の価値を事物に内在した性質とせずして、つねにその具体的環境への機能性によって決定して行く考え方はまさにプラグマティズムのそれではないか。彼が「概略」の第一章において、いろいろの果しない論争が「議論の本位を定める」ことによって実際的に解決せられて行く例を挙げているところは、吾々にW・ジェイムスの有名な栗鼠《りす》の比喩を思い起させずには置かないし、「石橋鉄槌の用心」（福翁百話）を排し「凡そ世の事物は試みざれば進むものなし」、「開闢の初より今日に至るまで或は之を試験の世の中と云て可なり」（概略、巻之一）という実験主義は自からデュウィを連想させるものがある。[*2] このことは決して偶然の類似でも何でもない。プラグマティズムはデュウィのいう様に、近代自然科学を産んだルネッサンスの実験的精神の直接的継承者であり、十九世紀中葉以後、機械的決定論の泥沼のなかに埋没した科学主義をばベーコンの伝統への復帰によって主体的行動的精神と再婚させようとする意味を持っている。従って、前稿で述べた様に、「近代自然科学をその成果よりはむしろそれを産み出す精神から捉え」たことが福沢の実学の本質であるならば、両者の思惟方法に著しい共通性が見られたところで敢て異とするに足りないのである。そういう意味では、科学的進化論の立場を、もっぱら主体的自由や人権の抹殺のための武器として用いた加藤弘之は、恰度《ちょうど》福沢と対蹠的に、まさに十九世紀後半における自然科学的世界像の陥ったペシミズムを忠実に受継いでいるといえよう。福沢が加藤と同じくバックルらの自然科学的方法に育てられながら、加藤における様に客観的自然が人間にのしかかって来る「鉄の如き必然性」としてよりも、むしろヨリ多く人間の主体的操作（実験）によって不断に技術化さるべき素材として、明るい展望をもって現われているのも、[*3] 福沢の思惟方法が根底においてプラグマティックな流動性を帯びていることと無関係ではないのである。

三

かくして福沢の場合、価値判断の相対性の強調は、人間精神の主体的能動性の尊重とコロラリーをなしている。いいかえれば価値をアプリオリに固定したものと考えずに、是を具体的状況に応じて絶えず流動化し、相対化するということは強靱な主体的精神にしてはじめてよくしうる所である。それは個別的状況に対して一々状況判断を行い、それに応じて一定の命題乃至行動規準を定立しつつ、しかもつねにその特殊的パースペクティヴに溺れることなく、一歩高所に立って新らしき状況の形成にいつでも対応しうる精神的余裕を保留していなければならない。是に反して主体性に乏しい精神は特殊的状況に根ざしたパースペクティヴに捉われ、「場」に制約せられた価値規準を抽象的に絶対化してしまい、当初の状況が変化し、或はその規準の実践的前提が意味を失った後にも、是を金科玉条として墨守する。ここに福沢が「惑溺」と呼ぶ現象が生れる。それは人間精神の懶惰を意味する。つまりそれはあらかじめ与えられた規準をいわば万能薬として、それによりすがることによって、価値判断のたびごとに、具体的状況を分析する煩雑さから免れようとする態度だからである。そうしてその様な抽象的規準は個別的行為への浸透力を持たないから、この場合彼の日常的実践はしばしば彼の周囲の環境への単に受動的な順応として現われる。従って公式主義と機会主義とは一見相反するごとくにして、実は同じ「惑溺」の異った表現様式にほかならない。かくして、福沢をして「無理無則」の機会主義を斥けさせた精神態度が同時に、彼を、抽象的公式主義への挑戦に駆りたてるのである。それがなにより儒教思想に対して向けられたことは、それが善悪正邪の絶対的固定的対立観に基いて、「一片の徳義以て人間万事を支配し」「古の道を以て今世の人事を処し」「臆断を以て物の倫を説き」「天下の議論を画一ならしめんとする」等典型的に価値判断の絶対主義を代表していることから見て当然であった。しかし彼は一見近代的立場に立つかに見える文明開化論者や民権論者においても、こうした「惑溺」が形を変えて現われているのを看逃さなかった。彼が維新直後の「開化先生」のヨーロッパ心酔のなかに、保守主義者と同じ様なパースペクティヴの凝固性を読み取ったこと前述の如くである。更に十年代における民権論者に対する次の様な批判を見よ。

「論者は人間活世界の有様を臆測して、外題の定りたる芝居狂言の如くに視做し、初幕は大序にして、二段目は宝物を紛失し、幾段目は悪人専権にして善人圧制を蒙り、末段に至て王莽は夷誅せられ周公は青天白日なりと、幾度見物しても同一様の順序を違へず、人事も亦斯くの如しと思込たることならん。故に爰に国会開設と外題を出せば、此外題に必要なるは政府の圧制と人民の抗抵と二様の主点なりと思ひ、乃《すなわ》ち此主点に基き、数百年前西洋諸国に行はれて其歴史に記したる如く、今日、我日本にも行はれて其順序次第を同ふし、我政府は西洋にて云へば数百年前の圧制政府なるが故に、我々人民も亦数百年前西洋諸国の人民の如く之に抗抵せざる可らず、日本の明治十三年は西洋の千何百何十年に当るとて、恰も外題の定りたる西洋の歴史を、無理に今の日本の活世界に附会せんと欲するものの如し。甚しき誤謬ならずや」（時事小言、全集五）

福沢が維新直後に率先唱導した民権論が国会開設運動として漸く澎湃たる国民的動向となろうとした時、彼が意外と思われた程是に対して批判的な、というよりむしろ軽蔑的な態度を示したことについては、色々の解釈も可能であろう。だが当時の民権論者の声高い言説のなかに、ここで指摘せられた様な公式主義があまりにも大きな倍音を伴っていたことが福沢の感覚をいらだたせたという事情も無視してはならないのである。

四

この様に、固定的価値規準への依存が「惑溺」の深さに、之に対して、価値判断を不断に流動化する心構えが主体性の強さ（福沢はそれを「独立の気象」と呼んだ）に夫々比例するとしても、そうした人間精神の在り方は福沢において決して単に個人的な素質や、国民性の問題ではなくして、時代時代における社会的雰囲気（福沢の言葉でいえば「気風」）に帰せらるべき問題であった。換言すれば、固定した閉鎖的な社会関係に置かれた意識は自から「惑溺」に陥り、動態的な、また開放的な社会関係にはぐくまれた精神は自から捉われざる濶達さを帯びる。また逆に精神が社会的価値規準や自己のパースペクティヴを相対化する余裕と能力を持てば持つ程、社会関係はますますダイナミックになり、精神の惑溺の程度が甚しい程、社会関係は停滞的となる。けだし、まず社会関係が閉鎖的で固定している場合には人間の行動様式がつねに同じ形で再生産されるから、それは漸次に行動主体から独立して沈澱し、ここに伝統とか慣習とかが生れる。それらは人間の作ったものでありながら恰も自然的存在であるかの様に人間を繋縛する。かくしてそこでは価値規準がそうした伝統や習慣によってあらかじめ与えられ、それが社会の成員に劃一的に通用する。人々の思考様式は自から類型的となりパースペクティヴも固定するのは当然である。福沢は単に価値判断の絶対化という問題にとどまらず凡そ一定の実践的目的に仕えるべき事物や制度が、漸次伝統によって、本来の目的から離れて絶対化せられるところ、つまり手段の自己目的化傾向のうちに広く惑溺現象を見出した。たとえば武士の帯刀は本来乱世に護身の目的で生れたものが、太平の世になっても之を廃しないのみか「産を傾けて双刀を飾り……刀の外面には金銀を鏤《ちりば》めて、鞘の中には細身の鈍刀を納る」などは「双刀の実用を忘れて唯其物を重んずるの習慣を成し」たもので惑溺の好例である（概略、巻之一）。しかしとくに固定した社会関係の下で惑溺が集中的に表現せられるのは、政治的権威である。ここでは本来「人民の便利」と国体の保持（その意味は前述した）のために存在すべき政府[*4]が容易に自己目的となって強大な権力を用い、種々の非合理的な「虚威」によって人民を圧服させる。例えば「位階服飾文書言語悉皆上下の定式を設」けて「君主と人民との間を異類のもの丶如く為して、強ひて其区別を作為し」、或は神政政治の様に、無稽の神話によって君主に超自然的権威を賦与し(ウェーバーの所謂《いわゆる》カリスマ的支配!)、更に、「世の事物は唯旧きを以て価を生ずるものに非ざる」のに政府や王朝の「長きを誇り、其連綿たること愈《いよいよ》久しければ之を貴ぶことも亦愈甚しく、其状恰も好事家が古物を悦ぶが如」き(ウェーバーの伝統的支配!)、いずれも虚威への惑溺にほかならぬ。君臣関係を以て人間性にアプリオリに内在する理として基礎づける儒教の態度が「臆断を以て先づ物の倫を説」くところの絶対化的思惟であることは先にも触れたが、これまた政治的権威に関する惑溺の一つと考える事も出来よう。

ともあれ、こうした意識の倒錯によって政治的権力は単に物理的な力だけでなく、あらゆる社会的価値を自己の手に集中することによって、価値規準の唯一の発出点となってしまう。かくして社会関係の固定しているところほど権力が集中し、権力が集中するほど人々の思考判断の様式が凝固する。と同時にその逆の関係も成立つ。判断の絶対主義は政治的絶対主義と相伴う。福沢は是を「都《すべ》て人類の働は愈々単一なれば其心愈々専ならざるを得ず。其心愈々専なれば其権力愈々偏せざるを得ず」という定式で表現した(概略、巻之一)。

こうした場合に対し、他の極として人間相互の関係が一刻も固定していずに不断に流動する社会を考えて見よう。そこでは人間をとりまく環境が不断に変化するから、精神は現在の状況に安住している事が出来ない。それはいつでも環境から投げ出される状態に置かれているから不断に目覚めていなければならぬ。昨日の状況に妥当した価値規準にもはや今日は安んじて依りかかって居られないから、いきおい、問題を抽象的固定的な規準で一刀両断せずに、不断に現在の状況を精査し、ヨリ善きもの、ヨリ真なるものを絶えず識別し判断しなければならぬ。そこに伝統や習慣に代って知性の占める役割が大きくなる。[*5] 人間の判断力は不断の活動と緊張を要求せられることによって愈々進歩する。と同時に主体の側に現在の状況をいつでも乗り超える精神的準備を必要とする結果、自から自己のパースペクティヴを流動化する。かくて政治権力も価値規準を独占する事が不可能になり、自らを相対化して価値の多元性を承認するに至る。ここでは精神はいかなる種類の惑溺からも自由である。

かく二つの社会類型を対照するならば、われわれが上に述べて来た福沢の思惟方法の諸契機は悉く後の社会、つまり人間相互が複雑多様な交渉関係をとり結ぶ様な社会構造の地盤の上に育くまれる事は自から明瞭である。むろんここに示した様な二つの類型は理念型であって、現実の歴史的社会はこの両極の間にさまざまのニュアンスをもって位置する。しかし福沢において人類の進歩とはまさしく前者の型より後者への無限の推移のうちに存する。いま一度いうならば、それは社会関係の固定性がますます破れ、人間の交渉様式がますます多様になり、状況の変化がますます速かになり、それと同時に価値規準の固定性が失われてパースペクティヴがますます多元的となり、従ってそれら多元的価値の間に善悪軽重の判断を下すことがますます困難となり、知性の試行錯誤による活動がますます積極的に要求され、社会的価値の、権力による独占がますます分散して行く過程にほかならぬ。この大いなる無限の過程こそ文明であり、この過程を進歩として信ずること、それが福沢の先に述べた様な神出鬼没ともいうべき多様な批判を根底において統一している価値意識であった。一切の価値判断を相対化し条件的にした福沢をピラト的相対主義者と区別する一点はまさにここにあった。「扨《さて》其進歩と云ふは何の事を云ふのかと斯う云つて見ると進歩は事物の変遷で、小児は大人と為り、大人は老人と為り、老人は死んで仕舞ふと、マア斯う云ふやうな簡単なものぢやなからう。それも進歩には違ひない、変つて行くから。けれども進歩と云ふものはそれ位な簡単なものではなからう。実を申すと追々人事世務が繁多になる、繁多になると同時に綿密になる、綿密になると又其上に喧しくなる、と云ふのがマア其進歩であらうか。人事世務が繁多になり、綿密になり、喧しくなる其間に、間違ひと云ふものは如何《どう》だと云ふと、少しもなかりさうなものだ。人が綿密になつて喧しくなれば間違ひは少なかりさうなものだ。……決して爾《こ》う旨まく往かない、爾う旨く往かない所《どころ》ではない。世の中が段々進歩すればする程、間違ひも又進歩する。即ち間違ひがプログレスシーヴに段々出来て来る」（交詢社大会席上に於ける演説、全集十六）という彼の晩年の言葉は、「文明の要は人事を忙はしくして需要を繁多ならしめ、事物の軽重大小を問わず多々益《ますます》これを採用して益精神の働を活潑ならしむるに在り」という「概略」に示された進歩観が最後まで維持せられたことを示している。進歩とは事物の繁雑化に伴う価値の多面的分化である――福沢の言論・教育を通じての実践的活動はつねにかかる意味における進歩観によって方向づけられていた。少からぬ明治初期の合理主義者が後に至って我国古来の淳風美俗を称え、「都会文明」や「物質文明」の限界や弊害を説く道学者に転化した際にあって、「人間世界は人情の世界にして道理の世界に非ず。其有様を評すれば七分の情に三分の理を加味したる調合物とも名づく可きほどのもの」(政略、全集十一)というまでに非合理的現実に対する豊かな眼を持っていた福沢が、最晩年においても田舎(固定的社会)の人情の素朴正直を賞揚する俗論――「人間社会を概して田舎の如く小児の如くにしては如何《いかん》」という所謂ゲマインシャフト論――を断乎として斥け、「如何せん、文明世界の経営は田舎漢に依頼す可らず、小児に任す可らず。徳教論者も毎度口に論じて実際に当惑する所のものなれば、我輩は更らに一歩を進め人情の素朴無邪気など云ふ消極の徳論を云はずして、唯真一文字に人の智識を推進し、智極りて醜悪の運動を制せんと欲するものなり」(福翁百話)として、社会関係の複雑多様化の過程をどこまでも肯定し祝福し続けたのは彼此興味ある対照といえよう。議論による進歩、[6] その前提として、他説に対する寛容、[7] パティキュラリズムの排除[8]――等々福沢の言説に繰返しあらわれる主張は、彼の社交(人間交際)や演説・討論に対する異常な熱意と相俟って、人々の交渉関係を能う限り頻繁にし、パースペクティヴを出来るだけ多様化しようとする、殆ど衝動的なまでの欲求を物語るものである。

そのことが最もよく現われているのは福沢における「自由」の具体的規定である。政治的絶対主義が価値判断の絶対主義と相伴うとすれば、政治的権力者による価値規準の独占的所有が破れ、価値決定の源泉が多元的となるところ、そこに必ずや自由は発生する筈《はず》である。「単一の説を守れば、其説の性質は仮令《たと》ひ純情善良なるも、之に由て決して自由の気を生ず可らず。自由の気風は唯多事争論の間に在て存するものと知る可し」（概略、巻之二）。是と逆に一つの原理が、之と競争する他の原理の抵抗を受けることなく、無制限に自己を普遍化しうる場合には、価値がそこに向って集中し、人間精神がその絶対価値の方へ偏倚するから、必然に「惑溺」現象が起り、社会的停滞と権力の偏重が支配する。このことは、その独占的原理の内容がいかに善美なものであろうといかに「進歩的」なものであろうとかわりない。福沢においても、多くの啓蒙主義者と同じく人間の進歩は自由の意識の進歩であった。しかし、上に見た様に、その進歩はまた価値の分化、多元化の過程でもあるとするならば、福沢における自由の進歩は単に専制の原理に対する自由の原理の直線的排他的な勝利ではありえない事も明かである。自由と専制との抵抗闘争関係そのもののうちに自由があるのであって、自由の単一支配はもはや自由ではない。ここに「自由は不自由の際に生ず」という福沢の第二の重要な命題が生ずる。「抑《そもそ》も文明の自由は、他の自由を費して買ふ可きものに非ず。諸の権義を許し、諸の利益を得せしめ、諸の意見を容れ、諸の力を逞ふせしめ、彼我平均の間に存するのみ。或は自由は不自由の際に生ずと云ふも可なり」（概略、巻之五）。この命題は晩年に至るまで彼の言説のなかに繰返し現われるモチーフの一つであって、彼が題簽《だいせん》を求められたとき最も好んで書いたのは、「束㆓縛化翁㆒是開明」と「自由在㆓不自由中㆒」という句であった。前者はいうまでもなく自然に対する人間主体性の、後者は、社会における自由意識の、在り方をそれぞれ表徴するものであり、相俟って福沢の進歩観の基調を最も簡潔に要約している。従って、福沢はこうした見地から保守主義の存在理由を一定の限度において容認した。「此両様の主義（保守主義と進取主義を指す——筆者）は世界古今何れの社会にも行はれて各其働を顕はし、又各一時に其働を逞ふすること能はずして相互に軋轢し、其軋轢錬磨の際に些少の進歩を見るものなり。若しも両様の働其平均を得ずして一方に偏し、天下の事物頑固に停滞して動かざる歟、若しくは遽に進動して止る所を忘るゝときは、大に人類の不幸を致すことあり」（民情一新）。福沢の政治的見解に現われた「漸進主義」の哲学的基礎はまさしくここにある。それは保守と革新との間を逡巡動揺する折衷的立場でもなければ、事態の急激な変動を一概に恐怖する市民的安全の立場でもない。そのことは、「民情一新」において上の一般的命題に続けて、「然りと雖ども文明の進歩は必ず進取の主義に依らざるはなし」として、「保守」に対する「進歩」の根源的優越性を確認し、いわゆる徳川時代二百五十年の平和なるものは、社会的凝固と停滞を代償として得られたものである限り、我国にとっては却《かえ》ってマイナスであって、「寧《むし》ろ二百五十年の太平を持続するよりも、其際に五十年又は百年を隔てゝ内乱外戦の劇しきものに逢はゞ、為に人心を震動して却て文明の進歩を助るの機を得たることもあらん」とまで言っているところからも推察されよう。しかもこの徳川時代すら、福沢によれば支那専制帝国に比べてはなお自由と進歩への素地があった。けだし前者においては皇帝が精神的権威と政治的権力を一手に独占しているのに対して、後者においては政治的に無力な皇室と精神的権威なき幕府とが対峙牽制し、「至尊必ずしも至強ならず、至強必ずしも至尊なら」ず、その結果、「民心に感ずる所にて、至尊の考と至強の考とは自から別にして恰も胸中に二物を容れて其運動を許したるが如し。既に二物を容れて其運動を許すときは其間に又一片の道理を雑《まじ》へざる可らず。故に、神政尊崇の考と武力圧制の考と、之に雑《まじう》るに道理の考とを以てして、三者各強弱ありと雖ども、一として其権力を専にするを得ず。之を専にするを得ざれば、其際に自から自由の気風を生ぜざる可らず」（概略、巻之一）。日本が東洋で最も早く近代化への道を歩み出し、それによって支那の国際的運命を免れえた最も内奥の思想的根拠を福沢はここに見たのであった。彼が一方において民心惑溺の最大責任者としての儒教的諸価値を相対化することに全力をそそぎながら、是に対してヨーロッパ的原理を絶対化する事を極力避けたのも、こうした「自由の弁証法」に対する彼の深い配慮から出ていたのである。[*9] いかなる思想、いかなる世界観にせよ、その内容の進歩的たると反動的たるとを問わず、自由の弁証法を無視し、自己のイデオロギーによる劃一的支配をめざす限り、それは福沢にとって人類進歩の敵であった。彼はルソーに反し、又あらゆる狂信的革命家に反し、「自由は強制されえない」事を確信したればこそ、人民にいかなる絶対価値をも押し付ける事なく、彼等を多元的な価値の前に立たせて自ら思考しつつ、選択させ、自由への途を自主的に歩ませることに己れの終生の任務を見出したのであった。

五

文明と自由と進歩に関する以上の様な具体的規定をもって、福沢が歴史的現実としての日本社会に立ち向ったとき、そこに見出したものはあらゆる形態における精神の化石化であり、そのコロラリーとしての社会的価値の一方的凝集であった。かくて彼は「日本国の人心は動もすれば一方に凝るの弊ありと云ふて可ならん歟。其好む所に劇しく偏頗し、其嫌ふ所に劇しく反対し、熱心の熱度甚だ高くして久しきに堪えず、一向の方向直《ただち》に直線にして忽《たちま》ち中絶し、前後左右に些少の余裕をも許さずして変通流暢の妙用に乏しきものゝ如し。……広く日本の世事に就てこれを視察するに、道徳に凝る者あり、才智に凝る者あり、政治に凝る者あり、宗旨に凝る者あり、教育に凝る者あり、商売に凝る者ありて、其凝り固まるの極度に至りては、他の運動を許さずして自身も亦自由ならず。内に在ては人生居家の辛苦不調和と為り、外に現はれては交際の猜疑確執と為り、又圧制卑屈と為り、社会の不幸之より大なるはなし」（社会の形勢学者の方向、全集十一）という現状認識の上に立って、日本にくまなく見られる社会と精神のしこりを揉み散らす事をもって、日本近代化（開化）の具体的課題となし、このいわばマッサージ師の様な役割を自らに課したのである。彼が「概略」の中の「日本文明の由来」という有名な章において宗教・学問・芸術・経済等あらゆる文化領域の政治権力への凝集傾向を挙げ、いかに微細な社会関係のなかにも喰い入っている「権力の偏重」をば逃さず摘発して行ったあの殆ど悪魔的な執拗さはこの様な観点に立ってはじめて正しく理解せられるし、又、彼が一度ならず時の「輿論」と反対の立場に立ち、わざわざ時代的風潮と逆の面を強調する様な「天邪鬼《あまのじやく》」的態度を示したのも、つまるところ、社会意識の凝集化傾向に対する彼の殆ど本能的な警戒と反撥に由来している。一見無原理で機会主義的に見え又事実そう解釈されている福沢の時局に対するいろいろの処方箋も、実は内奥において、この日本近代化の根本課題につらなっていることが少くないのである。その一例として彼の有名な官民調和論をとりあげて見よう。

明治十四年の政変前後から日清戦争頃まで時事新報を通じて一貫して福沢の殆ど最大の政治的主張をなした官民調和論は福沢の立場に対する賛否両論の最も分れるところであり、思想家としての彼に対する価値づけの清算所たる感を呈している。ふつうには、それは漸く朝鮮問題をめぐって急迫を告げつつあった東洋の情勢に対処するための一種の城内平和論《ブルグ・フリーデン》として理解せられている。そうして国権論者としての福沢に重点を置くものは、ここにこそ彼の真面目の発揮を見る。之に対して、自由と民権のイデオローグたることに福沢の生命を見出すものは、是を以て許すべからざる妥協として、彼の「不徹底」や「転向」を難ずる。いずれにしても彼の官民調和論が国際危機を乗切るための一種の政治的休戦の提唱として解釈せられていることには変りはない。こういう理解に立つかぎり、それは彼が「概略」や「学問のすゝめ」で説いた文明の精神と少くも直接的には、なんの連関も持たぬ時務論だということになる。むろん、上の様な通説の解釈は間違いではないし、とくに日清戦争直前においては福沢自ら文字通りの城内平和論を説いているのであるが、しかし他面彼が十数年に亘って執拗に繰返したテーマが、自由と進歩の精神の普及という意味での日本近代化の課題と全く無関係に、或はむしろその完全な休止の下に、演奏せられたとは、彼の問題意識の熾烈さを知るものには、到底考えられないのである。事実はむしろ反対に、福沢が当時の政府と民党との激烈な抗争自体のうちになにか本質的に「文明の精神」と相容れざるもの、それを近代的な政争にまで発展させることを妨げる精神の「しこり」を臭ぎつけたればこそ、彼は一方藩閥政府や立憲帝政党に対する批判をすこしも緩めることなくして、しかも他方自由党一部のラディカリズムを「駄民権論」として排せざるをえなかったのである。民権論者の公式論が彼に精神の硬化現象として映じたことは前に述べたところであるが、それと共に、藩閥政府が官権党を以て忠となし、民権党を直ちに不忠と看做す傾向にも彼は全く同じ様な精神構造を見出した。この様に眼前の社会的事象や人物をば価値と反価値の両極に截然と分けようとする傾向は忠と逆、仁と不仁、進歩と反動等、その両極を構成する価値の具体的名称のいかんを問わず、いずれも判断の絶対主義の実践的表現としてまがう方なき「人智未発の社会」の徴表にほかならぬ。こうした――福沢のいわゆる――「極端主義」は複雑なニュアンスを帯びた立体的な現実を一値論理を以て平板化するために、単に事態の正しい把握を妨げるというだけでなく、それは自から、反価値と刻印せられたものをあらゆる手段を尽して掃滅しようとする衝動を呼び起すことによって、社会的闘争をきわめて残忍かつ悲惨なものたらしめ、社会進化の犠牲を徒らに大きくするのみである。幕末水戸の党乱において、互に自らを正党とし反対側を奸党として殺戮しあった結果、水戸藩は殆ど有為の人材を失って維新革命における指導的地位を喪失した事実はいまだ福沢の記憶に生々しかった（参照、極端主義、全集八）。政府と民党との日々激化し行く抗争においてこの伝習的な「極端主義」的態度が両者の間にますます強靭に根を下して行く事態を見た福沢がその成行を近代化の過程として無条件に楽観しえなかったのは怪しむに足りないのである。しかも当時の民権派の政府攻撃の心情のなかに濃く流れている反近代的精神として福沢の敏感な神経に触れたのは単にその公式主義や極端主義ばかりではなかった。民権論者がひたすら専制政府の打倒と政権の獲得に全エネルギーを集中する態度、その政治万能主義と中央権力への凝集傾向それ自体、福沢においては「権力の偏重」の倒錯的表現であり、政治的権力に一切の社会的価値が集中している社会における必然的な随伴現象であった。とすれば、こうした社会における開化と進歩への方向はそうした民権論における「政治主義」を煽り立てることではなくして、むしろ逆に、政治的権力の価値独占を排除して之を広汎な社会分野に分散させ、国民的エネルギーをこの多面的な価値の実現に向わせることにあるのは明白であろう。福沢が、

「官民の軋轢を解て世情を穏かならしむるの要は、人民をして政府の地位を羨むの念を断たしむるに在り。西洋諸国の人も官途に熱心するの情は日本に異ならずと雖ども、其官途なる者は社会中の一部分にして、官途外自から利福栄誉の大なるものありて、自ら人心を和すべし。……王政維新三百の藩を廃してより、栄誉利福共に中央の一政府に帰し、政府外に志士の逍遥す可き地位を遺さずして其心緒多端なるを得ず、唯一方に官途の立身に煩悶して政治上の煩を為すのみならず、政府の威福は商売工業の区域にまでも波及して、遂には天下の商工をして政府に近づくの念を生ぜしむるに至り、其煩益堪べからず」（時勢問答、全集八）

というとき、彼の時務論としての官民調和論が彼の「原則」としての独立自尊主義といかに内面的に結びついているかをなにより簡潔に表明しているではないか。福沢がとくに実業社会の発展に力を注ぎ、慶応義塾の教育も実業人の養成に主眼を置いたということも、単に明治国家

精　　神			社　　会		
事物への「惑溺」	⟶	主体的「独立」	「権力の偏重」	⟶	多元的「自由」
パースペクティヴの固定性	⟶	パースペクティヴの流動性	社会関係の固定単一性	⟶	社会関係の複雑化
判断の絶対化	⟶	判断の相対化による自己超越	中央権力への価値集中（国家）	⟶	諸社会力への価値分散（市民社会）
一値論理による極端主義	⟶	多値論理による寛容	制度の虚飾性（自己目的化）	⟶	制度の実用性（道具化）
習慣道徳中心	⟶	知性中心	単一イデオロギーの支配	⟶	種々のイデオロギーの併存
同一行動様式の再生産	⟶	試行錯誤による不断の前進	劃一的統制	⟶	対立による統一

の当面の要求に応ずるという以上に、深く彼の根本的な課題——価値の分散を通じての国民精神の流動化——に根ざしていたことを看過してはならないのである。*10

福沢哲学の根底に横わる価値意識が何であるか、それに基いて人間精神と社会の進歩は具体的にいかなる過程として考えられていたかは以上において大略明にされたと信ずる。念のためにいま一度ふりかえって見るならばその過程はほぼ上の様な図式に総括されるであろう。

六

ところで、人類社会の歴史的発展が、この図式に示された様な方向を辿るとするならば、この発展を根本的に推進させる契機はどこに求めらるべきであろうか。前にも述べた様に、人間精神の在り方は福沢において個人の問題としてでなく、つねに「一国人民の気風」として社会的全体において考察せられた。その意味で彼が英雄豪傑史観に与しなかったのは明瞭である。だから彼が文明を「人の智徳の進歩」と簡潔に定義した際[*11]においても、その智徳の担い手となるものは少数の学者や政治家ではなくてどこまでも人民大衆であった。彼が「概略」において建武中興の失敗と明治維新の成功を例示して、歴史の原動力が単なる観念（例えば尊王論）や個人の責任（例えば後醍醐天皇の不明）に帰すべきものでなく、時代の「気風」にあることを力説し、又近代における西洋の東洋に対する優越も同じく「一人の智愚に由るに非ず全国に行はるゝ気風に制せら」れる結果だというのも、彼が精神をどこまでも客観的精神乃至社会意識として理解していたことを示している。しかしそれでは、その社会意識としての「気風」の進化は何によって促されるのであろうか。福沢の之に対する解答はすでに上の図式のなかに暗示せられている。すなわち、固定的な社会関係が破れて人間相互の交渉様式がますます多面化することが社会的価値の分散を促し、価値規準が流動化するに従って精神の主体性はいよいよ強靱となるとするならば、社会的交通（人間交際）の頻繁化こそが爾余《じよ》の一切の変化の原動力にほかならない。かくて、近代西洋文明の優越の基礎も究極においては、この交通形態の発展に基くということになる。「西洋諸国の文明開化は徳教にも在らず、文学にも在らず、又理論にも在らざるなり。然ば則ち之を何処に求めて可ならん。余を以て之を見れば其人民交通の便に在りと云はざるを得ず」（民情一新）。この点において福沢の関心を最も惹き付けたのは当然に十九世紀初頭の産業革命であった。「千八百年代に至て蒸気船、蒸気車、電信、郵便、印刷の発明工夫を以て此交通の路に長足の進歩を為したるは、恰も人間社会を顚覆するの一挙動と云ふ可し」（同上）。こうした新しい交通形態の発展はまさしく「人類肉体の禍福のみならず其内部の精神を動かして智徳の有様をも一変したるもの」といわざるをえない。しかも印刷も蒸気機関を用い、郵便も電信も皆蒸気によって実用を為すから、上の様な諸交通形態は結局蒸気力に帰着する。かくて福沢はかの「哲学の貧困」の著者を思わしめる様な大胆な命題を提示する。「人間社会の運動力は蒸気に在りと云ふも可なり」！　しかもその際、蒸気力自体に重点があるのではないことは、福沢が他の個所では同じ命題を「鉄は文明開化の塊なり」とも言いかえ、また蒸気の代りに、——とくに後年は——電気の時代という言葉を屢々《しばしば》用いているところからも明かである。むろんそうした自然力や技術は彼においていまだ生産力として自覚せられていず、従ってこうした考え方から直ちに唯物史観への親近性を結論することは早急を免れないけれども、少くも福沢の史観が歴史をひたすら「理性」と「意見」の進歩と観る十八世紀啓蒙主義のそれをはるかに超えていたことだけは否定されないであろう。*12

福沢においてヨーロッパ近代文明の価値がただ相対的にのみ容認されたというのもつまりは

それが現在までの交通関係及その基礎にある技術力の発展に制約せられた歴史的形態にほかならぬからである。その意味において彼はなかんずく近代ヨーロッパの政治形態を抽象的に美化する多くの民権論者と鋭い対立を示した。政治権力はそれ自身歴史の作為者ではなく、かえって、諸々の政治形態は一定の交通及技術の発展に照応した上部構造であるとするならば、いかなる政治形態もその歴史的地盤を離れて絶対的に善悪を断定することは出来ない。「国勢の変遷は自然の勢にして、政事の主義に絶対至善のものを見ず。王政の時には王政の美あり、幕政の時には幕政の善あり、又文明政事の時代に至れば自から文明の利益ありて、唯その時の時勢に従ひ治安を維持して人文を妨げざれば之を目して良政府と称す可きのみ」(東京三百年祭、全集十二)。従って、また「人毎に政事を談ずれば必ず民政を以て最上の美政と称す。……単に空理を以て論ずれば真に然り。然りと雖ども暫く時と人民とに係りて之を論ぜば未だ必ずしも然らざるなり。別に独裁政治の便宜なるものある可きなり」。現に「阿非利加《アフリカ》の当時に於ては、民政を美政とせずして独裁政を以て美政とするは暫く之を正理なりとして許さゞる可らず」(過去現在未来の関係、全集十九)。

こうした見解は、例えば君主独裁を「野鄙陋劣の国体」とし、之に「公明正大の国体」として の立憲政乃至民主政を対置させる加藤弘之の「国体新論」の立場に比して、ヨリ一層「反動的」に聞えるかもしれない。しかし注意すべきことは、政治形態の歴史性に関する福沢の観方は、単に後ろ向きに作用しただけでなく、同時に前に向っても働きかけたということである。いいかえるならば、近代的立憲政を一定の歴史的発展段階に定着させたことによって、福沢は、過去の諸政治形態の価値を相対的に復活させたにとどまらず、現在の政治形態としての自由民主政がヨリ新らしい政治形態によって超越せられる可能性に対しても眼を開くことが出来たのである。

福沢によれば、今日まで支配的な政治形態はすでに現在の交通・技術の発展に照応しなくなっている。産業革命がすべての生活様式を一変した中に、ひとり「依然旧体を変ぜず五十年は勿論《もちろん》五百年の昔より今日に至るまで其趣の全く相同じき一物の存在するあり。其物とは何ぞや今日世界中政府の仕組即是なり」。「此政府の仕組たるや何れも皆当代文明の発生前に創起したるものにして当初に在りては甚だ時勢適合のものなりしならんと雖ども、蒸気電気を人事に実用するの以後……其功用の旧に異なるなからんことを欲するは寧ろ無理の願望に属す可きのみ。亜国の共和政治甚だ自由にして美なりと云ひ英国の代議政体頗《すこぶ》る寛大にして巧なりと称するも、其美は百年前に在て美なりしのみ。文明の利器未だ働を現はさずして人間社会の遅鈍なる恰も芋蠋《いもむし》の如くなる時代に於て巧なりしのみ」。そうしてこの様な政治形態と交通技術の発展との間に存在するギャップのうちにこそ福沢は十九世紀中葉以降における諸々の社会的闘争の発生原因を見た。「文明開化次第に進歩すれば人々皆道理に依頼して社会は次第に静謐を致す可しとの説は、動《やや》もすれば学者の口吻に聞く所なれども、……今の事物の進歩を見て果して之を文明開化とすれば、其進歩するに従て社会の騒擾は却て益甚しかる可きのみ。人民は既に直行進攻の武器を得たり、此勢に乗じて、顧て政府の有様を窺へば其緩漫見るに堪へずして之を蔑視せざるを得ず。……之を蔑視し……一時に之を改めんとする其勢は、恰も人民にして政府を圧制する者なれば、政府は此圧制に堪へずして却て大に抵抗せざるを得ず。其抵抗の術は唯専制抑圧の一手段あるのみ」(民情一新)。これ即ち当代にナポレオン三世の武断政策やロシア・プロシァの専制化等の反動的現象の出現した所以であるが、しかも根本において「今の世界の政府たるものは単に人民に対するに非ずして、蒸気以下の利器に当る」のである以上、そうした弾圧に奏功の可能性ありやといえば、「余は断じて之に答て否と云はざるを得ず」。「今改進世界の人民が思想通達の利器を得たるは人類頓《とみ》に羽翼を生ずるものに異ならず。千七百年代の人民は芋蠋にして、八百年代の人は胡蝶なり、芋蠋を御するの制度習慣を以て胡蝶を制せんとするは亦難からずや」(同上)。

　こうして福沢は交通技術の飛躍的発展が人民相互を精神的物質的にも未曾有の緊密な相互依存関係に置いたことによって、いまや政治の舞台における厖大な「大衆」の登場が不可避的となったゆえんをすでに明治十五、六年の頃驚くべく鋭利な眼光で洞察したのであった。もとより彼はその途が歴史的にほぼいかなる方向を指しているかを見極めうる時代に生きてはいなかった。だから市民社会の思想家としての彼は「今や……一夫其欲する所を得ざれば忽《たちま》ち乱を思ひ……甚しきは社会党虚無党共産党などと唱へ公然党衆を集て出没往来するに政府の威武も屈すること能はず」という如き現象に対して「慄然毛髪の竪《た》つ」を禁じえなかったのである。しかしその際においても彼は、「畢竟《ひっきょう》するに此破壊党なるものは文明開化に伴ふ所の附産物にして其趣は火酒の製造を発明して以来世に酔倒人を生じたるが如し。火酒の製造廃せざれば酔倒人の跡を絶たず。文明開化止まざれば破壊党も亦滅せざるや明なりと雖ども、火酒禁ず可らず、文明開化停む可らず」として、進歩の信仰を少しも揺がさなかった。そうして「人為法則の一部分たる政府の仕組をして文明の風潮と併行せしめ随時に変化改進するが如き、火酒を飲で酔はず文明に浴して狂するなきの一法ならん乎。知らず、今欧州諸国の各政府は何の方策を以て此当面の国難に応ぜんとするか」というきわめて暗示多き言葉をもって将来の解決を模索しつつ、文明と自由への大道をひるまずたじろがずに歩みつづけたのである。

七

「与二造化一争レ境」また「束二縛化翁一是開明」をモットーとして人間精神の自然に対する勝利の讃歌を終生まで謳いやまなかった福沢は、ウィリアム・ジェームスの言葉をかりれば、典型的にtough-minded型の思想家であり、それゆえに、凡そ本来の宗教的体験には無縁であった。彼は「自から今の所謂宗教を信ぜずして宗教の利益を説く」(福翁百話)と言っている様に、宗教の意義をどこまでもそのプラグマティックな価値、それも「愚夫愚婦」乃至は「凡俗社会」の感化という徹底した実利的観点からみとめたにすぎなかった。しかし福沢は福沢なりに人生全体の意義に対する終局的な「問い」とそれへの「安心」観を持っていた。彼は人間が科学を武器として、ついには自然と人間社会の一切を「物理の法則」の下に包摂しつくすところの彼の所謂「黄金世界」が何時の日か到来すべき事を堅く期待していたけれども、彼のそうしたオプティミズムは、現在の段階における人間知性の能力に対するいかなる幻想にも彼を導かなかった。人間を囲繞する客観的自然界は彼において不断に「其秘密をあばき出して我物と為」すべき対象として考えられたけれども、いな、それだけにますます、彼は未だ開拓されず「道具」化されない自然の圧倒的な支配力と是に対する人間の無力を思わないわけには行かなかった。彼は「百話」の冒頭の「宇宙」、続く「天工」の題下に宇宙と自然の人智の想像を絶した神秘性を委曲を尽して叙べ、「其美麗、其広大、其構造の緻密微妙なる、其約束の堅固不抜なるに感心するのみならず、之れを思へば思ふほどいよ〳〵ます〳〵際限なく、唯独り茫然として止むのみ」といって「人智の薄弱」を卒直に告白している。そうしてこの巨視的にも微視的にも測り知れぬ自然の深みを思うとき、流石の福沢もまた、文明と自由と進歩のための生涯をかけた闘いがこの「無限」に面してそもいくばくの意味をもつかという疑問を禁じえなかったにちがいない。そこに自から「宇宙の間に我地球の存在するは大海に浮べる芥子《けし》の一粒と云ふも中々おろかなり。吾々の名づけて人間と称する動物は、此芥子粒の上に生れ又死するものにして、……由て来る所を知らず、去て往く所を知らず、五、六尺の身体僅に百年の寿命も得難し。塵の如く埃の如く、溜水に浮沈する孑孑《ぼうふら》の如し。……左れば宇宙無辺の考を以て独り自から観ずれば、日月も小なり地球も微なり。況《ま》して人間の如き、無智無力見る影もなき蛆虫同様の小動物にして、石火電光の瞬間、偶然この世に呼吸眠食し、喜怒哀楽の一夢中、忽ち消えて痕なきのみ」（福翁百話）という実感も生れて来る。かくて福沢は随所に人間を蛆虫に比し、「人間万事小児の戯」（明二五・一一、慶応義塾演説）と観じた。ここからして仏教的な無常感あるいはディオゲネス的な隠逸への途はほとんど一歩でしかない。ところがまさにこのところで福沢の論理は急転する。「既に世界に生れ出たる上は、蛆虫ながらも相当の覚悟なきを得ず。即ち其覚悟とは何ぞや。人生本来戯と知りながら、此一場の戯を戯とせずして恰も真面目に勤め……るこそ蛆虫の本分なれ。否な蛆虫の事に非ず、万物の霊として人間の独り誇る所のものなり」（福翁百話）。人間を一方で蛆虫と見ながら他方で万物の霊として行動せよ——これは明白にパラドックスである。しかもこのパラドックスから福沢は独特の「安心法」を導き出す。「浮世を軽く認めて人間万事を一時の戯と視做し、其戯を本気に勤めて怠らず、啻《ただ》に怠らざるのみか、真実熱心の極に達しながら、扨万一の時に臨んでは本来唯是れ浮世の戯なりと悟り、熱心忽ち冷却して方向を一転し、更らに第二の戯を戯る可し。之を人生大自在安心の法と称す」（同上）。福沢の独立自尊主義が、「事物の一方に凝り固まり……遂には其事柄の軽重を視るの明を失ふ」ところの人間精神の惑溺傾向に対するたたかいであることは上述した。その意味では、人生を戯と観じ、内心の底に之を軽く見ることによって、かえって「能く決断して能く活潑なるを得」、同時に自己の偏執を不断に超越する余裕も生れて来るという点に、彼は蛆虫観の実践的意味を見出した。福沢の驚くべく強靱《タフ》な人間主義は、宇宙における人間存在の矮小性という現実から面を背けず、之を真正面から受け止めながら、逆にこの無力感をば、精神の主体性をヨリ強化させる契機にまで転回させたのである。かつて綱島梁川はこの点をとりあげて、福沢は人生は根本において真面目なものであるにも拘らず、恰も戯れのごとくに見よというのか、それとも人生は根本において戯れであるが恰も真面目であるかの様に行動せよというのか、いずれが彼の真意であるか、それによって彼の人生観の全体に対する評価は定まると言った。[*13] 是はたしかに鋭い批評ではある。しかし、福沢の立場からいうならばそうした問題の提起の仕方そのものが抑々《そもそも》間違いというほかない。上の二つの側面は相互に補完し合ってはじめて意味を持つのであって、一方だけ切り離された瞬間にそれは誤謬と偏向の源泉となる。「人生を戯と認めながら、其戯を本気に勤めて倦まず、倦まざるが故に能く社会の秩序を成すと同時に、本来戯と認るが故に、大節に臨んで動くことなく憂ふることなく後悔することなく悲しむことなくして安心するを得るものなり」(同上)。もし戯という面がそれ自体実体性を帯びるとそこからは宗教的逃避や虚無的な享楽主義が生れるし、真面目という面が絶対化されると、現在の situation に捉われて自在さを失い易い。真面目な人生と戯れの人生が相互に相手を機能化するところにはじめて真の独立自尊の精神がある。福沢は「一心能く二様の働を為して相戻《もと》らず。即ち其広大無辺なる所以なり」と言って、そうした機能化作用を不断にいとなむ精神の主体性を讃えた。

こうした福沢の人生観が思想家としての彼、また教育者としての彼の生涯にとってプラスの価値として作用したか、それともマイナスの意味を持ったかということは大いに問題のあるところであろう。しかしその問題に立入ることは、彼の「哲学」全体に対して超越的立場から評価を下すことなくしては不可能であり、もっぱらその思想の構造連関を内在的に明かにすることを任務とする本稿の限界を越える。ただ最後に一言だけ付け加えて置こう。

さきにわれわれは福沢における主要な命題が悉く条件的な認識であり、いわば括弧付で理解さるべきことを知った。そうしてそこにパースペクティヴを絶えず流動化する彼の思考の特質を見た。その意味においては、人生は遊戯であるという命題は彼の付けた最大の括弧であるということが出来る。遊戯とはジンメルも述べている様に[*14]人間活動からそのあらゆる実体性を捨象して之を形式化するところに成立つところの、最も純粋な意味でのフィクションである。そうしてフィクションこそは神も自然も借りない全く人間の産物である。福沢は人生の全体を「恰も」という括弧につつみ、是をフィクションに見立てたことによって自ら意識すると否とを問わずヒューマニズムの論理をぎりぎりの限界にまで押しつめたのであった。

＊1　以下、「概略」とあるはすべて「文明論之概略」を指す。なお福沢の文章には大抵句読点がないが、本稿では便宜それを附した。それから出典の指示は論説・演説等にのみ全集の巻数を記し、著作からのものは単にその書名のみにとどめたことをお断りして置く。

＊2　福沢の論法がプラグマティストと符節を合せている例はなお他にも多く挙げうるが、そうした個々の言辞の比較はここでは第二義的な問題として略する。本稿の所説全体を通じて、読者は両者の論理構造の著しい類似性を暗示する筆者の意図を感知せらるるであろう。なお既に田中王堂の名著「福沢諭吉」は実験的なること、作用的なること、進化論的なること、の三者を「福翁の見方の特徴」として鋭く指摘している。

＊3　一例として「福翁百話」中の「造化と争ふ」と題する一文の末尾を挙げよう。
「万物の霊、地球上の至尊と称する人間は、天の意地悪きに驚かずして之に当るの工風を運らし、其秘密をあばき出して我物と為し、一歩一歩人間の領分を広くして浮世の快楽を大にするこそ肝要なれ。即ち我輩の持論に与二造化一争レ境と云ひ束二縛化翁一是開明と云ふも此辺の意

味にして、物理学の要は唯この一点に在るのみ。方今世界開明の時代と云ふと雖も、天の力は無量にして其秘密に際限ある可らず、後五百年も五千年もいよ／＼其力を制して跋扈を防ぎ、其秘密を摘発して之を人事に利用するは、即ち是れ人間の役目なり」（傍点筆者）。

＊4 「都て世の政府は唯便利のために設けたるものなり」。「世界万国何れの地方にても、其初め政府を立て丶一国の体裁を設たる由縁は、其国の政権を全ふして国体を保たんが為なり」（概略、巻之一）。

＊5 福沢は「概略」の巻之三、第六章において「智徳の弁」と題して、徳義（とくに私徳）と智恵との作用の相異をあげ、つづく「智徳の行はる可き時代と場所とを論ず」の章において、社会の開化に赴くにしたがって、徳義の作用する範囲が次第にせまくなって、知性の活動に席を譲って行く次第を委曲を尽して論じている。この二章が殆んどバックルの英国文明史の第四章 "Mental Laws are either Moral or Intellectual. Comparison of Moral and Intellectual Laws, and Inquiry into the Effect Produced by Each on the Progress of Society" を主たる参考として書かれていることは明瞭である。しかし、アプリオリな妥当性をもつ固定的価値を前提せずに、個々の situation がユニークであると見做すプラグマティックな立場をとることによって、従来道徳の領域と考えられていた事項が知性の問題に移されることはデュウィも説いているところであり（参照、Reconstruction in Philosophy, 1920, p. 163f.）、福沢の根本的な思惟方法からして、上の様な見方が生れることには論理的な必然性があることを看過してはならない。

＊6 「成たけ議論を多くするが宜い。決して大人君子が一声を発したからと云つて草木の風に靡

く如く承知するでない。誰が何と云つても議論を喧しくして、さうして世の中の進歩に伴ふではない。……世の中が進歩しなければ此方が先に進歩する、啻に進歩に伴ふばかりでなく、自分で新工夫を運らして、進歩の先陣にならなければ往かない。だからます／＼世の中の交際を恐ろしく綿密にし、議論を喧しくして、人の言ふことには一度や二度では承服しない様に捏《こ》ね繰《く》り廻はして、さうして進歩の先陣となつて世の中をデングリ返す工夫をする、と斯う云うことに皆さんも私も遣りたい。私は死ぬまでそれを遣る。貴方がたは命の長い話であるから、何卒して此人間世界、世界は率《い》ざ知らず、日本世界をもつとわい／＼とアヂテーションをさせて、さうして進歩するやうに致したいと思ふ。それが私の道楽、死ぬまでの道楽。何卒皆さんも御同意下さるやうに」（交詢社大会席上に於ける演説、全集十六）。

＊7　「人間世界は至て広大なるものにして、論説の広きは土地の広さの広きが如く、其多端なるは人口の数の多きが如くにして、一人の智力にしては殆ど眼も心も及び難き程のものなれば、他人の発論行事を聞見するも決して其一局部に就て是非の判断を下だす可らず。況や己れに異なる者に於てをや。己れに異なりと云ひながら、其己れは即ち先方の人に異なる者なれば、此方より他を非とすれば他も亦此方を非とせんのみ。故に議論の主義を定むるには、勉めて其主義の包羅する所を広くして他の議論を容れ、之を容れ之を許して毫も忌む所なく毫も愛憎する所なく、遽に之を見れば錯雑無主義と思はるゝ程の寛大を極めて、唯其最後の極端に至りて一点の動かす可らざるものを守ること緊要なるのみ」（局外窺見、全集八）。

＊8　「世の議論を相駁するものを見るに、互に一方の釁《きん》を撃て双方の真面目を顕《あらわ》し得ざることあ

り。……譬へば田舎の百姓は正直なれども頑愚なり。都会の市民は怜悧なれども軽薄なり。正直と怜悧とは人の美徳なれども、頑愚と軽薄とは常に之に伴ふ可き弊害なり。百姓と市民との議論を開くに、其争端のこの処に在るもの多し。百姓は市民を目して軽薄児と称し、市民は百姓を罵て頑陋物と云ひ、其状情、恰も双方の匹敵、各片眼を閉じ、他の美を見ずして其醜のみを窺ふものゝ如し。若し此輩をして其両眼を開かしめ、片眼以て他の所長を察し、片眼以て其所短を見せしめなば、或は其長短相償ふて、之がため双方の争論も和することあらん」（概略、巻之一）。

＊9　自由と進歩に関するこの様な福沢の考え方に決定的な影響を及ぼしたのはギゾーのソルボンヌ大学における有名な講義「ローマ帝国の崩壊よりフランス革命に至るヨーロッパにおける文明史」に示された自由観である。その第二講でギゾーは古代文明の原理と形態における単一性（unité）の支配に対して、ヨーロッパ近代文明の特質を種々の社会力や文化形態の多様性（diversité）に求め、近代的自由の発生原因を次の様に説明している。

「他の諸文明に於いては唯一つの原理の、唯一つの形式の絶対的支配、或は少くとも過度の優越が専制の一原因であったのに対し、近代ヨーロッパに於いては社会秩序の諸要素の多様性、それらの要素が互いに他を排除し得なかったことが今日優勢な自由を生んだのであります。互いに他を根絶し得なかったので、種々の原理は一緒に存在しなければならず、互いの間で一種の和解を行わなければならなかったのであります。……他の所では一つの原理の優勢が専制を生み出したに対し、ヨーロッパでは文明の諸要素の多様性と、それらが巻き込まれていた闘争状態から自由が生じたのであります」。

「まさしく世界はヨーロッパ文明の中に認められるあの要素の多様性、複雑性と共にあり、あの常住の闘争に苛まれているのであります。世界を占有し、決定的に型取り、他の一部の傾向を追放し、独占的に支配することは、いかなる原理、いかなる特別の組織、いかなる意想《イデ》、いかなる特殊の力にも許されなかったことは明白であります。……故にヨーロッパ文明は世界の生活の忠実な似姿《イマージュ》であります。即ちこの文明は、この世の事物の過程と同じく、偏狭でもなく排他的でもなく、静止的でもないのであります。……初めて文明が、世界の舞台と同じように、多様《ディヴェルス》に、豊富《リシュ》に、勤勉《ラボリユーズ》に発展したのであります」（Deuxième Leçon, Librairie Académique Didier et Ce, 1860, pp. 39-41. 訳文は中田精一氏邦訳に従う）。福沢はこうしたギゾーの見解から深い暗示を得て、それを東洋社会の歴史的分析の武器として驚くべき巧妙さをもって駆使したのである。

*10　むろん福沢のこうした企画が結果的に成功したかどうかということは別問題である。日本資本主義の歴史的条件は福沢のあらゆる努力にも拘らず、この国に国家権力から相対的に独立な市民社会の形成を妨げた。

*11　この定義の仕方は恐らくH. T. Buckle, History of Civilization in England, vol. I (Thinkers Library, p. 89f.) に拠ったものであろう。

*12　福沢は「民情一新」（明治十二年）において「鉄は文明開化の塊」という命題を提起した後にすぐ続けて、「但し人民に気力を生じて然る後によく鉄を用る歟、或は鉄を用ひて然る後に

よく気力を生ずる歟、此点に就ては必ず世間に議論もあることならん。余も亦これを推考せざるに非ずと雖ども、本編の趣旨に非ざれば之を他日の論に附す」といって、この重大な史観の分岐点についての態度決定を避けているが、明治十六年の論説「人為の法則は万古不易たるの約束なし」（全集八）においては「時勢の変化は一人の力を以て喚起すべからず、左右すべからず、制止すべからず。啻に一人の力よく之を如何ともすること能はざるのみならず、百千万人の力と雖ども亦同一様たるべきのみ。抑も時勢の変化は人心の変化より来るものなりと雖ども、此人心なるものは外物の形状に従て如何様とも変化すべきものにして、周囲の外物其旧状を改めざるに人心独り先づ運動すべきにあらざるなり。我輩の常に論ずる如く、古来天下の人心を刺衝すること最も広且大なりしものは、蒸気、電気、郵便、印刷の新発明に優るものあるべからず」として、物質的環境の規定性を強調している。なお、かの卓抜な田口卯吉の「日本開化小史」すら、「凡そ人心の文野は貨財を得るの難易と相俟て離れざるものならん。貨財富みて人心野なるの地なく、人心文にして貨財に乏しきの国なし、其割合常に平均を保てる事、蓋し文運の総ての有様に渉りて異例なかるべし」という程度の素朴な経済史観を出でなかったことを思え。

＊13　「福翁の人生二面観」（梁川文集、六八頁以下）。

＊14　G. Simmel, Grundfragen der Soziologie (Sammlung Göschen), 1917 中の "Geselligkeit" の章参照。

（国家学会雑誌、第六一巻三号、一九四七年九月）

軍国支配者の精神形態

一　問題の所在

「何故にミカドと総統《フューラー》とドゥチェが、モスコー前面におけるジュダーノフの反撃が成功しつつあるまさにその時にアメリカ合衆国に対して戦端を開いたのかという問題は、現在のところまだ明確な答が出ていない。狂熱主義《ファナティズム》と誇大妄想病に罹《かか》った死物ぐるいの狂人たちがなした選択は、外交とか戦略とかいった種類の問題ではなく、むしろ精神病理学の問題とした方が説明がつき易いのである」

アメリカにおける国際政治学の第一人者として知られるF・シューマン教授は近著[*1]のなかで真珠湾攻撃前後の国際情勢を分析しつつ、このように述べている。われわれは是《これ》を以て単に同教授がフロイドの流れを汲むシカゴ学派に属するが故の言い廻しとして片付けてしまっていいだろうか。いな、東京裁判で巨細に照し出された、太平洋戦争勃発に至る政治的動向は、開戦の決断がいかに合理的な理解を超えた状況に於て下されたかということをまざまざと示している。対米宣戦は世界情勢と生産力其他の国内的条件の緻密な分析と考慮から生れた結論ではなく、むしろ逆にミュンヘン協定のことも強制収容所《コンツラーガー》のことも知らない[*2]という驚くべく国際知識に欠けた権力者らによって「人間たまには清水の舞台から眼をつぶって飛び下りる事も必要だ」という東条の言葉[*3]に端的に現われているようなデスペレートな心境の下に決行されたものであった。だから世界最高の二大国に対してあれだけの大戦争を試みる以上、定めしそこにはある程度明確な見透しに基づく組織と計画とがあったであろうという一応の予測の下に来た連合国人は実情を知れば知るほど驚き呆れたのも無理はない。「日本は一方に未だ終了せぬ対中国戦争を負担し且《かつ》又対ソ攻撃を準備しながら、どうして合衆国及《および》大英帝国に対し同時に攻撃を決し得たかと、充分な根拠を以て驚いている聡明な人々も極めて多くいますが、この疑惑は、もし我々が日本の支配者一般及び特に日本軍閥指導者達のドイツの威力とその必勝に対する盲信を見落すならば解き得ぬものでありまして、彼等は……独逸側が約束していたソ連邦の崩壊が今日明日にも到来するであろうとあてにしていたのであります」というゴルンスキー検察官の言葉は、東京裁判の検察側においてもこの「なぞ」がいかに不可解なものとして映じていたかということを暗示している。[*4] だから最終論告においてもキーナン検事は、「この共同謀議の分析に関する困難の一つは、それが非常に広汎な範囲のものなるため、これが一群の人間により企図されたものとは考え難いことであります」（No. 371）と率直に謀議を捕捉する困難性を認めた。況《いわ》んや米国側弁護人はこの多かれ少かれ連合国人に共通に懐かれている内心の驚きを百パーセントに弁護の根拠として利用した。ブルーエット弁護人は開戦までの陸軍航空機の毎年度製作実数を挙げて、検察側の「圧倒的軍備拡大」という主張を反駁し、「一ヵ年五万機以上の航空機を生産しつつあった米国から来た弁護人らにとっては、許多の公人の生死に関係するケースに以上の数字を以てする事は喜劇には非ずして真の悲劇であると思われるのであります。今日この時代に於てこの少数の航空機を以てして全世界の征服に乗り出すということはドン・キホーテに非ずんば誰か能くこれを実行し得る事でありましょうか」（最終弁論 No. 391）といっているのは、米国人として偽わらない感想であろう。ドイツと並ぶ典型的「全体主義」の国として喧伝された日本帝国の戦争体制における組織性の弱さ、指導勢力相互間の分裂と政情の不安定性もまたナチズムとの対比において彼等を驚かせた。「被告席に列する被告等の間には現代史のこの悲劇的時代を通じ他の列強の偉大なる戦争努力に匹敵し或はこれを凌駕する程の協調も、政治理念の一致も協力も存しなかった」（ブラナン弁護人No. 255）。「日本政府そのものについての真の証拠とは何か。それは本起訴状の期間内に日本では前後十五代の内閣が成立・瓦解したという事実に外ならぬ……。日本政府を構成したこれら十数代の内閣の成立、瓦解を通じて、十三人の首相、三十人の外相、二十八人の内相、十九人の陸相、十五人の海相、二十三人の蔵相が生れた。……証拠が明かに示すところは……共同計画又は共同謀議の確証ではなくして……むしろかえって指導力の欠如……である」（同上No. 386）。連合国とちがって日本の戦争体制をヨリ内側から眺める機会をもった「盟邦」ナチスにとっては、こうした政治力の多元性から来る対外政策の動揺は夙《つと》に悩みの種であった。一九四〇（昭和一五）年七月、リッペントロップ外相は佐藤・来栖大使及び河相公使との会談で、「自分は独逸が何を欲するやの点に付いては明かなる認識を有するも、日本の企図が奈辺にありやに関しては遺憾ながら明確なる知識を持ち兼ぬる次第にして、両国間の協力も必要ながら先ず日本が果して具体的に何を希望せらるるやを承知致し度《た》し」と言っている。[*5] これがまさに軍事同盟が締結される僅か二カ月前のことである！　またある駐日ドイツ武官は陸海軍の対立の深刻さに驚駭して自ら調停に乗り出しさえした。[*6] われわれは満州事変を経て太平洋戦争に至る歴史過程の必然性を論証するに急なるあまり、こうした非合理的現実をあまりに合目的的に解釈することを警戒しなければならない。たしかに日本帝国主義の辿《たど》った結末は、巨視的には一貫した歴史的必然性があった。しかし微視的な観察を下せば下すほど、それは非合理的決断の厖大な堆積として現われて来る。問題はこうした日本政治の非合理性や盲目性を軽視したり抹殺したりすることではなくして、それをどこまでも生かしつつ、いかにして巨視的な、いわば歴史的理性のパースペクティヴに結合させるかということでなければならない。東京裁判において以上のような検察側の「共同謀議」の観点と弁護側の「非計画性」の観点が激しく対立した。それは法理論の上では互に相容れない主張でもあろう。だが現実の歴史的分析においては必ずしもそうではない。大東亜共栄圏を確立し八紘一宇の新秩序を建設して、皇道を世界に宣布することは疑いもなく被告らの共通の願望であった。彼等のうち誰一人として、これがドン・キホーテの夢であることを指摘したものはなかった。ただ彼等のうちの或る者はその夢を露骨に表白することに照れ臭さを感ずる程度の身嗜《みだしな》みを具えていたし、他のものは夢の実現を確《かた》く信じながらもその実現をもっと未来に嘱していた。彼等のうち最も狂熱的な者でもいよいよ風車に近づくとそのあまりの巨大さとわが槍とをひきくらべて思わず立ちすくんだ。[*7] しかも彼等はみな、何物か見えざる力に駆り立てられ、失敗の恐しさにわななきながら目をつぶって突き進んだのである。彼等は戦争を欲したかといえば然りであり、彼等は戦争を避けようとしたかといえばこれまた然りということになる。戦争を欲したにも拘らず戦争を避けようとし、戦争を避けようとしたにも拘らず戦争の道を敢て選んだのが事の実相であった。政治権力のあらゆる非計画性と非組織性にも拘らずそれはまぎれもなく戦争へと方向づけられていた。いな、敢て逆説的表現を用いるならば、まさにそうした非計画性こそが「共同謀議」を推進せしめて行ったのである。ここに日本の「体制」の最も深い病理が存する。東京裁判の厖大な記録はわれわれにこの逆説的真理をあますところなく物語ってくれる。法廷には所謂《いわゆる》第一級戦争犯罪人だけでなく、検察側と弁護人側の延数百人に上る証人喚問によって、当時の政治権力を構成した宮廷、重臣、軍部、政党等の代表的人物は殆どもれなく登場してそれぞれの角度から日本政治の複雑極りない相貌を明かにした。これらの人々の提示した事実内容だけでなく、彼等の法廷における答弁の仕方そのもののなかに、日本支配層の精神と行動様式が鮮かに映し出されているのである。それを手がかりにして日本の戦争機構に内在したエトスを抽出しようというのが以下の試みにほかならない。むろん問題はあまりに厖大であり、この論稿はただその若干の側面を提示するにとどまる。しかもそこで抽出された諸原則はきわめて平凡であり、われわれにとってむしろ日常的な見聞に属するかも知れない。もしそうならばいよいよもって、われわれはそうした平凡な事柄がかくも巨大な結果を産み出したことに対してつねに新鮮な驚きと強い警戒を忘れてはならないのである。

＊1　F. Schuman, Soviet Politics at Home and Abroad, 1946, p. 438. なお、シューマンがこの書を書いたときは、対米宣戦について予め日独伊三国の間にどの程度の諒解と協定があったかがまだ明かにされていなかったために、三国を平等にならべたのであろうが、少くも真珠湾奇襲に関する限り、いつもドイツに引きまわされていた当時の日本としてはめずらしく、イニシアティヴをとった。リッペントロップ外相はこの報を受けて「狂喜」したといわれる。

＊2　キーナン検察官に対する東条証人の答。

＊3　近衛文麿「失はれし政治」一三一頁。

＊4　極東国際軍事裁判速記録第八五号（傍点はすべて筆者）。なお、この速記録は本論文でひんぱんに引用されるので、概ね本文のなかに割註で、号数だけ入れることにした。例えば（No. 100）とあるのは、速記録第百号の意味である。ただこの速記録は遺憾ながら誤植がかなりあるので、それは引用の際には気のついた限り正したし、また仮名遣いも不統一なので全部新仮名に統一した。本論文の主たる資料となったこの速記録は戒能通孝教授の御厚意によって利用しえたものであり、一年以上にわたって、貴重な記録を貸与された教授に対してここで深甚の謝意を表する。

＊5　一九四〇・七・一〇、来栖大使より有田外相宛電報による（No. 106）。

＊6　パウル・W・ヴェンネッカー大将の東京裁判での証言による（No. 256）。

＊7　九月六日の御前会議で決定された、「外交交渉ニ依リ十月上旬頃ニ至ルモ尚我ガ要求ヲ貫徹シ得ル目途ナキ場合ニ於テハ直チニ対米（英蘭）開戦ヲ決意ス」という問題の期日が切迫した

ころ、荻外荘で開かれた近衛首相と陸（東条）海（及川）外（豊田）三相及鈴木企画院総裁との会談において示された当時の政府や軍部の態度は鈴木貞一の口供書がよく要約している。これは近衛手記その他の資料でも裏書されている。

「海軍は日米戦争は不可能であるとの判断を内心有するが之を公開の席上で言明することを希望せず、陸軍は戦争を必ずしも望むのではないけれど、中国からの撤兵には反対し、しかも外相は中国の撤兵を認めなければ日米交渉は成立しないというのでした。従って首相が戦争を回避しうる途は、海軍にその潜在的な意向を明かに表明せしめるか、或は陸軍に海軍の内心有する判断を暗黙の中に了解させ、日米交渉成立の前提条件たる中国からの撤兵に進んで同意させるかの何れかでした」。

つまり三者の立場が三すくみだったのである。東条はここで撤兵に強硬に反対して遂に内閣を瓦解させるのであるが、その際でも彼は皇族（東久邇宮内閣）の力で部内の強硬論を押える可能性にいくぶん心を動かしている。

二　ナチ指導者との比較

フロイド学派をまつまでもなく、ファシズムはどこでもアブノーマルな精神状況と結びついており、多かれ少かれヒステリー的症状を随伴するものである。この点では東西のファシズムはさして変らない。しかしその異常心理の構造や発現形態はナチス独逸と軍国日本ではかなり——というより著しくちがっている。なによりナチ指導者の出身とわが戦犯のそれとがまるで対蹠的である。ナチ最高幹部の多くは大した学歴もなく、権力を掌握するまでは殆ど地位という程の地位を占めていなかった。[*1] ところが市ヶ谷法廷にならんだ被告はいずれも最高学府や陸軍大学校を出た「秀才」であり、多くは卒業後ごく順調な出世街道を経て、日本帝国の最高地位を占めた顕官である。それだけではない。ナチ指導者はモルヒネ中毒患者（ゲーリング）や男色愛好者（ヒムラー）や酒乱症（ライ）など、凡そノーマルな社会意識から排斥される「異常者」の集りであり、いわば本来の無法者（Outlaws）であった。わが被告たちのなかにも大川や白鳥のように本物の精神病者もおり、松岡のように限界線《ボーダー・ライン》に位置するものも見受けられるが、全体としてみれば、いかにその政治的判断や行動が不可解かつ非常識であっても、彼等を本来の精神異常者とは考え難い。ノーマルな社会意識から排斥されるどころか、彼等の多くは若いときから末は大臣・大将を約され、或はもともときらびやかな祖先の栄光でかざられ、周囲から羨望される身上であった。人間の型としても純粋な「無法者」は彼等のなかにはいない。軍閥とくに陸軍の被告には多かれ少かれその要素はあるにはある（例えば満州事変当時の板垣・土肥原の現地での行動や、三月・十月事件の橋本など）が、彼等も半身は小心翼々たる俗吏であり、とくに地位の上昇と共にますます後者の面を強くした。「無法者」タイプはこの国のファシズムにも重要な役割を演じたが、彼等は「浪人」というその別名が示すようにまさに権力的地位に就かぬ所に特色があり、その代りに権力者のところに不断に出入りして彼等のうす気味悪い配下として彼等から不定の収入を得つつ舞台裏で動いていた。*2 あの法廷に立った被告たちはむしろ彼等が地位の上で遥かに見下していた官民大小の無法者たちに引き廻された哀れなロボットであるといってもいいすぎではない。この東西ファシズム権力の相異は看過してはならない重要性をもっている。東西指導者の対照は検察側によっても注目されるところとなった。タヴナー検察官は最終論告を次のような言葉で結んでいる。

「これらの人達は、犯罪の方法を完全に鍛えられ、その犯罪以外の方法を知らない、犯罪環境の屑であるニュルンベルグ裁判に立った一部の有力者の如き破落漢（ならずもの）ではなかったのでありまして、これらの人達は国家の粋であり国家の運命が確信的に委任されていた正直にして信頼された指導者として考えられていたのです。これらの人々は善悪の別を知っていたのです。充分知悉しながら、彼等は自ら悪を選択し、その義務を無視し……自ら数百万の人類に死と傷害を齎《もた》らし……破壊と憎悪を齎した戦争への途を辿るべく選択したのであります。……この選択に対し彼等は罪を負わねばならないのであります」

（No. 416）

被告らの心理と行動がファシズム精神病理学の対象となるならばそれは彼等が国内及国際的

な精神異常者に影響され感染した限りにおいてそうなのである。彼等はまさしく澎湃たるナチズムに感染した。だが彼等にとって本来的なのはナチズムそのものではなく、むしろ感染し易い素地なのである。この相異の社会的経済的基底はすでに多くの優れた学者によって解明されつつある。筆者は端的に彼我の戦争指導者の言動の比較によって問題に近づいて行こう。

日独ファシズムが世界に対してほぼ同様な破壊と混乱と窮乏の足跡を残したにも拘らず、かしこにおける観念と行動の全き一貫性に対してここにおける両者の驚くべき乖離がまず顕著な対照を示している。ヒットラーは一九三九年八月二二日、まさにポーランド侵入決行を前にして軍司令官に対して次のように述べた。「余はここに戦端開始の理由を宣伝家のために与えよう——それが尤《もっと》もらしい議論であろうがなかろうが構わない。勝者は後になって我々が真実を語ったか否かについて問われはしないであろう。戦争を開始し、戦争を遂行するに当っては正義などは問題ではなく、要は勝利にあるのである」[*3]。何と仮借のない断定だろう。そこにはカール・レーヴィットのいう「能動的ニヒリズム」が無気味なまでに浮き出ている。こうしたつきつめた言葉はこの国のどんなミリタリストも敢えて口にしなかった。「勝てば官軍」という考え方がどんなに内心を占めていても、それを公然と自己の決断の原則として表白する勇気はない。却《かえ》ってそれをどうにかして隠蔽し道徳化しようとする。だから、日本の武力による他民族抑圧はつねに皇道の宣布であり、他民族に対する慈恵行為と考えられる。それが遂には戯画化されると、「言うまでもなく皇軍の精神は皇道を宣揚し国徳を布昭するにある。すなわち一つの弾丸にも皇道がこもっており、銃剣の先にも国徳が焼き付けられておらねばならぬ。皇道、国徳に反するものあらば、この弾丸、この銃剣で注射をする」（荒木貞夫の一九三三年における演説No. 270）というように、個々の具体的な殺戮行為のすみずみまで「皇道」を滲透させないと気がすまない。ところが他方、ナチ親衛隊長ヒムラーによると、「一ロシア人、一チェッコ人にどういう事態が起ったかということに就いては余は寸毫の関心も持たない。……諸民族が繁栄しようと、餓死しようと、それが余の関心を惹くのは単にわれわれがその民族を、われわれの文化《クルトゥール》に対する奴隷として必要とする限りにおいてであり、それ以外にはない」[*4]と。これはまたはっきりしすぎていて挨拶の仕方もない次第だ。むろん国内、国外に向って色々と美しいスローガンをまきちらす点ではナチもひけをとらない。しかしナチの指導者はそれがどこまでが単なるスローガンであり、どこまでが現実であるかというけじめを結構心得て用いているようである。これに反してわが軍国支配者たちは、自分でまきちらしたスローガンにいつしか引きこまれて、現実認識を曇らせてしまうのである。元朝鮮総督南次郎大将の次の答弁を見よ（No. 197）。

裁判長　どうしてあなたはそれを聖戦と呼ばれたのですか。

南証人　その当時の言葉が一般に「聖戦」といっておりましたのでその言葉を申したので

す。

コミンズ・カー検察官　その「聖」ということ、対中国戦争のどこにその「聖」という字を使うようなことがあるのでしょう。（後略）

南証人　そう詳しく考えておったのではなくして当時これを「聖戦」と一般に云っておったものですから、ついそういう言葉を使ったのです。侵略的なというような戦ではないくして、状況上余儀なき戦争であったと思っておったのでありました。

さらに元上海派遣軍総司令官松井石根大将の場合を見よう。彼は口供書で日華事変の本質を次のように規定している。

「抑《そもそ》も日華両国の闘争は所謂「亜細亜の一家」内に於ける兄弟喧嘩にして……恰も一家内の兄が忍びに忍び抜いても猶且つ乱暴を止めざる弟を打擲するに均しく其の之《これ》を悪むが為にあらず可愛さ余っての反省を促す手段たるべきのことは余の年来の信念にして……」（No. 320）

これは必ずしも後でくっつけた理窟ではないらしい。上海に派遣される際、大アジア協会有志送別会の席上でも「自分は戦に行くというより兄弟をなだめるつもりで行くのだ」とあいさつしている（下中弥三郎氏の証言）。可愛さ余っての打擲の結果は周知のような目を蔽わせる南京事件となって現われた。支配権力はこうした道徳化によって国民を欺瞞し世界を欺瞞したのみでなく、なにより自己自身を欺瞞したのであった。我国で上層部に広い交際を持ったグルー元駐日大使もこうした自己欺瞞とリアリズムの欠如に驚かされた一人である。いわく、

「私は百人中にたった一人の日本人ですら、日本が事実上ケロッグ条約や九ヵ国条約や連盟規約を破ったことを本当に信じているかどうか疑わしく思う。比較的少数の思考する人々だけが率直に事実を認めることが出来、一人の日本人は私にこういった――「そうです、日本はこれらの条約をことごとく破りました。日本は公然たる戦争をやりました。満州の自衛とか民族自決とかいう議論はでたらめです。しかし日本は満州を必要とし、話は要するにそれにつきるのです」。しかしこのような人は少数に属する。日本人の大多数は、本当に彼ら自身をだますことについて驚くべき能力を持っている。……日本人は必ずしも不真面目なのではない。このような義務（国際的な）が、日本人が自分の利益にそむくと認めることになると、彼は自分に都合のいいようにそれを解釈し、彼の見解と心理状態からすれば彼は全く正直にこんな解釈をするだけのことである」

そうして大使はこう結論する。「このような心的状態は、如何に図々しくも自分が不当であることを知っているのよりもよほど扱い難い」[*5]。つまりこれが自己の行動の意味と結果をどこまでも自覚しつつ遂行するナチ指導者と、自己の現実の行動が絶えず主観的意図を裏切って行く我が軍国指導者との対比にほかならない。どちらにも罪の意識はない。しかし一方は罪の意

識に真向から挑戦することによってそれに打ち克とうとするのに対して、他方は自己の行動に絶えず倫理の霧吹きを吹きかけることによってそれを回避しようとする。メフィストフェレスとまさに逆に「善を欲してしかもつねに悪を為」したのが日本の支配権力であった。どちらが一層始末が悪いかは容易に断じられない。ただ間違いなくいいうることは一方はヨリ強い精神であり、他方はヨリ弱い精神だということである。弱い精神が強い精神に感染するのは思えば当然であった。

だから同じくヒステリックな症状を呈し、絶望的な行動に出る場合でも日本の場合にはいわば神経衰弱が嵩じたようなもので、劣等感がつねに基調をなしている。「著しい劣等感から生れ同様に著しい優等感の衣をまとう日本人の超敏感性は、空威張と盲目的愛国心と外人嫌悪と組織された国家的宣伝をともない、ある紛争を処理する手段と方法を、紛争そのものにくらべるとまるで釣合のとれぬほど法外に意味深く重大なものにする」というのはやはりグルーの観察[*6]であるが、このようにして明確な目的意識によって手段をコントロールすることが出来ず、手段としての武力行使がずるずるべったりに拡大して自己目的化して行ったところに、前に述べたような無計画性と指導力の欠如が顕著になったゆえんがある。ナチスの勃興する過程にも、ワイマール時代における下層中産階級の劣等意識が大きな役割を演じたことは事実である。しかし彼処においては、劣等意識はナチ権力者を支持した層に見られるのであって、指導者自体は逆に「権力への意思」そのものであり、ツァラトゥストラの現代版だった。ところがここでは指導的な政治力自体が表面の威容のかげに過敏で繊弱な神経を絶えず打ち震わせていたのである。

指導者におけるこうした「弱い精神」の集中的表現として誰しもすぐ思い浮べるのは近衛であろう。事実、第一次近衛内閣における日華事変の拡大や、大政翼賛運動の変質の経過、乃至《ないし》は第三次近衛内閣総辞職の経緯など、いずれをとってもそこには彼の性格の弱さが致命的に作用している。彼は木戸の証言によると、「何か起るとよくやめるということを言った男」(No. 298)であり、一九四一年十月初旬、まさに日米交渉が重大な関頭に達し、九月六日の御前会議で決定された期日が迫ったときも鈴木貞一に対し「政界を隠退して僧侶になりたい」などと洩らしていた(鈴木口供書)。彼が井上日召のような、これこそ典型的な精神異常の無法者を荻外荘にかくまって日夜接していたのもまさしく心理的な補完《コンペンセーション》にほかならない。近衛の弱さは或は単なる個人的性格の問題でもあり又いわゆる公卿の弱さの問題でもあろう。しかし弱かったのはひとり近衛のみであろうか。私がここでいう「弱い精神」とは決して近衛の場合のようないわゆる性格の弱さだけを指すのではない。別の例として東条内閣と鈴木内閣の外務大臣を勤めた東郷を挙げよう。彼は終戦時ポツダム宣言の無条件受諾を主張して軍部と抗争した立役者の一人であり、その際の態度などでは決して近衛のような弱い性格の所有者とは見られない。ところが開戦の日の十二月八日の朝、彼は外務大臣としてグルー大使を呼んで例の帝国政府の対米交渉打切りの覚え書を手渡したのだが、その際単に会談期間を通じての大使の協力を感謝すると述べたのみで、宣戦のことも真珠湾のことも一言もいわなかった。グルー大使は大使館に帰ってはじめて開戦の事実を知らされたのである。法廷で、何故会見の際に、戦争状態の存在について一言もいわなかったかということをブレークニー弁護人から訊ねられた時、彼のあげた理由がまさに問題である。第一に、グルー大使が既にその朝の放送によって開戦を知っていたと予測したこと――これはまあいいとして、第二に、内地では宣戦の詔勅はまだ出ていなかったから、これを必要のない場合に話すのは不適当と思ったこと――これは既に少々おかしい。しかし法廷をいたく驚かせたのは第三の理由だった。曰く、

「私はグルー大使とは長年の知合いでありますから、この際あまり戦争ということを口にするのを控えたいという気持がありました。すなわち戦争ということを云う代りにすなわち両国の関係がこういうことになってお別れするのを非常に遺憾とするということを申したわけであります」(No. 342)

これはどういうことか。間が悪い、ばつが悪いといった私人の間の気がねが、それぞれの国を代表する外相と大使との公式の、しかも最も重大《クリティカル》な時期における会見の際に東郷を支配して、眼前に既に勃発している明白な事態を直截に表現するのを憚らせたということだ。更にこ

の東郷の態度の裏には真珠湾の不意打ちに対する内心のやましさの感情も入り交っていたかもしれない。いずれにせよ相手の気持の思いやりもここまで来ると相手に対する最大の侮辱と等しくなる。これを野村・来栖大使との最後の会見の際のハル国務長官の態度と比較せよ、まことに好箇の対照である。

ちょうどこれに似た状況が国内政治の場合にもある。米内内閣が三国同盟締結問題で陸軍と衝突して総辞職した時のことである。あの時最も微妙な立場に立ったのはいうまでもなく畑陸相である。彼が首相に突きつけた覚書が内閣崩壊の契機となったのであるが、この行動がどこまで彼自身のイニシアティヴに出たものか、それとも弁護側が法廷で主張したように、もっぱら閑院宮参謀総長や阿南次官以下軍務局内の意向に強要されたものかということは容易につきとめられない。それはともかく米内は次のような一場のエピソードを語っている（No. 391）。

「内閣総辞職の後、畑を私の室に呼び、私の記憶では次のように言いました、「貴下の立場はよく分る、苦しかったろう、然し俺は何とも思っておらぬよ。分ってる、気を楽にして心配するな」。私は彼の手を握りました。畑は淋しく笑いました。此の笑は日本人に特有なあきらめの笑でありました。彼の立場は全く気の毒なものでありました」

まるで「リンゴの歌」のような問答であるが、ここでも支配的なのは公の原則ではなくて、プライヴェットな相互の気持の推測である。畑の陸相としての行動が上述のいずれの場合に属するにせよ、恐らく米内との会見で彼のとった態度はここに語られているものからさして距離はないであろう。それにしても、中国派遣軍総司令官、第二総軍司令官として三軍を叱咤し、元帥府に列せられた将軍もここでは何と哀れにちっぽけな姿に映し出されていることか。

日本支配層を特色づけるこのような矮小性を最も露骨に世界に示したのは戦犯者たちの異口同音の戦争責任否定であった。これは被告の態度を一々引用するまでもなく周知のことだから、キーナン検察官の最終論告によって総括して置こう（No. 371）。

「元首相、閣僚、高位の外交官、宣伝家、陸軍の将軍、元帥、海軍の提督及内大臣等より成る現存の二十五名の被告の全ての者から我々は一つの共通した答弁を聴きました。それは即ち彼等の中の唯一人としてこの戦争を惹起することを欲しなかったというのでありま す。これは一四カ年の期間に亘る熄《や》む間もない一連の侵略行動たる満州侵略、続いて起った中国戦争及び太平洋戦争の何れにも右の事情は同様なのであります。……彼等が自己の就いていた地位の権威、権力及責任を否定出来ず、又これがため全世界が震撼する程にこれら侵略戦争を継続し拡大した政策に同意したことを否定出来なくなると、彼等は他に択ぶべき途は開かれていなかったと、平然と主張致します」

この点ほど東西の戦犯者の法廷における態度の相異がクッキリと現われたことはなかった。例えばゲーリングはオーストリー併合についていった。「余は百パーセント責任をとらねばならぬ……余は総統の反対さえも却下して万事を最後の発展段階にまで導いた」[*7]。彼はノルウェー侵略に対しては「激怒」したが、それは前もって予告を受けなかったためで、結局攻撃に同意するに当っては「余の態度は完全に積極的であった」と自認する。ソ連に対する攻撃にも彼は反対であったが、それも結局時期の問題、即ち英国が征服される迄対ソ作戦は延期した方がいいという見地からであるとし、「余の観点は政治的及び軍事的理由によってのみ決定せられた」と確言する。何たる明快さか。これこそヨーロッパの伝統的精神に自覚的に挑戦するニヒリストの明快さであり、「悪」に敢て居坐ろうとする無法者の啖呵である。これに比べれば東京裁判の被告や多くの証人の答弁は一様にうなぎのようにぬらくらし、霞のように曖昧である。検察官や裁判長の問いに真正面から答えずにこれをそらし、或は神経質に問の真意を予測して先まわりした返答をする。米内光政証人のいつまで経っても空とぼけた返事に裁判長が業を煮やして「自分の聴いた証人のうちでこの総理大臣は一番愚鈍だ」ときめつけたことは当然新聞種になった。「それでは答にならない。妥当なる答はイエス或はノーです」という言葉が一体幾度全公判過程を通じて繰返されたろう。職業柄最も明快な答弁をしそうな軍人が実は最も曖昧組に属する。大島中将・元駐独大使のごときはその顕著なものである。例えば一九三八年、三国同盟交渉の経緯に関するタヴナー検察官との問答の一節を挙げよう（No. 322）。

検察官　私の質問に答えて下さい。私の今言ったような同盟（独英戦争勃発の場合、日本の参加を義務づけるような軍事同盟を指す——丸山）を主張いたしましたか、いたしませんか。

大島　いたしません（この前の問答で既にしばしばしかり或は否で答えるよう注意されている——丸山）……（中略）。

検察官　こういうふうな同盟を結ぶというリッペントロップの提案に対してあなたは反対したのですか。

大島　日本から反対してきております。

検察官　私の質問に答えて下さい。

大島　私は質問を避けませんけれども、かかる複雑なことはしかりとか否ではなかなか答えられない。

ここから更に検察官は、「防共協定を締結することによって日本がうる諸利益として若松中佐の語ったことはつまり大島自身の意見ではないか」と訊き、防共協定の狙いを追及するのに対して、大島は協定の利益は数えれば種々あるが協定の目的は口供書にある通りだと逃げるので、

検察官　私のあなたに聴いておりましたことは、……先ほどの質問にありましたような若松の見解というものはとりもなおさずまたあなたの見解であったのではないかという

のであります。もしその見解にあなたが同意であるならば、そうであると言いなさい。そうでないならばそうでないと言いなさい。

大島　附帯しての利益としてはそういうことが浮んで参りましょう。

まだ他にも特徴的な答弁の例はあるが長くなるから省く。ともあれこうした曖昧な複雑なポーズが日本語——といっても特に漢語——のもつ特有のニュアンスによって一層拍車をかけられて法廷を当惑させたことは看過してならない事であろう。言霊のさきわう国だけあって「陛下を擁する」「皇室の御安泰」「内奏」「常侍輔弼」「積極論者」こういった模糊とした内容をもった言葉——とくに皇室関係に多いことに注意——がどれほど判事や検察官の理解を困難にしたか分らない。こうした言葉の魔術によって主体的な責任意識はいよいよボカされてしまう。「大アジア主義」の語義が論争になったとき判事側が「われわれは行動というものに対して関心をもっているのであって、言葉には関心を持っていない」(No. 176) といったのは尤もな次第である。まったく弁護側のいうように八紘一宇が Universal Brotherhood を意味し、皇道が「デモクラシーの本質的概念と一致する」という風に変転自在の理念ではたまったものではないからである。

しかしこうした戦犯者たちは単に言葉で誤魔化してその場を言い逃れていたとばかりはいえない。被告を含めた支配層一般が今度の戦争において主体的責任意識に稀薄だということは、恥知らずの狡猾とか浅ましい保身術とかいった個人道徳に帰すべくあまりに根深い原因をもっている。それはいわば個人の堕落の問題ではなくて後に見るように「体制」そのもののデカダンスの象徴なのである。それを探るためには、まず被告らが過去の自己の行動を総じていかなる根拠からジャスティファイしようとしたかということを見ることがなにより手がかりになる。そこに被告らが生きていた生活環境に内在するエトスが最もよく反映しているからである。

＊1　ハイデルベルグ大学の哲学博士（Ph.D）の肩書をもつゲッベルスはこの点「異色」のインテリだった。むしろナチ指導者の多くはそうした地位や学歴のないことを誇りとし、それを以て大衆のなかに親近感を起させようとし、また事実それに成功した。権力獲得後まもなく、ヒットラーはベルリンのある工場で次のように演説している。

「ドイツの同胞諸兄ならびに諸姉よ、わがドイツ労働者諸君！　今日余が諸君ならびに諸君以外の数百万の労働者に語りかけるに際して、余は他の何人よりも正当な権利を持っている。余自身まさしく諸君の階級の出身である。……余は自己の所属せる諸君らの階級に今日呼びかけているのである……余はわが勇敢にして勤勉なる労働者ならびに我が勤労人民、数百万の大衆のための闘争をひきいている……余はなんらの肩書を必要としない。余が自力でえた余の名がすなわち余の肩書なのだ」（F. Schuman, Nazi Dictatorship, 1936, p. 259）。こういう演説を東条はたとえやりたくともやれない。

＊2　だから同じ「無法者」でもナチとは類型がちがう。参照、「日本ファシズムの思想と運動」。

我がファシズム運動で活躍した無法者のタイプを最も生々と示しているものとしてたとえば「日召自伝」がある（後に「一人一殺」と改題増補された）。

＊3・4　ニュルンベルグ軍事裁判判決録中の引用に拠る。なお、同判決録英語版の閲覧については、外務省条約局法規課吉野事務官より便宜を得た。

＊5　ジョセフ・グルー「滞日十年」石川欣一訳、上巻、一一四頁（但し若干訳文を改めた）。

＊6　同上、一九五―六頁。

＊7　注3に同じ。

三　日本ファシズムの矮小性――その一

被告の千差万別の自己弁解をえり分けて行くとそこに二つの大きな論理的鉱脈に行きつくのである。それは何かといえば、一つは、既成事実への屈服であり他の一つは権限への逃避である。

以下まず第一のものから論を進めることにしよう。

既成事実への屈服とは何か。既に現実が形成せられたということがそれを結局において是認する根拠となることである。殆どすべての被告の答弁に共通していることは、既にきまった政策には従わざるをえなかった、或は既に開始された戦争は支持せざるをえなかった云々という論拠である。例えば白鳥は巣鴨で訊問の際「あなたは一九三一年から終戦に至るまで満州及び支那において侵略的であったところの軍閥に対して好感を持ち、その友達となっていたのではないか」という問に対して、「私は彼らの友達ではない。……彼らに左袒するというわけではないが、しかしながら彼らのすでにしたことに対しては表面上もっともらしくし……なければならなかったのであります」といい、また、「あなたはいわゆる中日事変に賛成でありましたか反対でありましたか」というサダンスキー検察官の問に対して「私はその事変を早く解決したいという考えでありまして、反対とか賛成とかいうことは起ってしまったことでありますから、適切にあてはまる表現でないように思いますが……」と答えている（No. 332）。大島も三国同盟に賛成していたかと問われて、「それが国策としてきまりましたし大衆も支持しておりますから私ももちろんそれを支持しておりました」と弁明する（No. 297）。大事なことはこの弁明が実質的に成り立つかどうかということではない。周知のように大島のごときは三国同盟でも最もイニシアティヴをとった一人である。ここで問題なのは、自ら現実を作り出すのに寄与しながら、現実が作り出されると、今度は逆に周囲や大衆の世論によりかかろうとする態度自体なのである。

次に木戸を取ろう。これも三国同盟である（No. 297）。

検察官　次の問題に対しては、しかりか否かで簡単に答えることが出来ると思います。私の質問は平沼内閣の存続中あなたはずっとドイツの軍事同盟に反対するところの立場を取続けていったかどうかということであります。

木戸　私個人としては、この同盟には反対でありました。しかしながら五相会議で非常に問題の研究が続けられまして、私がこの問題を総理から聴いたのは三月ごろでありまして、した。そこで現実の問題としてはこれを絶対に拒否することは困難だと思います。

同じように東郷も三国同盟について東条内閣外相に就任したとき賛成だったか反対だったかを問われて（彼も口供書ではドイツとの関係強化に反対するため全力を傾倒したと述べている）「私の個人的意見は反対でありましたが、すべて物事にはなり行きがあります。……すなわち前にきまった政策が一旦既成事実になった以上は、これを変えることは甚だ簡単ではありません、云々」と答え、また第八十一議会で三国同盟礼讃の演説をした事を突っ込まれると、「この際個人的な感情を公の演説に含ませ得る余地はなかったわけであります……私は当時の日本の外務大臣としてこういうことを言うべく、言わなくちゃならぬ地位にあったということを申し上げた方が最も正確だと思います」といっている（No. 340）。ここでも果して木戸や東郷がどの程度まで真剣に三国同盟に反対であり又反対行動をとったかという疑問はしばらく別として、重大国策に関して自己の信ずるオピニオンに忠実であることではなくして、むしろそれを「私情」として殺して周囲に従う方を選び又それをモラルとするような「精神」こそが問題なのである。

満州事変以来引続いて起った政治的事件や国際協定に殆ど反対であった旨を述べている被告らの口供書を読むとまるでこの一連の歴史的過程は人間の能力を超えた天災地変のような感を与える。フィクセル検察官が小磯被告の口供書についてのべた次のような言葉はこうした弁明のカリカチュアを痛烈に衝いてあますところがない（No. 307）。

「……あなたは一九三一年昭和六年の三月事件に反対し、あなたはまた満州事件の勃発を阻止しようとし、またさらにあなたは中国における日本の冒険に反対し、さらにあなたは三国同盟にも反対し、またあなたは米国に対する戦争に突入せることに反対を表し、さらにあなたが首相であったときにシナ事件の解決に努めた。けれども……すべてにおいてあなたの努力は見事に粉砕されて、かつあなたの思想及びあなたの希望が実現されることをはばまれてしまったということを述べておりますけれども、もしもあなたがほんとうに良心的にこれらの事件、これらの政策というものに不同意であり、そして実際にこれらに対して反対をしておったならば、なぜにあなたは次から次へと政府部内において重要な地位を占めることをあなた自身が受け入れ、そうして……自分では一生懸命に反対したと言っておられるところの、これらの非常に重要な事項の指導者の一人とみずからなってしまったのでしょうか」

そうしてこれに対する小磯の答はこれまた例のごとく「われわれ日本人の行き方として、自分の意見は意見、議論は議論といたしまして、国策がいやしくも決定せられました以上、われわれはその国策に従って努力するというのがわれわれに課せられた従来の慣習であり、また尊重せらるる行き方であります」というのであった。

右のような事例を通じて結論されることは、ここで「現実」というものは常に作り出されつつあるもの或は作り出され行くものと考えられないで、作り出されてしまったこと、いな、さらにはっきりいえばどこからか起って来たものと考えられていることである。「現実的」に行動するということは、だから、過去への繋縛のなかに生きているということになる。従ってまた現実はつねに未来への主体的形成としてでなく過去から流れて来た盲目的な必然性として捉えられる。この意味で、一九四〇年七月二六日、グルー大使と松岡外相との最初の会談の際、両者の間に交された会話はきわめて暗示に富んでいる。[*1]

「松岡氏はそこで、歴史は急激に動く世界にあっては必ずしも制御することが出来ない盲目的な勢力の作用に基づくことが大きいといった。私（グルー）はこの盲力が歴史上作用したことは認めるが、外交と政治の主な義務の一つはかかる力を健全な水路に導き入れることであり、近い将来、彼と私が日米関係の現状を、二人が正しい精神でそれに接近するという確信をもって探求するならば、彼が考えている盲力に有用な指揮を与えることに大いに貢献出来ると思うといった」

ここに主体性を喪失して盲目的な外力にひきまわされる日本軍国主義の「精神」と、目的―手段のバランスを不断に考慮するプラグマティックな「精神」とが見事な対照を以て語られていないだろうか。[*2] ではこの点ナチズムではどうだろう。ヒットラーは一九三九年五月二十三日に既にポーランド問題に関して次のように言っていた。[*3]

「本問題の解決は勇気を必要とする。既成の情勢に自己を適応せしめることによって問題の解決を避けようとする如き原則は許されない。寧ろ情勢をして自己に適応せしむべきである。この事は外国に侵入するか又は外国の領地を攻撃する以外には可能でない」

これはまたグルーのいうのとはちがった意味での、いわばマキアヴェリズム的な主体性であり、ここにも政治的指導性の明確な表現が窺われる。ポーランド侵入は、こうしてナチ指導者の十分な戦略的検討とイニシアティヴの下に進んで選んだところの方法であった。もとよりこのときのナチの情勢判断は必ずしも正しくなかったし、とくに欧州戦の後半期になればなる程、冷徹な打算はデスペレートな決断に席を譲って行った事は事実である。しかし、それにしても、終始「客観的情勢」にひきずられ、行きがかりに捉われてずるずるべったりに深みにはまって行った軍国日本の指導者とは到底同一に論じられない。この点では後にも触れるように、むしろ第一次大戦におけるドイツ帝国やツァール露西亜の場合が比較さるべきであろう。

前にのべたように、日本の最高権力の掌握者たちが実は彼等の下僚のロボットであり、その下僚はまた出先の軍部やこれと結んだ右翼浪人やゴロツキにひきまわされて、こうした匿名の勢力の作った「既成事実」に喘ぎ喘ぎ追随して行かざるをえなかったゆえんの心理的根拠もかくて自から明らかであろう。戦前戦時中を通じて、御前会議、大本営政府連絡会議、最高戦争指導会議、と名前ばかりは厳めしい会議が国策の最高方針を決定するために幾度か開かれたが、その記録を読む者は、討議の空疎さに今更のように驚かされる[*4]。実はといえば、そこでの討議内容は、あらかじめこうした会議の幹事——単に書記ないし連絡員にすぎないと武藤らによって主張されているところの——たる陸海両軍務局長や参謀本部・軍令部次長によって用意されており、更にいえば幹事の下には軍務局員や参謀本部課員が幹事補佐として付いて実質的な案を決定していたことである。そうして軍務局には右翼のそれこそシューマンのいう狂熱主義者や誇大妄想患者が出入りして、半身は官僚であり半身は無法者である佐官級課員と共に気焔を上げていた。しかも彼らでさえ関東軍や中国派遣軍を必ずしもコントロール出来なかった。況んや内閣や重臣はあれよあれよと事態の発展を見送り、ブツブツこぼしながらその「必然性」に随順するだけである。こうして柳条溝〔湖〕や蘆溝橋の一発はとめどなく拡大して行き、「無法者」の陰謀は次々とヒエラルヒーの上級者によって既成事実として追認されて最高国策にまで上昇して行ったのである。

　軍部を中核とする反民主主義的権威主義的イデオロギーの総進軍がはじまるのとまさに平行して軍内部に「下剋上」と呼ばれる逆説的な現象が激化して行ったことも周知の通りである。三月事件と十月事件が殆ど処罰らしい処罰なしに終ったということがその後のテロリズムの続発を促進した事実は到底否定出来ない。十月事件のごときは、近歩一、近歩三の兵を動員し、霞ヶ浦から海軍爆撃機を出動させ、首相官邸閣議の席を襲って、閣僚を全部斃し、参謀本部と陸軍省を包囲して上司を強要して軍命令を出させるという大規模なテロによるクーデター計画であるが、このときもはや南陸相、杉山次官らは暴徒を統制する力なく、この計画で首相に擬せられていた荒木に鎮撫をたのむ有様であった。だから首謀者を保護検束しても到底厳罰など出来ず、結局うやむやになってしまった。[*5] 翌年三月、永田軍務局長が木戸・近衛らから事件の始末を聞かれて、「本来ハ陸軍刑法ニヨリ処断セラレルモノナルモ其ノ動機精神ニ鑑ミ且ツ国軍ノ威信等ヲ考慮シ行政処分ニテ済セタルモノナリ」と答えている（木戸日記）。ギャングの処罰によってでなく、逆にこれとの妥協によって不法な既成事実を承認せざるを得ない迄に「威信」を失っている軍の実情がここに暴露されている。

　しかもこのような軍の縦の指導性の喪失が逆に横の関係においては自己の主張を貫く手段として利用された。陸軍大臣が閣議や御前会議などである処置に反対し、あるいはある処置の採用を迫る根拠はいつもきまって「それでは部内がおさまらないから」とか「それでは軍の統制を保証しえないから」ということであった。例えば、一九四〇（昭和一五）年はじめ阿部内閣が辞職したとき、軍部は近衛を押して、宇垣（一成）も池田（成彬）も不可なりと強く主張した。近衛は「宇垣は不可《いか》んということはこれまでの経緯もあり一応肯かれるが池田までもいかんというのではどうかと思われる。陸相が押えられたらどうか」と畑にいうと、畑は「微力で到底押えられぬ。強いて出したら二・二六のようなことでも起りはせぬかと憂慮している」と答えて近衛を驚かせている。[*6] このエピソードは二・二六後の「粛軍」なるものの実体を示している意味でも興味がある。そうしてこのような論理は前述のヒエラルヒーに漸次転嫁されて下降する。軍務局長がおさまらないから——軍務課員がおさまらないから——出先軍部がおさまらないから、という風に。そうして最後は国民がおさまらないからということになる。「国民」というのは先に触れたような、軍務課あたりに出入りする右翼の連中であり、更に背景となっている在郷軍人その他の地方的指導層である。軍部はしばしば右翼や報道機関を使ってこうした層に排外主義や狂熱的天皇主義をあおりながら、かくして燃えひろがった「世論」によって逆に拘束され、事態をずるずると危機にまで押し進めて行かざるをえなかった。三国同盟から日米交渉の決裂に至る過程にはとくにそれが甚だしい。一九四一（昭和一六）年の十月頃にはもはや軍部自体が「国民」に対してひっこみのつかぬ境地に追い込まれていたのである。日米交渉において最も難関だった問題が中国からの撤兵問題であったということは既成事実の重圧がいかに大であったかを語っている。東条は来栖大使の米国派遣の際にも、この条項だけは絶対譲歩出来ぬことを繰返し強調し、もしこの点譲歩するならば「靖国神社の方を向いて寝られない」と述べた(来栖三郎、泡沫の三十五年、七二頁)。松井石根もまた「大亜細亜主義」誌上で、「今にして英米と妥協しアングロサクソンとの協力によって事後処理に当ろうなどという考えを起して、どうして十万の英霊に顔向けを出来ようか。蓋し十万の英霊の名に於て吾人は絶対に対米妥協に反対である」(事変処理と対米問題、同誌、昭和一六年七月号)と気勢を挙げている。国民がおさまらないという論理はさらに飛躍して「英霊」がおさまらぬというところまで来てしまった。過去への繋縛はここに至って極まったわけである。

ところでここに一つの問題がある。筆者はかつて日本の社会体制に内在する精神構造の一つとして「抑圧委譲の原理」ということを指摘した。[*7] それは日常生活における上位者からの抑圧を下位者に順次委譲して行くことによって全体の精神的なバランスが保持されているような体系を意味する。この原理は一体、上にのべたような日本ファシズムの体制の「下剋上」的現象とどう関連するのだろうか。両者は矛盾するのだろうか。そうではない。「下剋上」は抑圧委譲の楯の半面であり、抑圧委譲の病理現象である。下剋上とは畢竟《ひっきょう》匿名の無責任な力の非合理的爆発であり、それは下からの力が公然と組織化されない社会においてのみ起る。それはいわば倒錯的なデモクラシーである。本当にデモクラチックな権力は公然と制度的に下から選出されているというプライドを持ちうる限りにおいて、かえって強力な政治的指導性を発揮する。これに対してもっぱら上からの権威によって統治されている社会は統治者が矮小化した場合には、むしろ兢々として部下の、あるいはその他被治層の動向に神経をつかい、下位者のうちの無法者あるいは無責任な街頭人の意向に実質的にひきずられる結果となるのである。抑圧委譲原理の行われている世界ではヒエラルヒーの最下位に位置する民衆の不満はもはや委譲すべき場所がないから必然に外に向けられる。非民主主義国の民衆が狂熱的な排外主義のとりこになり易いゆえんである。日常の生活的な不満までが挙げて排外主義と戦争待望の気分のなかに注ぎ込まれる。かくして支配層は不満の逆流を防止するために自らそうした傾向を煽りながら、却って危機的段階において、そうした無責任な「世論」に屈従して政策決定の自主性を失ってしまうのである。[*8] 日本において軍内部の「下剋上」的傾向、これと結びついた無法者の跳梁が軍縮問題と満州問題という国際的な契機から激化して行ったことは偶然ではないのである。

F・マイネッケはかつて、機械文明の生み出した大衆の登場と軍事技術の発達によって、本来政治の手段であるべき軍備機構がデモーニッシュな力として自己運動を開始するようになったこと、他方大衆の動向を政治家がコントロール出来なくなったこと、を指摘し、十九世紀後半から明晰な「国家の必要」(Staatsnotwendigkeit) が模糊とした「国民の必要」(Volksnotwendigkeit）に取って代られた旨を論じて、これを国家理性《シュターツレーゾン》の「危機」と呼んだ。[*9] ここでは彼は第一次大戦におけるドイツの例を念頭においているのであるが、果して彼の断定はそのように一般化出来るだろうか。少くも軍事機構のそうした政治をはなれての自己運動、乃至は国民の間の無責任な強硬論など、第一次戦争直前のドイツと今度の日本との間に見出される著しい類似性は、両帝国が国家および社会体制においてともに権威的＝階層《ヒエラルヒッシュ》的な構成を持ち、しかもそこでの政治的指導者が揃って矮小であったという事実と切り離しえないように思われるのである。

＊1　グルー、前掲書、下巻、四九頁。

＊2　なお、松岡は、一九四〇（昭和一五）年三国同盟に関する枢密院会議でも「日米戦争は宿命的なり」と述べ（No. 76）、翌四一年五月、日ソ中立条約と三国同盟との関係につき、オット駐日ドイツ大使と会談した際にも「ドイツがソ連邦と衝突する場合、日本の如何なる総理大臣も外務大臣も日本を中立に保つ事は決して出来ないであろう。この場合日本は自然必然性を以て独逸側についてロシアを攻撃するように追込まれるであろう」（オットより独外相への電報No. 107）と、やたらに宿命的必然論を振り廻している。

＊3　ニュルンベルグ判決録より引用。

＊4　こうした最高会議の空疎さは一つには、各自がスローガン的言辞で心にもない強がりをいう上述の「弱い精神」に由来する。この傾向は、会議の内容が軍当局の出席者を通じてすぐ下の

「無法者」たちに洩れる可能性いな現実性によって一層促進された。一九四五（昭和二〇）年四月五日の後継内閣推薦に関する重臣会議での各メンバーの発言の仕方などはその意味で実に「含蓄」がある。いわゆる重臣層の間でもいかに意思の疎通が欠け、腹のさぐり合いが行われていたかを示すものとして、木戸口供書に述べられている一例を挙げておこう。――終戦の年の六月一三日、木戸が鈴木（首相）と戦争終結について話した際、米内海相は「首相がまだ中々強気のようだ」と言っていたと伝えると、鈴木は笑って、「米内がまだ中々強いと思っておりましたがそうですか」と笑った。これで木戸は、「図らずも此両者の考えの一致していることが判った」――というのである。米内と鈴木の間ですらこの有様である。

＊5　この事件に躍った橋本欣五郎や長勇らは、満州事変勃発の翌日から殆ど連日連夜、東京各地の待合に起居し、時々尉官級の将校を集め「士気を鼓舞する目的を以て宴会を開」いていた（田中清少佐手記・岩淵辰雄「軍閥の系譜」六七頁）。長勇などという将校は何かというとすぐ刀を抜く狂熱的な無法者だったが、この事件の計画では政権奪取後、警視総監（！）になる予定だった。もしこれが成功したら、まず日本にもナチ型のファシズムに近いものが出来たかも知れない。

＊6　近衛手記「平和への努力」一三七―八頁。

＊7　「超国家主義の論理と心理」［本書所収］参照。

＊8　グルー元大使は一九四一（昭和一六）年十一月三日付で、国務省宛次のような報告を送っている。

「日本の政治思想は中世紀的なものから、自由主義的思想にまでひろがり従って世論は不定性を持っている。日本国外の出来ごとと情勢の衝撃は、ある時期に思想のどの派が優勢になるかを決定することがある」。

そうしてグルーはこの後に註して曰く、

「民主主義国家では外交政策に影響しそれを指揮する一群の原則が同種同質であることにより、また意見の相違を惹起するものがむしろ方法なので世論は別の方法で構成される」と。

ここに外交政策がかえって民主主義国家において比較的に安定的で一元化されているゆえんが簡潔に示されている。

＊9　F. Meinecke, Die Idee der Staatsräson in der neueren Geschichte, 1924, S. 527-529.

四　日本ファシズムの矮小性——その二

さて、東京裁判の戦犯たちがほぼ共通に自己の無責任を主張する第二の論拠は、訴追されている事項が官制上の形式的権限の範囲には属さないということであった。弁護側の申し立てはこの点で実に見事に歩調を揃えていた。賀屋や星野のような官僚中の官僚が「単に行政官たりし事実」「生涯一個の官吏」たることを根拠としたのはもとよりその他例えば大島の弁護人は

「被告大島に関し告訴せられている行為は独立国の代表として彼の合法的な職務の行使に関して為されたものであること」「単に外交事務機構を通じて伝達及び暗号翻訳の任に当ったのみ」（カニンガム弁護人の公訴却下申立 No. 161）といい、岡（元海軍省軍務局長）の弁護人も「被告に関し提出されている一切の証拠は、彼の地位が常に秘書官又は連絡官的のものであって彼が未だ嘗《かつ》て政策決定線上に坐するに至らなかった事を示しております。彼に依って伝達され、又は彼又は彼の下僚に依って立案されたる諸通牒には彼の上官の色々の決定が含まれていました」（ローレン弁護人 No. 161）と申し立て、武藤（元陸軍省軍務局長）についても、「彼は軍人としての経歴の大部分を通じて、従属的地位に在ったということが明白に立証されています。……即ち政策を決定するのは彼の上官であり彼の任務は世界の如何なる所にも承認された軍の概念が示すごとく、上官の命令を実践に移すことであった」（No. 161）と弁護されている。これらの弁護はそれぞれ被告自身のイデオロギーの反映にほかならない。例えば武藤章の訊問調書から引いて見るならば、彼はそこで日本軍の南京・マニラにおける残虐事件について訊ねられて、そのような不祥行為の発生がシベリア出兵頃からはじまったこと、軍の素質を高めるための教育方法が将校の間で討議されたこと、自分が永く教育総監部にいたので、真の軍隊教育に深い関心を持っていたこと、などを述べた後に、訊問に対して次のように答える（No. 159)。

問　一九一八年シベリア出兵後現われて来たのを貴方が気付かれたというこれらの欠陥を

匡正するために、これから陸軍に入ろうとしていた青年の訓育及教育にどのような改革を加えましたか。

答　日本軍がシベリアに派遣された当時は私が単なる一少尉でしたから、たといそのことを知ったとしても何ともする事が出来ませんでした。

問　しかし貴方が軍の訓練を担当する高級副官の役に伴う力を持った際、ずっと昔の一九一八年に気付かれたあの弱点を改善するためにどのようなことをなさったのですか。

答　陸軍中将になった後といえども、私は師団長でなかったから何ともすることが出来ませんでした。如何なることを実行するにしましても師団長とならなければなりません。

問　軍務局長となった時は如何でしたか。

答　軍務局長は単に陸軍大臣の一下僚に過ぎません。そしてかかる問題に付て命令を発する権能はありません。

問　もしも貴方が師団長であったと仮定しあるいは学校における教育なり訓育なりを担当したとすれば、貴方は一九一五年以降承知しておられたこの弱点を改善強化するために学校に対し命令を発せられたことでしょう。

答　はい。（証人笑う）

最後の問を肯定しつつ武藤が笑ったのは恐らく照れ臭かったのだろう。しかし被告らの単に中央の役所における行動だけでなく、第一線の司令官としての行動についてもまた「法規」と「権能」が防塞とされるのである。これまた南京残虐事件についてのノーラン検察官と松井石根元大将との問答を、やや長いが掲げて見よう（No. 320）。

検察官　ちょっと前に、あなたは軍紀、風紀はあなたの部下の司令官の責任であるというようなことを言いましたね。

松井　師団長の責任です。

検察官　あなたは中支方面軍の司令官であったのではありませんか。

松井　方面軍の司令官でありました。

検察官　そういたしますと、あなたはそれではその中支方面軍司令官の職というものは、あなたの麾下の部隊の軍紀、風紀の維持に対するところの権限をも含んでいなかったということを言わんとしているのですか。

松井　私は方面軍司令官として部下の各軍の作戦指揮権を与えられておりますけれども、その各軍の内部の軍隊の軍紀、風紀を直接監督する責任はもっておりませんでした。

検察官　しかしあなたの麾下の部隊において、軍紀、風紀が維持されるように監督するという権限はあったのですね。

松井　権限というよりも、むしろ義務というた方が正しいと思います。（後略）

検察官　というのは、あなたの指揮する軍隊の中に軍司令官もあったからというのですね。そうしてあなたはこれらの軍司令官を通じて軍紀、風紀に関するところの諸施策を行ったのですね。懲罰を行ったわけですね。

松井　私自身に、これを懲罰もしくは裁判する権利はないのであります。それは、軍司令官、師団長にあるのであります。

検察官　しかしあなたは、軍あるいは師団において軍法会議を開催することを命令することは、できたのですね。

松井　命令すべき法規上の権利はありません。

検察官　それでは、あなたが南京において行われた暴行に対して厳罰をもって報ゆるということを欲した、このために非常に努力したということを、どういうふうに説明しますか。（後略）

松井　全般の指揮官として、部下の軍司令官、師団長にそれを希望するよりほかに、権限はありません。（!）

検察官　しかし軍を指揮するところの将官が、部下にその希望を表明する場合には、命令の形式をもって行うものと私は考えますが……

証人　その点は法規上かなり困難な問題であります。

この問答をよく読むと、まるで検察官の属する国よりも、松井の祖国の方がヨリ近代的な「法の支配《ルール・オブ・ロウ》」が行われていたかのような錯覚が起って来る。あの「上官の命は即ち朕が命なりと心得よ」という勅諭を ultima ratio とした「皇軍」の現地総司令官が、ここでは苟《いやしく》も法規を犯さざらんと兢々とし、直接権限外のことは部下に対しても希望を表明するにとどまる小心な属吏に変貌しているのである。

これらの被告の態度も決して単にその場の思い付きの責任逃れではない。被告の大部分は実際帝国官吏なのであり、彼等がどんなに政治的に振舞っても、その魂の底にはいつもM・ウェーバーのいう「官僚精神」(Beamtengeist) が潜んでいる。だから自己にとって不利な状況のときには何時でも法規で規定された厳密な職務権限に従って行動する専門官吏 (Fachbeamte) になりすますことが出来るのである。なかんずくこの「からくり」のために百パーセントに利用されたのが、旧憲法の規定する統帥大権と編制大権の区別であり、更には国務大臣の単独輔弼制度及び国務・行政大臣の重複制であった。軍の政治関与が軍務局という統帥と国務の触れ合う窓口を通して広汎に行われたことは更めて述べるまでもなかろう。その意味で武藤が軍務局の役割を述べた次の言葉は実に含蓄に富んでいる。「陸軍大臣は閣議で決定した事項を実行せねばなりません。これがためには政治的事務機関が必要であります。軍務局は正しく此の政治的事務を担当する機関であります。軍務局の為すのは、この政治的事務でありまして政治自体ではないのです」（口供書No. 313）。これが武藤の軍務局長としてのめざましい政治的活躍の正当化の根拠である。彼の仕事は政治的事務なるが故に政治に容喙しうるのであり、政治的事務なるが故に政治的責任を解除されたのであった。軍政系統の陸（海）軍大臣—次官—軍務局という系列と、作戦用兵を司る参謀総長（軍令部総長）—次長—参謀本部（軍令部）各課という系列との間にも所管事項について当然幾多交錯する面があったが、東京裁判では両者が互に他に責任をなすり合う場面がしばしば見られた（例えば俘虜待遇規定のごとき）。とくに国防計画の決定や現地での戦争拡大に関する責任が時の陸（海）軍大臣に対して追及されると、きまって統帥大権に容喙しえないという理由がもち出された。ところが統帥部側にいわせれば、「一国の作戦計画というものはその国の国策に基いて作られるものである。しかして陸軍省に於てこの国防政策ということを担当していることになっております。また国防の大綱に関することも陸軍省の主管する所であります。しかして参謀総長の担任する所は国防用兵に関することである……作戦計画なるものが国策や国防政策から全然不羈独立に決定されるということは理論上ありうべからざることであるのみならず、事実においてそういうことはないのです」（田中新一証人の証言No. 159）ということで、結局責任主体が宙に浮いてしまうのである。

我が旧内閣制がいかに政治力の一元化を妨げたか、戦争遂行の必要上それを克服し合理化しようという企てがいかに試みられいかに成功しなかったかということは、この共同研究の中の辻教授の論稿[*1]によって明らかにされる筈《はず》である。ここにはただそうした政治力の強化の目的で作られたインナー・キャビネット的な組織も、ついに国務大臣の「精神」を変革しえなかった事をタヴナー検察官の論告に総括された被告の主張によって示すにとどめよう（No. 416）。

「広田、平沼、板垣、賀屋等のごとき有力な四相会議及び五相会議のメンバーの主張する所では、彼等は他の閣僚の諒承ないし承認なくしては無力であった。しかも他の閣僚の承認を得られなければ何一つとして重要な事はなし得られなかったというのであります。他方、荒木及木戸のごとき右会議のメンバーでなかった閣僚はこれらの事項がその実施に当り彼等に報告されなかったという理由で、あるいは又仮りに報告されたとしても、彼等は単に右会議出席者の専門的見解に基づいてこれを承認した迄だという理由で、自分等は責を問わるべきでないと主張しているのであります。かくしてこの共同計画の実施中に執られた最重要な行動のあるものに対して、内閣の中に誰一人として責任をもつものがないということになる」

要するにこのような「官僚精神」をいくら積み重ねてもそこからは言葉の本来の意味での政治的統合（political integration）は出て来ない。それに代って文書や通牒の山が築かれ、法令が頻発され、官制が新設される。この点において一九四〇年、勅令第六四八号の官制で出来た総力戦研究所の創設に関して法廷で行われた論争はきわめて興味がある。この研究所は、「総力戦研究所ハ内閣総理大臣ノ管理ニ属シ国家総力戦ニ関スル基本的調査研究及官吏其ノ他ノ者ノ国家総力戦ニ関スル教育訓練ヲ掌ル」（第一条）という堂々たる目的を掲げて陸大や各省ないしは実業界からの代表者を学生として華々しく開校した。そこでは日米戦勃発の想定の下に、純軍事的な作戦から国内の政治・経済・教育・文化の総動員体制に至るまでの計画樹立が研究され学生に課せられたりしたのだから、検察側がこれを重視したのは当然である。ところがその実態はどうだったろう。当時の学生であった堀場証人の言によれば（No. 100）、

「この研究所の官制は成程総理の管轄ということになっておりますが、大体顔を出されるのは入校式と卒業式という程度であり、何等の指示も指導もありませぬ。私等は現に一年間研究所にいたのでありますが、もう少し面倒を見て貰いたいという希望は持っておりましたが、大体この研究所の性質は生み放しの状態が事実でございます。そこで研究所としましては先ず店は開いたが何をするのだろう、何とか恰好を付けねばならぬだろうというので、その職員に命ぜられた者が先ずその場限りの事柄から始めたのが発足であります。……職員は集ったものの……何を一体教えたらよろしいかということに没頭して到底調査研究の方には手が延びなかったのであります。この間政府からは何等の指示も指導もありませぬ」

この表現にはあるいは誇張があるかもしれない。しかしいわゆる「お役所仕事」という言葉

を知っているわれわれ日本人には直感的にそこに含まれている真実性を感得しないだろうか。これに対して、ランバート検察官が「一九四〇年九月、日本は単なる学究的討論学校に於て、時間と精力を浪費したと信ぜられるでありましょうか……あの時期に於てかかる重要なる人物（関東軍参謀長から研究所所長に任ぜられた飯村中将のこと——丸山）を、何等実際上の目的を持たぬ重要ならざる仕事に、その時間を空費せしめるため、東京に招致したと真面目に考え得られるでしょうか」（No. 379）と反駁しているのは、無理もない疑問であるが、民主主義国の物差では到底理解出来ないような非合理性がこの世界では立派に通用するのである。なおこれに関して、星野や鈴木・木村等がこの研究所の「参与」となった責任を問われているのに対して、清瀬弁護人が行った反対訊問の結びの言葉とこれにたいする堀場証人の答も注目されてよいであろう（No. 100）。

清瀬　最後に一つだけ、あなたは二十五年間も官吏生活をしておられますが、我が国では参与とか顧問とかいったような有名無実のものが時々現われる経験をお持ちですか。

堀場　特別な例外を除けば、大体顧問とか参与というものは有名無実のお飾り物の代名詞になっております。……有名無実の存在の方が私は多いと思っております。

さてまた、「権限への逃避」はそれぞれ縦に天皇の権威と連なることによって、各自の「権限」の絶対化に転化し、ここに権限相互の間に果しのない葛藤が繰り広げられる。官僚には一貫した立場やイデオロギーはないし、また専門官吏として持つことを許されない。迫水久常氏はあるとき、「官僚は計画的オポチュニストでなければならぬ」という名言を吐いた。一見あるイデオロギーを持っているようでもそれは彼の「人格」と結びついたものではなくしてむしろ彼の「地位」と結びついたものである。軍部ファシズムの勃興がロンドン軍縮条約の兵力量決定をめぐる海軍部内の軍政派と軍令派の相剋から口火を切られたことは周知の通りだが、あの対立について水野広徳が次のように言っているのは問題の核心を衝いている。「軍政系と言ひ軍令系と言ふもそれは人の問題ではなくして椅子の問題である。末次が海軍次官で山梨が軍令部次長であったなら、売国の非難は或は末次が負はされたかも知れない」(「新台湾総督小林躋造」中央公論、昭和一一年、一〇号)。これは多かれ少かれ、軍部官僚内部の種々の「イデオロギー的」対立に妥当する。しかしそのことは内部的な抗争対立が激しくないということを少しも意味しない。むしろ逆である。挙国一致と一億一心が狂熱的に怒号されるに比例して、舞台裏での支配権力間の横の分裂は激化して行った。しかもそれが事務官意識に発する限りにおいてそれは無限にアトム化する。文官と武官が対立するかと思うとその下で陸海軍が対立し、陸軍は陸軍でまた、陸軍省と参謀本部、更に陸軍省内部で軍務局と兵務局というごとく。……企画院官僚、満州官僚、内務官僚相互の抗争もよく知られている。そうしてこのような政治力の多元性を最後的に統合すべき地位に立っている天皇は、擬似立憲制が末期的様相を呈するほど立憲君主の「権限」を固くまもって、終戦の土壇場まで殆ど主体的に「聖断」を下さなかった。かくして日本帝国は崩壊のその日まで内部的暗闘に悩み抜く運命をもった。それにはむろん一つには天皇の弱い性格の故もあるし、また敗戦よりも革命を恐れ、階級闘争よりも対外戦争を選んだ側近重臣[*2]の輔弼も与って力があろう。だがむしろそこには絶対君主制とくに頽廃期のそれに共通した運動法則があることを看逃してはならない。M・ウェーバーは官僚制の政治的機能を述べつつこういっている。[*3]

「職務上の秘密という概念は官僚制の特殊の発明であり、まさにこの態度ほど官僚制によって狂熱的に擁護されるものはない。それは特にそれが許されている領域以外では決して純粋に即物的《ザハリヒ》な動機から出た態度ではないのである。官僚制は議会に対立する場合には、官僚制は議会が自己特有の手段（例えばいわゆる調査権《アンケーテンレヒト》）で当事者から専門知識を得ようとする一切の企画に対して確実な権力本能でもってたたかう。だからあまり事情に通ぜず従って無力な議会は、官僚制にとって自からヨリ望ましいものとなる……絶対君主でさえも、いなある意味ではまさに絶対君主こそ官僚の優越せる専門知識に対して最も無力なのである……立憲君主は社会的に重要な一部の被治層と意見を同じくしている限り……インフォーメーションを全く官僚制のみに頼っている絶対君主に比してヨリ重大な影響を行政面に及ぼしうる場合が極めて多いのである。帝政ロシアの皇帝《ツアール》は彼の官僚の賛成しないこと、官僚の権力利害と衝突することを引続き実現することはまず殆ど出来なかった。絶対支配者としてのツァールに直属した大臣たちは……相互にあらゆる個人的陰謀の網を張りめぐらせて暗闘し、特に山なす「奏議」を次々と提出して攻撃し合ったが、これに対して皇帝は素人《ディレッタント》として全くなすすべを知らなかったのである」

一般に君主制の下で政治的統合を確立し、上述したような君主に直属する官僚の責任なき支配とそこから生れる統治の原子的分裂を防遏する可能性は二つ、或はせいぜい三つの場合しかない。一つは君主が真にいわゆるカリスマ的資質をもった巨大な人格である場合（或は、君主に直属する官僚がそうである場合、つまり彼がもはや単なる官僚でない場合）であり、もう一つの場合は民主主義国におけると変らないような実質的に強力な議会が存在していること、このいずれかである。ところが前の場合はいうまでもなくきわめて稀であるし、後の場合も、よほど特殊の歴史的条件（例えばイギリス）がない限り、君主の周囲に結集した貴族層がそうした民主的立法府の勃興を本能的な権力利害からして抑制するために、近代の君主制は表面の荘厳な統一の裏に無責任な匿名の力の乱舞を許すいわば内在的な傾向をもっているのである。帝政ロシアの場合は既に右に見た如くである。ドイツ帝国においても、ヴィルヘルム一世とビスマルクのコンビが失われた後はやはり相似た経過を辿った。「外交の巨匠としてのビスマルクが内治の遺産として残したものは、いかなる政治的教養もいかなる政治的意思もなく、ひたすら、偉大な政治家が己のために万事配慮してくれる期待によりかかっているような国民であった。彼は強力な諸政党を打壊した。彼は自主的な政治的性格の持主を許容しなかった。彼の強大な威容の消極的な産物は恐しく水準の低い卑屈で無力な議会だった。そうしてその結果はどうなったか——官僚制の無制限な支配すなわちこれである」*4。

絶対主義国家としての日本帝国の行程も畢竟こうした法則に規定されていたのである。明治藩閥政府が自由民権運動をあらゆる手段によって抑圧し、絶対主義のいちじくの葉としての明治憲法をプロシアに倣って作り上げた時に既に今日の破綻の素因は築かれてはいた。「官員様」の支配とその内部的腐敗、文武官僚の暗闘、軍部の策動による内閣の倒壊等々は決して昭和時代に忽然と現われた現象ではなかった（例えば明治二五年、第一次松方内閣改造に際しての大山・仁礼・川上ら軍首脳部のボイコット、或は大正元年の二個師団増設問題における上原陸相の単独帷幄上奏などは、後年の軍部の政治的常套手段の見事なモデルを示している）。他方、帝国議会は周知の通り一貫して政治的統合が最終的に行われる場ではありえなかった。それどころか議会開設後の政党はそもそも「打壊す」のにビスマルク的鉄腕を必要とするほどの闘志と実力を持たなかったのである。政治力の多元的併存はかくて近代日本の「原罪」として運命づけられていた。にも拘らずそこで破綻が危機的な状況を現出せず、むしろ最近の時代とは比較にならぬほどの政治的指導と統合が行われていたのは、明治天皇の持つカリスマとこれを輔佐する藩閥官僚の特殊な人的結合と比較的豊かな「政治家」的資質に負うところが少くない。伊藤博文がビスマルクを気取ったのは滑稽ではあるが、しかし彼にしても其他の藩閥権力にしても、一応は革命のしぶきを浴びつつ己れ自らの力で権力を確立した経験を持っていた。彼らは官僚である以前に「政治家」であった。彼らは凡そ民主主義的というカテゴリーから遠かったが、それなりに寡頭権力としての自信と責任意識を持っていた。樺山資紀の第二議会での「我が国の今日あるは薩長の力ではないか」云々という有名な放言はこの内心の自負の爆発にほかならない。そうした矜持が失われるや、権力は一路矮小化の道をたどる。政治家上りの官僚はやがて官僚上りの政治家となり、ついに官僚のままの政治家（実は政治家ではない）が氾濫する。独裁的責任意識が後退するのに、民主主義的責任意識は興らない。尾崎咢堂は「三代目」という表現で戦時中不敬罪に問われたが、三代目なのは天皇だけではなかった。そうして絶対君主と立憲君主とのヤヌスの頭をもった天皇は矮小化と併行して神格化されて行ったので、ますますもってその下には小心翼々たる「臣下」意識が蔓延した。イソップ物語のなかにこういう話がある。――ごましお頭の男が二人の愛人を持っていたが、一人の愛人は男より若く一人は年寄りだった。若い女は年寄りの恋人を持つことを嫌って、通うごとに男の白髪をだんだん抜いて行き、年増の方は年下の男を持っていることを匿そうとして逆に男の黒い毛を抜きとって行った。それでとうとう男は禿頭になってしまった――というのである。日本の「重臣」

其他上層部の「自由主義者」たちは天皇及び彼ら自身に政治的責任が帰するのを恐れて、つとめて天皇の絶対主義的側面を抜きとり、反対に軍部や右翼勢力は天皇の権威を「擁し」て自己の恣意を貫こうとして、盛に神権説をふりまわした。こうして天皇は一方で絶対君主としてのカリスマを喪失するとともに、他方立憲君主としての国民的親近性をも稀薄にして行った。天皇制を禿頭にしたのはほかならぬその忠臣たちであった。

＊1　辻清明「割拠に悩む統治機構」（「潮流」昭和二四年五月、後に「日本官僚制の研究」所収）。

＊2　いわゆる重臣イデオロギーの分析はそれだけとり出して論ずる価値と重要性をもっているが、本稿ではそうした重臣とか軍部とかいった政治力のそれぞれのイデオロギー内容を論ずるのが趣旨でないので立ち入らないで置く。

＊3　Wirtschaft und Gesellschaft, Kap. VI, S. 672.

＊4　Marianne Weber, Max Weber. Ein Lebensbild, 1926, S. 596.

五　むすび

ほぼ以上のごときが日本ファシズム支配の厖大なる「無責任の体系」の素描である。いま一度ふりかえってそのなかに躍った政治的人間像を抽出してみるならば、そこにはほぼ三つの基本的類型が見出される。一は「神輿《みこし》」であり二は「役人」であり三は「無法者」（或は「浪人」）である。神輿は「権威」を、役人は「権力」を、浪人は「暴力」をそれぞれ代表する。国家秩序における地位と合法的権力からいえば「神輿」は最上に位し、「無法者」は最下位に位置する。しかしこの体系の行動の端緒は最下位の「無法者」から発して漸次上昇する。「神輿」はしばしば単なるロボットであり、「無為にして化する」。「神輿」を直接「擁」して実権をふるうのは文武の役人であり、彼等は「神輿」から下降する正統性を権力の基礎として無力な人民を支配するが、他方無法者に対してはどこか尻尾をつかまえられていて引きまわされる。しかし無法者もべつに本気で「権力への意思」を持っているのではない。彼はただ下にいて無責任に暴れて世間を驚かせ快哉を叫べば満足するのである。だから彼の政治的熱情はたやすく待合的享楽のなかに溶け込んでしまう。むろんこの三つの類型は固定的なものでないし、具体的には一人の人間のなかにこのうちの二つ乃至三つが混在している場合が多い。だから嘗ての無法者も「出世」すればヨリ小役人的にしたがってヨリ「穏健」になり、更に出世すれば神輿的存在として逆に担がれるようになる。しかもある人間は上に対しては無法者としてふるまうが下に対しては「役人」として臨み、他の人間は下からは「神輿」として担がれているが上に対してはまた忠実小心な役人として仕えるという風に、いわばアリストテレスの質料と形相のような相関関係を示して全体のヒエラルヒーを構成している。ただここで大事なことは、神輿―役人―無法者という形式的価値序列そのものはきわめて強固であり、従って、無法者は自らをヨリ「役人」的に、乃至は「神輿」的に変容することなくしては決して上位に昇進出来ないということであって、そこに無法者が無法者として国家権力を掌握したハーケンクロイツの王国との顕著な対照が存するのである。

これは昔々ある国に起ったお伽話ではない。

（潮流、一九四九年五月号、潮流社）

肉体文学から肉体政治まで

A　ここは静かだね、仕事が捗るだろう。

B　そうだね、といっても来たとたんに、注油したばかりの機械のように能率が上るというわけにはいかないが、東京のようにいつ何時《なんどき》訪問客で時間を中断されるかとビクビクしないで済むだけでも有難いね。

A　ホッとしたのも束《つか》の間で僕が闖入したというわけか。

B　いや人間なんて現金なもので、誰も来ないと分っているとかえって誰か不意に訪ねて来るのを秘かに心待ちするような気持も出て来るよ。

A　この家は時々作家などが纏ったものを書きに来るそうだね。

B　うん、つい先だっても例の傷害事件を起したT氏ね、あの人が泊って行ったようだ。ところがここでまたアドルムか何かを大量飲んで大騒ぎしたらしい。同行のS氏が東京まで連れ帰ったが、途中の汽車でもあたりかまわぬ狼藉で大変な苦労をしたそうだ。

A ホウ、こんな山の中まで来て暴れるのは御念が入ってるね。もう立派に中毒だね。

B 薬が効いて来ると幻視や幻聴で、太宰治から電灯料の勘定取りまで登場して対話するそうだから、まず相当のものだ。

A このところ文学者にはヒロポン患者アドルム患者が続出だね、大体僕みたいに味もそっけもない勤め人生活をやっている者にはてんで見当がつかないんだが、そんなデタラメな生活をしないと文学などは書けないものかね。人間の正常な生理的機能を何ほどか破壊しなければ出来ないような仕事は、それ自身の存在理由を問題にしなければならないと思うがね。君なんかわれわれから見ると大部ああいう商売に近いんだから、もっと同情的な見方が出来るかもしれないな。

B いや、僕の専門にしろ、凡そ殺風景な点では君の仕事にあまりひけをとらない方だがね、むしろ僕は君のような疑問が一般の社会人からどんどん文学者に対して発せられる方がいいと思うな。何か社会の側で始めから文学者を一種特別な人種としてきめてかかっているところがあって、それが一つには文学者に逆作用してああいうアブノーマルな生活態度の上にあぐらをかかせている面もあるような気がする。むろん文学者といってもピンからキリまであって、みんなヒロポン患者と同列に扱っちゃ気の毒だがね。しかし少くも日本の場合、普通の市民的な生活環境のなかでは創作が出来にくいという事情はあるだろうな。

A　そういう外的な条件の問題もむろんあるだろう。しかしその半面われわれの普通の社会生活、いわば常識的な市民生活自体のなかに素材を求めようとしないで、好んで特殊な環境や異常なケースを探しまわるような心構えがいわばアプリオリに出来ているからこそ、どうしても自分の生活自体のなかにアブノーマルな「実験」を持ち込まざるをえないことになるんじゃないのか。僕は先日もある雑誌の小説特輯を通読して驚いたことは、七篇か八篇の作品全部が全部に女と寝る場面が出て来るんだ。こうなると所謂《いわゆる》肉体文学なんていうカテゴリーはいらなくなっちゃうね。むろん僕自身そういう場面に出くわしただけで胸が悪くなるようなピューリタンじゃ毛頭ないし、寝る場面を書いたからアブノーマルだというわけでもない。しかしいくら何でも堂々たる純文学作家と称せられる人達がずらりと揃ってそれこそ一糸乱れず同衾を描いているのには恐れ入ったよ。そういうとよく、それは戦後の性生活の現実自体がデタラメなんで、文学はただそれを反映しているまでだという風に駁論されるけれども、なるほど現在の社会の一局面だけをとればその通りかもしれないが、国民が全体としてそんなに性的にだらしなくなっているとは到底考えられない。いわんや肉体文学と銘うたれているものに描かれているような野放図で無茶苦茶なふるまいが一体、国民の日常生活とどれだけのかかわりがあるんだろう。ところが後世の歴史家は或はこういう小説を見てそれを戦後日本のかなり一般的な現実と看做さないとも限らないじゃないか。カストリ雑誌だけのことじゃないんだから。少くも例の小説特輯号を何十年か何百年かさきに読む人々が一九四九年頃の日本人はcoitusのことで年中頭が一ぱいだったと思ったってそう無理じゃないだろうね。

B　まさかそんな事もなかろうが、大体肉体文学とか情痴文学とかというたぐいのものは、書く方もそれが普通の市民生活の日常的な現実に根ざしていないことなど百も承知で書きまくるし、読者の方でもむしろ描かれている環境が自分の現実の生活から隔絶していればこそ却《かえ》って惹きつけられるのじゃないかね。やっぱり「あこがれ」の一種だよ。

A　もっとも考えて見れば、われわれの日常的な現実なるものが、あまりひからびていて詩も夢もないんだから、これじゃどうにも題材にならないわけだね。物質的な余裕がなさすぎるんだろう。

B　そりゃむろん社会的な問題で作家の志向とか能力だけで片付く事柄じゃない。しかしさればとて物質的な条件が具備すれば自動的にわれわれの生活が精神的にも豊かになるわけじゃないことはそこらにいくらも実例がころがっている。生活のなかから「詩」を作り出して行くための精神の主体的な働きかけがなければ、何時までたっても同じことだ。よく日本人は社交を知らないなどと外国人から批評されるが、社交的精神というのは集って御馳走を喰べたり、ダンスをしたりすることじゃなくて、われわれ相互の会話を出来るだけ普遍性があって、しかも豊饒なものにするための心構えを各人が不断に持っていることだと思う。その意味じゃヨーロッパの小説や映画なんか見るとどんな下層社会にも「社交」があるね。この間もコクトーの『恐るべき親達』の映画を見たが、親子や兄弟の間でまきちらされる言葉が実にトリヴィアルな問答まで一つ一つピチピチとした生気を湛えているのには全く圧倒されたね。フランス語がもっとよく分ったら、きっとまた一段と素晴しいにちがいない。お芝居の台詞だから実際とちがうといったって、それじゃ日本の劇や映画に出て来る家庭内の会話にあれだけの精神の燃焼がどこに感じられる。結局やはり残念ながら彼等とわれわれの間の精神生活の落差に帰着するとしか思えない。極端にいえばあそこでは日常的な市民生活そのものが既にある程度「作品」なので、素材自体が既に形象化されているのじゃないか。それがないからこそ、日本の作家はいきおい普通の市民生活とかけはなれた特殊な環境や異常な事件のなかに素材を漁るということにもなるだろう。

A　そうすると例の日本の最も伝統的な、いわゆる私小説という奴はどう理解したらいいのかな。君のいったことに引っかかって来るようにも思えるし、反面、小市民的生活の日常的経験に固着しているという意味ではノガミ文学や戦争文学のようなアブノーマルな環境を追っかけまわす傾向とまるで逆のようにも受取れるんだが。

B　僕は思想的地盤から見た限りじゃその二つの傾向がそう根本的にちがうカテゴリーに入るとは考えないね。第一、アブノーマルとかノーマルとか言ったって、日本の場合は、せいぜい素材の「場」とテクニックが多少ちがうだけで、感光板としての作家の精神構造自体は大体似たりよったりだといったらいい過ぎかしら。肉体文学や戦争文学が日常的な市民的環境とかけはなれているといったところで、べつにそれは私小説的日常性と次元がちがうわけでなく、ただわれわれの感覚経験のなかの最も低劣なモメントを量的に無やみに拡大しただけのことだ。そのイマジネーションは奔放のように見えて実はおよそ平凡な世界をはいまわっている。同じ異常性への関心といってもヨーロッパ文学やロシア文学の場合にはそれこそ日常的経験性と全く次元を異にしたデモーニッシュなものがあるだろう。また肉欲なら肉欲を扱ってもまるで読んだ印象が日本の小説とちがうのは単に素材を処理するテクニックだけの問題じゃないと思う。早い話があちらではポルノグラフィーという種類のものは作者も文学者とは全く区別されたその道の「専門家」がいて、社会的常識としても芸術作品とは別個のものとされているそうだが、日本では為永春水の昔から荷風先生に至るまでその辺の限界が神韻縹渺としているじゃないか。そこで逆にいえばポルノグラフィーに関する限り、日本の方がずっと「芸術的」だということにもなる。浮世絵などだって同じことがいえるだろう。だから問題はテクニックの更に背後にある何ものかのちがいにあるんだ。

そういう意味で、私小説のこれまで到達した芸術性の程度を無視して、今日の「肉体文学」と一しょくたに論ずるのは一見乱暴のようだが感性的＝自然的所与に作家の精神がかきのようにへばりついてイマジネーションの真に自由な飛翔が欠けている点で、ある意味じゃみんな「肉体」文学だよ。

A　えらいことになっちゃったね。そういえば僕なんかだって例えば志賀直哉のように最高峰といわれる私小説にしたって、小説としてさっぱり面白くないんだが、何でもえらいえらいということになってるんで、君ほど心臓が強くない関係上、そんな事をいうと笑われやしないかと思って正直な印象をソッとしまって置いたようなわけなんだ。だけれどああいう描写がリアリズムとやらいうのじゃないのかい。君はやれ精神の次元とかやれイマジネーションとか盛んに観念的なものをもち出すけれども……。

B　むろんイマジネーションといったって存在的基盤はあるさ。即物性を無視して羽化登仙することだけがイマジネーションなら、精神病院に行けば最高度の芸術や学問がゴロゴロ転っているよ。しかし今更こんなことをいうのもおかしいが、リアリズムといったって一つの創作方法なんで、感性的対象をそのまま模写するのがリアリズムというわけじゃあるまい。人間精神の積極的な参与によって、現実が直接的にでなく媒介された現実として現われてこそそれは「作品」（フィクション）といえるわけだ。だからやはり決定的なのは精神の統合力にある。ところが日本のように精神が感性的自然——自然というのはむろん人間の身体も含めていうのだが——から分化独立していないところではそれだけ精神の媒介力が弱いからフィクションそれ自体の内面的統一性を持たず、個々バラバラな感覚的経験に引き摺りまわされる結果になる。読者はまた読者でフィクションをフィクションとして楽しむことが出来ないから背後のモデル詮議が度々やかましい問題になったりする。つくりごとに心もとなさを感じる気持が結局はんらんする「実話」ジャーナリズムを支えているのじゃないか。あれこそ日本的リアリズムの極致だよ。

A　どうも君のおしゃべりはまるであの空襲の時に屢々《しばしば》御目にかかった何とか性焼夷弾みたいに、落ちた個所から忽《たちま》ちパッととてつもない所へ飛び火するのでまごつくよ。大体言わんとすることは察しはつくが、ただ、君の今いった精神の自然からの分離とかいうことは、納得出来ないね。自然から分離した精神なんてものは現実にはないだろう。

B　僕が精神的次元の独立とか、感性的自然からの分離とか喧《やかま》しくいうのはどこまでも機能的な独立性を問題にしているので、なにも精神が実体として自然界から独立に存在しているかどうかといった形而上学を論じているわけじゃないんだ。むしろこの国では精神とか価値とかいうと、すぐ実体的に考えられるからこそ、一方には精神の独立というような言葉をきいただけで肩をいからす「唯物論者」がいるかと思うと、他方では虚無とか絶望とかいって精神を「物」のように愛玩する「実存主義者」が輩出することになるのだろう。

A　今日はまたすごい八つ当りだね。虫でもいるんじゃないか。ところで前にもどってフィクションの中に生きることを心もとながり、これを直接的な感覚的現実の側に押しやろうという日本人の態度だね、或いは之《これ》を更に君の言葉で一般化して精神が自然から機能的に独立しない状態といってもいい、こいつはやっぱり例の、日本社会の封建的性格という奴と関係があるだろうね。

B　どうも封建的という言葉はちかごろ「日本」の枕言葉みたいになっちゃって、まるでそう言っただけで既に実体が解明されてしまったようなつもりになっている傾向があるが、少くもそういった精神をはぐくんだ社会的地盤が近代以前のものであることは確かだろうね。

A　その点も少し具体的に話してくれ。

B　弱ったな。そいつはとても大問題なんだ。一応本格的にやると、まず近代市民社会の形成過程を一般的に述べ、それから日本の特殊的な歴史的地盤としての天皇制とか、家族制度とかに説き及ぶという大仕事になっちゃうのでとても僕の手に負えないよ。またかりに出来るとしたって、そんなことをここで簡単に要約したところで、それこそきまりきった公式論が飛び出して来るのが関の山だ。

A　僕はなにもこんなお喋りのなかでそういう突っ込んだ話をききたいというんじゃないんだ。

大体君は専門外の文学論なんかだと馬鹿に勇ましくなでぎりにするくせに、すこし問題が専門に近づいて来ると、いつもとたんに臆病になっちゃうんじゃないか。専門のことこそ大いに自信をもって語り、専門外のことには口を出さないというのが学者だと聞いていたがな。僕はただ、上のような日本人のメンタリティーが今日の日本の政治の動き方ともなにか関連がありそうな気がしたものだからああいう質問をしたまでだ。

B　再度の猛烈な逆襲を喰ったね。じゃそういう政治の問題を論ずるミニマムの前提として、という条件付きで、しかも思想史だけに限定して超特急に話を進めて行こう。まず第一に、なぜ、非近代的社会意識が「フィクション」の上で不安を感じるか、逆にいえばなぜ近代精神とは「フィクション」の価値と効用を信じ、これを不断に再生産する精神として現われるかということだ。これも述べ立てればキリがないから図式的にやるぜ。フィクションというのは辞書をひいて見給え、ラテン語の fictio から出たとあって、本来、形づくるとか、工夫するとかいう意味で、それが転じて想像するとか見せかけるという意味になる、と書いてある。つまり本来は広く人間がある目的なりアイディアの上に何かをつくり出すことをいうわけだ。そこで「フィクション」を信ずる精神の根底にあるのは、なにより人間の知性的な製作活動に、従ってまたその結果としての製作物に対して、自然的実在よりも高い価値評価を与えて行く態度だといえるだろう。製作というのは素材をあるアイディアに従って加工して行くことだから、製作過程を素材の側から見れば「質料」が「形相」になる過程であり、製作主体の側からいえば「質料」を「形相」にする過程だ。だから同じ製作物でも質料性が濃いほど「フィクション」としての性格はうすれ、形相性が濃くなるに従って、「フィクション」としての性格も強くなる。自然的感覚的実在性を全く持たずもっぱら人間がある目的意識に従って純観念的に案出したものは最もフィクションらしいフィクションで、ここから擬制資本などという場合の「擬制」とか「虚構」とかいう意味が出て来る。「つくりごと」というのは「現実にないもの」ということから遂にはフィクションにはうそというような悪い意味すら附着するが、うそとか現実とかが自然的直接的所与からの距離の程度を意味するとすれば、むしろ近代精神はうそを現実よりも尊重する精神だといってもいいだろう。実はそれがまさに媒介された現実を直接性における現実よりも高度なものと見る精神ということなのだが……。

A　何だかうその哲学をきかされているみたいだが、それと肝心の近代社会の形成との関連はどうなったんだい。

B　まあ黙って聞けよ。せめてこれだけでもフィクションの意味を話して置かないと後でいうことが呑み込めなくなるんだ。そこでと、近代社会の形成というのは当然に中世的な秩序をこわして行く面と、その廃墟の中から新らしい市民社会を建設して行く面と二つあるね。ところがこの両面ともそれが遂行されるための思想的前提として、凡そ社会の秩序なり制度なり慣習なり、要するに人間をとりまく社会的環境がすべて人間の産物であり、人間の知性の力で変えて行けるものだという自覚が生れて来ることが第一だろう。

A　そりゃ当り前のことじゃないか。

B　ところがこれが中々当り前のことじゃない。中世のように人間が出生や身分によって位階的に位置づけられ、社会関係が固定しているところじゃ、そういう人間の社会的環境がちょうど山や海や星や月と同じような自然的実在性を帯びて人間を囲繞《いにょう》しているんだ。本来一定の目的をもった制度でも、それが環境のなかに沈澱すればするほど、所与として、つまりつくったものではなくて自然に出来たものとしてしか意識されず、従って何の目的でそういう制度があるかということも問題にされない。大体こういう社会にはハッキリした「制度」をつくる必要もあまりないんだがね――このことはすぐ後で話すが……。だからそうした社会のイデオロギーには当然フィクションという考え方は出て来ず、出て来ても支配的にならないんだ。

A　思想史的にいうといつごろからそういう考え方が明白な形態で現われて来たんだ。

B　そうだね。まあ、後期スコラ哲学といわれるドゥンス・スコートゥスやウィリアム・オッカムあたりからだろうと思うね。唯名論（ノミナリズム）というのをきいたことがあるだろう。普遍概念は実在するという聖トマスなどの正統的立場に対して、ノミナリストたちは、普遍概念はみんな人間が便宜上つくり出したもので、実在するのは個物だけだといい出したわけだ。社会上の規範や秩序の先天的な拘束力を否定して、これを人間の「フィクション」としてとらえる考え方はすでにギリシャのソフィストに見られるし、唯名論と実在論の争いも中世のはじめからあるわけだが、中世的秩序の解体という歴史的社会的な基盤との関連を問題にするときは、やはりこの後期スコラ派の登場が大きな意味をもつと思うね。

A　ルネッサンス以後になるとそれがどういう形で発展するんだい。

B　これも細いことをいうとキリがないが、例の十七、八世紀を支配した社会契約説ね、あれがノミナリズムの嫡子だ。社会契約という考え方にも実にヴァラィエティーがあるが、とにかく中世や東洋の昔の思想にもある君民契約説などから、近世の社会契約説が決定的に区別される点は、個人を唯一の自然的実在とし、社会関係をすべて個人の目的意識的な産物として理解して行ったことだろう。原子論的思惟方法は非歴史的だとか機械的だとかいって後世すこぶる評判が悪いが、あそこまで徹底的に人間を環境からきりはなして考えてこそ、根強くからまりついた因習や歴史的慣行を断ち切る主体的エネルギーも生れて来たんだ。むろん逆にそういう考え方が出てくること自体が封建的な社会関係の解体の徴表なのだし、自然科学的方法の影響とか色々のモメントを一緒に考慮しなければならないがね。ただ社会契約説の「契約」ということが抑々《そもそも》高度のフィクション（擬制）だということはルソーやカントの契約説まではハッキリ自覚されず、それまでは原始契約を過去の歴史的事実として根拠づける傾向が強かったことはそれだけまだ製作の立場としては不徹底だったわけだ。

A　ちょっとそこで疑問があるんだ。以前何か東洋思想のことを書いた本を読んだら、ヨーロッパの政治思想の考え方は人よりも制度ということで、これに対し東洋の考え方は制度や機構よりもまず人間だという意味のことがあったように記憶するが、そのことと、君のいったヨーロッパ近代精神とは、何だかちょっと聴くと矛盾するようだね。君の規定だと、制度の自然的所与性を否定して之をつくる主体としての人間を強調するのが近代精神ということになるが……。

B　いや実はいまその問題に触れようと思ってたところなんだ。たしかに君のいう通り、東洋の昔からの思想には、一種の人間主義がある。「要するに組織やイデオロギーじゃなくて人物の問題だよ」なんていう言葉は今の日本でも度々きくことだ。第一東洋の政治思想を見ればすぐ分るように、そこにはヨーロッパのそれにあるような組織論とか機構論とかいうたぐいのものは殆どない。大部分が政治的支配者の「人格」をみがく議論か、さもなくば統治の手管に関する議論だ。古典でいえば四書五経は前者の典型だし、「韓非子」や「戦国策」は後者のいい例だろう。いずれにしてもそこでは人間と人間との直接的感覚的な関係しか問題にされていない。組織とか機構とかいうのは本来社会関係を感性的人間の直接的な関係として放任しないところにはじめて登場するものだ。そういう意味では、ヨーロッパでもそうした「組織」とか「制度」とかが真に発達したのは近代以後であり、従って中世の政治思想を見ても、東洋ほどではないとしてもやはり組織論は貧しい。それじゃこういう前近代的なペルソナリスムと近代社会の「人間の発見」とはどうちがうのかといえば、前者において尊重される「人間」とは実は最初から関係をふくんだ人間、その人間の具体的環境ぐるみに考えられた人間なんだ。そこで道徳なり社会規範なりが既知の関係でのみ通用すること、既知の関係における義理堅さと未知の関係における破廉恥的なふるまいとが共存すること、ある人間の他の人間に対する支配力とか影響力とかが、地位とか身分とか家柄とか「顔」とか、要するに伝統によって聖化された権威に依存していること——こういうようなことがそうした「人間」主義の具体的表現となる。ここで真実の支配者なのは君主でも領主でも家長でもなく、実は伝統なんだ。こういう社会の夫々《それぞれ》のサークルにおける支配者が一個の人間としていかに不自由であり、行住坐臥ことごとく儀礼と慣習にしばられているかは今更例をあげるまでもないだろう。ところがまさに人間がはじめから「関係を含んだ人間」としてしか存在しえないからこそ、その「関係」は関係として客観的表現をとらない。法と習俗が分化せず慣習法が実定的に優位する。だからそこでは人間と人間が恰《あたか》もなんらの規範をも媒介としないで、なんらの面倒なルールや組織をも媒介としないで「直接」に水いらずのつきあいをしているように見える。実は抑圧と暴力が伝統化されているために意識されないだけのことなのだが……。近代社会のように人間がその固定的環境から分離し、未知の人間相互の間に無数のコミュニケーションが行われるようになれば、既知の関係を前提とした伝統や「顔」はだんだん用をなさなくなる。だから客観的な組織やルールが「顔」に代り、人間相互の直接的感性的関係がますます媒介された関係に転化するという面を捉えれば、近代化というのは人格関係の非人格化の過程ともいえるが、他方因習から目ざめてそうしたルールなり組織なりを工夫してつくって行く主体として己れを自覚する面から見れば、それは逆に非人格関係の人格化ということになるわけだね。べつに両面は本来的に矛盾したことではないんだ。

A　しかし伝統や慣行だってもともと人間が作ったものにはちがいないだろう。そうすればいわゆる近代的な制度やルールもやがてそれ自身伝統のように逆に人間を絶対的に拘束するようにならないともいえないね。

B　その通りだろう。前にも一寸《ちょっと》言ったように人間がつくるものはつくられるや否やそれは既につくられたものとして人間の環境のなかに編入されて行く。それが環境として固定すればするほど、それだけ質料性を増して自然的実在に近く位置をしめる。いわゆる伝統的な風習や慣行などは最初にさかのぼれば恐らく「フィクション」として出発したのだろうが、自然的実在に最も接近して、フィクションとしての意味を失ったものといえるだろう。フィクションの本質はそれが自ら先天的価値を内在した絶対的存在ではなく、どこまでもある便宜のためになんらかの機能を果たさせるために設けた相対的存在だということにある。だからもし制度なり機構なりがその仕えるべき目的に照らして絶えず再吟味されることがなかったならば、それはいわば凝固し、習俗化してしまうわけだ。フィクションの意味を信ずる精神というのは、一旦つくられたフィクションを絶対化する精神とはまさに逆で、むしろ本来フィクションの自己目的化を絶えず防止し、之を相対化することだ。「うそ」は「うそ」たるところに意味があるので、これを「事実」ととりちがえたら、もはや「うそ」としての機能は果たせない。よほど不断に目醒めていないといつか「うそ」は「事実」に成りすましちゃうんだ。

A　前に君のいった日本人の実体化的な思惟傾向という奴がなんだか今のことに関係がありそうだが。

B　大いにあるだろうね。人間が社会的環境を自然的所与として受け取る傾向が強いところでは、それだけフィクションも凝固し易く、従って本来ある便宜のため設けた制度なり組織なりが効用をはなれて実体化される。目的と手段との間の不断の媒介を行わないから、手段はすぐ自己目的化してしまうのだ。長い伝統を背負い、しかもその存在理由を「問う」ことがタブーとされた天皇制が、一切の社会的価値の根源として最も強固な実体性をもっていたことはいまさらいうまでもないが、本来近代的な制度までがここでは、揉まれながら形成されたのではなく、いわばレディメードとして上から移植されたために、国民にとってはフィクションとしての意味をもたず、伝統的な支配関係と同じ平面で実体化される傾向がある。例えば議会制なんかがそのいい例で、議会制こそ多様な国民的利害を組織化し、国家意思に媒介するという機能価値を離れては抑々存在しえない制度なのだが、日本の政党や議会は必ずしも従来そうでなく、軍部や官僚や重臣等と並ぶそれ自身一つの実体的政治力みたいなものだったのだ。でなければ、大政翼賛会などというしろものが国民再組織などと臆面もなく名乗りを上げて登場して来られた筈《はず》がないよ。帝国議会は最初から明治憲法の大権主義によって地位が弱められていたというハンディキャップがあったわけだが、新憲法のように議院内閣制の建て前が貫かれてしかもそこで社会的利害の統合機能が十分行われないとなると、国会がそれ自体巨大な権力体に化してしまう恐れがなきにしも非ずだ。

A　それと同時に、吸い上げポンプが上の方で管がつまってしまえば、水勢が激しければ激しいほど管をぶち破って氾濫し収拾がつかなくなるのと同じように、議会に統合されないエネルギーが非合理的に爆発する危険性もあるわけだね。

B　それは議会だけの問題じゃなく、他の民主的な組織、たとえば労働組合にだっていえるよ。

大体近代国家内部で社会的分化が進行するに従って、前にも言ったようにますます人間相互の関係が直接性を失って組織が介在し各種の利益団体、結社、プレッシャ・グループスが複雑に競合して夫々個別意思の組織化活動を活潑に行い、同時に夫々のグループ内部の機能的分業——書記局とか渉外部とかいう部局の形成——も進行して行くものなのだが、その際に制度の外面的な合理化と意識構造の能動化との間にズレがあると、一つ一つの組織なり部局なりがかんじんの社会的分業として機能しないで、すぐ実体化してしまう。そうなると分業は割拠になり専門は縄張りになる。いって見れば社会のあらゆる領域で技術的官僚化が実質的官僚化に変容しちゃうんだ。その国が一応近代国家として外面的に整備されればされるだけ、その内部にはどうにも動きのとれないアナーキーが根を下すわけだ。さなきだに、現代のようにいろいろの組織が厖大化すると、それがみな人間のコントロールを滑り抜けてレヴァイアサン（怪物）に化けてしまうんだから……。

A　段々恐ろしくなって来るね。ワイマール時代のドイツにやはりそれに似た現象が起ったんじゃないか。

B　そう、似てると思うね。ある学者が、複数政党国家（Parteienstaat）として出発したワイマール共和国は、一つ一つの政党がそれ自身国家になってしまい、国家の中の国家がいくつも形成されて政治的統一を喪失したといっているが、政党だけでなく、社会のあらゆる面での動脈硬化がナチズムの制覇を準備した重要な条件だったにちがいない。ナチズムは権力を掌握すると、直ちにいわゆるGleichschaltungでもって、民主的な統合にかえて、上からの権力的均一化を行った。むろんその成功には複雑な要因があるけれども、もしそうした政党や労働組合等の組織が順調に自主的な媒介作用を営んでいたなら恐らくああした事態は起らなかったろうね。

A　そうするとファシズムという奴は近代社会が行き詰って、人々が近代的なフィクションの意味を信じられなくなったような時代の子というわけか。

B　そうだ。しかも鬼子だよ。つまり近代社会の組織的分化から生じた病理現象を、いわば文化以前の直接的自然性への復帰――血と土――によって克服しようとしたんだ。ナチの御用学者は近代デモクラシーの核心をなす「代表」と「多数決」の理論を猛烈に攻撃し、そんなものはみんなフィクション（虚構）で真実の民意の表現じゃない、こういう欺瞞的な制度とちがって、指導者ヒットラーこそ真のドイツ国民意思の表現者だ、ヒットラーと国民との関係は選挙で頭数を数えるといった「機械的」な方法を媒介とする冷いつながりではなく、もっと有機的な情緒的な結合であり、それは選挙などよりも遥によく大衆の喝采（acclamation）のうちに表現されている、というようなことを盛に述べたてていた。実際、経済的危機に追い立てられ、激化する社会不安に精神的安定を喪い、議会政治の無能に絶望した大衆

——とくに未組織大衆がノーマルな民主巣的統合過程を信じられなくなって、自己の願望や不満欲求の直接的な捌け口を、絶対的権威との非合理的な合一のうちに求めて行ったのだ。ジンメルが第一次大戦直後に、『近代文化の軋轢』という小さいパンフレットのなかで、歴史の過渡期にはいつも生《レーベン》が自己を盛り切れなくなった形式《フォルム》を捨ててヨリ適合した形式をつくり出すのだが、現代は「生」が古い形式に甘んじなくなっただけでなく、凡そ形式一般に反逆して自己を直接無媒介に表出しようとする時代で、そこに最も深刻な現代の危機がある——という意味のことを論じていたように記憶するが、なにか上のナチ学者の主張とひきくらべて考えさせられるね。そういえばヒットラーには「形式《フォルム》への憎悪」があったと誰かも言っていた。ナチ勃興の精神史的背景というのはなかなか深いよ。

A　しかしナチが近代の社会的分化に基く機能的統合に反逆したと君はいったけれども、ナチほど厖大な組織の網をはりめぐらせ、近代科学と技術を大衆の組織化のために動員した体制も、史上めずらしいじゃないか。

B　そこが皮肉なところだよ。いかにナチがゲルマンの森の生活にあこがれ、血と土による原始的統一を唱えたって、そんなことは現実の政治的支配機構をつくるとなれば通用する筈がないんだ。とくにナチ国家というのは頭のてっぺんから足のさきまで武装した国家なんだから……。そこで現実にナチのやったことはいままでの、自発的な組織やグループを解体して、厖大な公権的な指導者組織の下に大衆を編成替えしただけのことだ。その矛盾を隠蔽するために持ち出されたのが神話だよ。近代的なフィクションをぶちこわした後に現われたのがミュトスというわけだ。しかもこの「二十世紀の」神話たるや、原始神話とちがってもっぱら政治的宣伝目的だけのためにつくられたんだからこれ以上劣悪な「作品」はないだろう。

A　どうも人ごとじゃないようだな。媒介された現実に満足しないで直接なままの感覚に浸ろうとする「実話」精神の横行する国は油断がならないね。

B　日本の場合はドイツよりなお複雑だよ。なぜかというとナチズムはともかくも近代の社会的分化が既に相当高度に進行した地盤の上に出現したのだが、日本ではまだまだ前近代的な社会関係が根強く残っている。だから元来近代的な組織や制度がただ本来の機能をしないために硬化する危険性だけでなく、抑々はじめからそうした組織媒介を経ないで社会的調整が行われる「場」が非常に広いんだ。赤裸々な暴力、テロ、脅迫にはじまって、ボス・大御所・親分・顔役などの行使する隠然たる強制力に至るまでみんなこれは直接的な人間関係を地盤とする問題処理の方法だろう。こういう力が社会の組織的分化をまだ強靱にひきとめている。だからもし将来ファッショ的権力がそうした地盤を一寸動員することに成功すれば、政党とか組合とか各種の結社などの——ただささえひ弱い——自主的組織などは苦もなく押し潰せるだろう。なにしろそういう団体のメンバー自体からして面倒な組織を通ずる折衝よりも手っ取り早く「直接」行動に訴えようとするような「獅子身中の虫」であることが稀じゃないんだから。こういう国では労働組合のような組織体は、前近代的な社会関係の泥沼の中を僅に通ずる一本の途を歩いているという自覚を瞬時も忘れちゃ駄目だと思うね。その途が少々遠廻りだからといって、泥沼を通ろうとしたら最後、抜きさしならないことになるよ。

A　君のいわゆる精神が感性的自然から分離しないところでは政治的精神もまた暴力とか「顔」とか「腹」とかいう政治的肉体への直接的依存を脱しないんだろう。君が前に日本人の生活に「社交」がないという問題を出したが、私生活上の「社交」精神は公生活上の「会議」精神に照応するんじゃないか。第一国会だってすぐポカポカということになるんだから呆れるよ。

B　ポカポカは政治的肉体というよりただの肉体だが、例えば代議士が選挙民に向って個別的私的利益を直接に満足させるようなアピールをしたり、またある企業とか土地有力者の利害を直接に代表して行動したりするのはまさに政治的精神の次元が独立していない証拠だろうね。政党は階級的利益を代表するというけれども、日本の所謂「ブルジョア」政党などの内情をきくと、政党員が夫々特殊の人的関係や背後の金蔓などに引摺られて勝手に動いていてまるで政党としての統一がない。リーダーシップが欠けてる点でブルジョア政党以前だよ。

A　ちょうど日本の私小説が個々の感覚的経験をたばにしただけで、フィクションとしての内面的統一性がないのに照応する現象だね。

B　君も僕に感染して盛に焼夷弾的飛躍をやるね。

A　お望みならもっとやろうか。日本の代表的な前近代的政治家を類型づけるとボス型と侠客乃至《ないし》テキヤ型とあるだろう。両方とも、政治的精神の次元が独立せず、特殊的利益に直接的に繋縛されている点では根本的相異はないが、一方のボス型はむしろ比較的ノーマルな小市民生活の上に地盤を置き、もっぱら日常的経験を通じて「地味に」行動するのに対して、後の型はいわゆる反社会的集団といった異常な生活環境を地盤として傍若無人にふるまうという点で区別される。とすればまさにボス型はいわゆる私小説派で、侠客型は肉体文学派ということにならないかね。しかも肉体文学の「異常性」が結局私小説的日常性と同じダイメンジョンの上に立ち、ただその「恥部」を不均衡に拡大したにすぎないのと同様に、侠客型の地盤である反社会的集団というのも、決してわれわれの生活的基盤と質的にちがった源泉から生れるものではなくて、むしろ日本社会自体の恥部である家族制度の戯画化じゃないか。

B　もうその辺にして置いてくれ。あまり発展して、代議士と流行作家がいちどに怒鳴り込んで来たりするとかなわないから。然しとにかく「肉体」文学と「肉体」政治はどっちも何とか始末しなけりゃ、民主主義も文化国家もあったものじゃない。

A　何とか始末するって一体具体的にどうしたら始末出来るんだ。肉体文学はともかく、肉体政治の方は君自身の問題じゃないか。さんざ喋らせておいてこんなことをいうのはどうかと思うけど、君も田舎で僕など相手に講釈する暇があったら、もう少し広く天下によびかけて、せめてこういう際インテリゲンチャの結集にでも努力したらどうなんだ。大いに君の得意の近代精神的主体性を発揮してさ。

B　とうとう最後の逆襲で致命的打撃を受けたというところだね。全くそういわれると一言もない。ただそのインテリゲンチャの結集という奴ね、これが盛んに唱えられて色々会合などもあるが、どうもあまり効果が挙がらないんだ。なぜ挙がらないか、むろんインテリ自身の怯懦とか無関心とかいうこともあるだろう。だがどうもそれだけじゃなさそうだ。それがね、今日の話の、精神の次元の独立があるかどうかということに引掛ってくると思うんだよ。だがその問題に入ると長くなるからまた折を見て僕なりの意見を述べることにしよう。

（展望、一九四九年一〇月号、筑摩書房）

「三たび平和について」第一章・第二章

第一章　平和問題に対するわれわれの基本的な考え方

現代における戦争と平和の問題に対して、われわれが一般的にいかなる考え方をとるかということは、既に昨年一月に公表された「戦争と平和に関する日本の科学者の声明」において明らかにされたところであり、ここに再び繰返すことを避けよう。ただ今日の内外の動向や思潮を顧みるとき、右の声明に論じられた諸点のうち次の言葉は原則的な問題を包含するものとして、この際もう一度強調する必要があるように思われる。

戦争は本来手段でありながら、もはや手段としての意味を失ったこと

「元来戦争は人間がある問題を解決するために用いる一つの、而《しか》も極めて原始的な方法である。嘗《かつ》てこの方法が有効且《か》つ有利と認められる時代があったにしても現代は全く相違する。今日にあっては戦敗国はもとより、戦勝国と雖《いえど》も、一部の特殊な人間を除いて、殆ど癒し難い創痍を蒙る。……もはや戦争は完全に時代に取り残された方法と化しているといわねばならぬ」。ひとはこの趣旨をあまりに当然自明のこととするかもしれない。しかし、むしろ問題は、このことが自明の理とされることによって、それはそれとして至極簡単に承認されてしまい、現実の国際問題を判断する際の生きた規準として働かないということにある。その結果、激動する世界情勢に直面すると、忽《たちま》ち一方で受け入れた原則を直ちに他方でふみにじって行くような行動に陥ってしまう。「戦争をなくするための戦争」というような使い古されたスローガンが、ややもすれば今日なお持ち出されるのは、戦争と平和の選択を依然として手段の問題として処理しうるかのような錯覚が、いかに人々を捉え易いかということを示している。

戦争の破壊性が恐るべく巨大なものとなり、どんなに崇高な目的も、どのような重大な理由も、戦争による犠牲を正当化できなくなったという厳粛な事実に否応なく世界の人々を直面させたのは、いうまでもなく第一には、原子爆弾、水素爆弾などのいわゆる超兵器(superweapons)の出現であった。しかし、戦争が本来手段でありながら、手段としてとどまりえなくなったという現実は、もとよりそうした近代兵器の破壊力の質的な飛躍によって何人《なんぴと》の眼にも露わになったのではあるが、現代戦争の内包するこのようなパラドックスは決して忽然として生じたのではない。それは、近代産業及び交通通信手段の発達が、一方において全世界を一体化し、各国家各民族を密接な相互連関の関係に置いたと同時に、他方において、もろもろの政治権力の集団的な組織化を高度にし、その相互の軋轢《あつれき》をいよいよ大規模なものにしたという歴史的過程によって齎《もた》らされたものである。現代戦争が国際的には世界戦争（global war）として現れ、国内的には全国民を動員する全体戦争（total war）という様相を帯びるのは、その必然の結果にほかならない。従って、戦争の破壊性が戦場における、武器による直接的な破壊性に限定されなくなったということこそ、何にもまして重要なことである。現代戦争において、交戦国の双方から、敵国の政府及びそれに関連する一握りの邪悪な人々の排除のみが目的で、一般の平和的な国民を敵とするものでないということが繰返し力説されるにも拘らず、現実には、都市空襲が最も端的に示すように、却《かえ》って政府要人や機関はいち早く安全な場所に疎開し、最も惨澹たる被害を蒙るのは、家を焼かれ、近親を失って彷徨する無辜《むこ》の民衆であるのが、皮肉というにはあまりに痛ましい現代戦争の実相なのである。しかも、戦後に待ちかまえているのは、経済的政治的荒廃、大量的失業、飢餓、暴動であり、深刻な道徳的頽廃がこれに加わる。

　第一次大戦はもとより第二次大戦においても、アメリカ合衆国の巨大な生産力が、このような戦後の物質的精神的荒廃を最小限度に喰い止めることが出来たのであるが、まさに当のアメリカが最大の当事者となって、文字通り国の総力を傾注しなければならない第三次大戦の場合には、たとえ、アメリカが勝利者——そのようなものが果してあるかどうかはしばらく措き——として残っても、到底同じ役割は期待されないであろう。

いいかえれば、いまや戦争はまぎれもなく、地上における最大の悪となったのである。どのような他の悪も、戦争の悪ほど大きくはない。従って逆にいうならば、世界中の人々にとって平和を維持し、平和を高度にするということが、それなしには他のいかなる価値も実現されないような、第一義的な目標になったといわなければならない。どのような地上の理想も、世界平和を犠牲にしてまで追求するには値しない。なぜなら、それを追求するために戦争に訴えたが最後、戦争の自己法則的な発展は、当該の理想自体を毀損してしまうからである。

原子力戦争は、最も現実的たらんとすれば理想主義的たらざるをえないという逆説的真理を教えていること

これがわれわれの当面している最も生々しい現実である。この現実に含まれた意味をつねに念頭において、さまざまの具体的な国際国内問題を判断して行くことが、最も現実的な態度であるとわれわれは考える。しかもそれこそ、同時にわれわれ日本国民が新憲法において厳粛に世界に誓約した戦争放棄と非武装の原理から必然的に導き出される態度ではないか。交戦権を単に国策遂行の手段としてだけでなく、およそあらゆる目的の手段として否定した（この解釈については第三章参照）この憲法の精神は、見方によっては迂遠きわまる観念論ということになろう。しかし、むしろ一歩事態の把握を深めて見れば、まさにそれが、上に見たような現代戦争の現実認識に最も即した態度であり、自国または他国による武装に安全保障を託するような考え方こそ、却って安易な楽観論であるとわれわれは考えざるをえないのである。従って敢て逆説的な言い方をするならば、戦争を最大の悪とし、平和を最大の価値とする理想主義的立場は、戦争が原子力戦争の段階に到達したことによって、同時に高度の現実主義的な意味を帯びるに至ったといえよう。この点で、アメリカの国際政治学者F・シューマンが次のように述べていることは注目されていい。「戦争が邪悪な人々――その「邪悪」な人々が外交官、戦術家、武器製造業者、工業家、貴族、煽動家等いかなるものと同視されるにせよ――の陰謀の結果起るということはまず殆んどない。戦争が起るのはすべて、人間が平和を尊重する以上に何か他のものの価値を重んずるからである。その「他のもの」が何であれ、それは素朴にではあるにせよ、きわめて本気に、悪魔に対抗する神の義と看做されるのである」（International Politics, 1948, p. 395）。われわれは必ずしもシューマンの見解をそのまま受入れるものではない。が、さし当り、われわれの祖国の痛ましい経験に照しても、神の義と同視された価値のために、戦争が是認され、平和が犠牲にされた結果がいかなるものであったかは、あまりにも明瞭である。

少くもわれわれ日本国民が、二度とこの過誤に陥らぬよう自戒することは、われわれが世界に対して負う最小限度の責務ではなかろうか。

思考方法が平和の問題に重大な関係を持つこと

そこで、われわれは、「二つの世界」の問題に実質的に立入る前に、まずもって、そうした現実の国際問題を取扱う際の思考方法の問題に注意を向けたい。これは一見、平和の問題に直接関係が少いように見えるが、実は少からぬ重要な意味をもっている。端的に例を挙げると、現在、全面講和論者や中立論者に対して為されるさまざまの批評乃至《ないし》は悪罵を冷静に検討する人は、そこにかの満州事変以後、連盟脱退から日独伊軍事同盟を経て太平洋戦争に至る時代の思想的雰囲気を想起させるような論理や語調を容易に読みとることができるはずである。一々具体例を引用するまでもなく、そこにはタブーを楯にとった威嚇的言辞、忠臣逆臣的な価値判断、「敵性国家」の設定等々が悉く《ことごと》出揃っている。今日何人も、当時横行したこのような言論や思考方法が国民を戦争に駆り立てる心理的な地均らしの役割を果したことを否定するものはないであろう。第一次大戦当時、ロマン・ロランはヨーロッパ各国を襲った精神的雰囲気を次のように述べている。「攻囲の熱病がそこには猛り狂っている。他の人々と同じように熱狂することを欲しない者は疑わしい奴とみなされる。正邪の判定に時間をかけて研究する余裕のない、急迫した時代においては、すべての嫌疑者は裏切り者である」（戦を超えて、邦訳全集版、一三三頁）。国際関係が急迫すると、どこでもこのような雰囲気が高まり、また一部の力によって意識的に高められる。そうしてそれがいよいよ現実の危機を濃化して行くのである。神と悪魔の対立の図式が最大限に効力を発揮するのは、まさにこうした時代である。そこで、戦争の危機をはらんでいるような切迫した問題については、それに対する思考方法の如何ということは現実を動かして行く上において、無視出来ない一つの契機（factor）となるのである。

問題提出の仕方によってその処理の方向が変化すること

具体的に「二つの世界」という問題を例にとって見よう（「二つの世界」という言葉に内包された意味の立入った吟味はすぐ後に触れるとして、ここでは差当りごく常識的な意味に解して置く）。二つの世界の対立に関して、われわれはさきに、その対立の存在を率直に認めると共に、その平和的共存を不可能とする考え方を排し、その共存の条件を積極的に研究する必要を説いた。これに対して、そういう見解は現実を知らざる、もしくはこれを故意に無視する抽象論であり、二つの世界の対立は必然的に激化して行くもので、その間、到底話合い成立の余地はないとか、本来二つの世界の間には共通の平和も人類愛も存しないのだというような見解が少くないことは、周知の通りである（こういう立場の典型的なものとしては先般外務省情報部の発表した「外交白書」がある）。

この二つの立場は、一見すると、一方は理想乃至希望の表現であり、他方は、現実の「客観的認識」のように見える。しかし実は、この両者の見方は、きわめて複合的な矛盾した要素をはらみつつ動いていいる世界政治の現実に根ざしているという意味では、ともに「現実的認識」であり、その錯綜した動向のなかのある動向を伸張させることに、意識的に力を藉《か》しているという意味では、いずれも意欲を含んだ認識なのである。こうしたデリケートな問題については、主体的立場と全く無関係な「客観的」認識などというものはありえない。問題をどう設定するかによって、現実処理の方向が変化するのである。

「二つの世界」の対立が今日きわめて深刻なものであることも事実なら、それが三十年以上にわたって現に並存し、しかもその両世界の最大の代表者が、第二次大戦においては同盟してファシズム国家の打倒に協力したというのも事実なのである。われわれが直面している問題は、むしろ、「二つの世界」は到底今後両立せず、早晩武力的衝突によってしか打開出来ないという建て前を始めから取ってすべての問題を考え処理して行くべきか、それとも、どこまでも両者の関係が戦争に訴えずに調整される可能性を信じ、その可能性をすこしでも押し拡めて行くように、われわれの思考と態度を方向づけてゆくべきかという選択にほかならない。われわれは、世界政治を動かしている複雑な諸条件のなかから、米ソの対立の激化という傾向だけをとり出して、これを一方的に強調するような言論と思考からは、平和をより危殆ならしめる現実的効果しか生れないと考える故に、そうした一刀両断的な考え方にどこまでも反対するものである。

この選択に含まれた巨大な意味は、いかに強調してもしすぎることはない。なぜならそこには戦争と平和の問題が賭けられており、しかも戦争が冒頭にのべたような性格をもっている以上、ここには通常の試行錯誤が通用しないからである。間違ったらやり直すという余地はもはやここにはない。錯誤の破滅的な結果は、その修正の機会を無限の未来に押しやってしまう。われわれが、こうしたデリケートな問題の処理に対して慎重な態度と柔軟な思考の必要を執拗に力説するのは、ひとえにこのことを恐れるがためにほかならない。

第二章　いわゆる「二つの世界」の対立とその調整の問題

われわれの出発点とそれを可能にする現実的諸条件

以上においてわれわれは、「二つの世界」というような危険な事態については、問題の設定の仕方と事態の解決の方向との間に密接な関連が存在することを指摘しつつ、両者の対立の激化を、宿命的不可変的な事実として前提するような思考方法を排して、その調整と改善の可能性をどこまでも拡充して行く方向において、一切の問題を考察する立場に立つゆえんを明かにした。しかし、そうした立場は現実の世界に内在する諸条件を無視して、抽象的に可能なわけではないこともまた当然である。そこでわれわれは、次にいわゆる「二つの世界」の対立ということに内包された意味を分析することによって、われわれの立場のより具体的な根拠づけを試みて行こう。

「二つの世界」の対立とは具体的に何を指すか

まず第一に、二つの世界が相容れないということがいわれる場合に、その「二つの世界」とは何を指すのか、またそれが「相容れない」ということは具体的にどういう意味なのかということが、案外論者自身にもハッキリしていないように思われる。同様に二つの世界の並存の可能を主張する人々も、その「並存」の具体的な意味を明かにする義務があろう。まず最初の問題についていえば、「二つの世界」の対立が強調される場合、そこにはほぼ三つの意味が内包されているようである。すなわち、

イ、イデオロギーとしての自由民主主義と共産主義の対立

ロ、米英を中心とする西欧国家群と、ソ連を中心とする共産主義国家群との対立

ハ、就中《なかんずく》、今日の世界最強国としての米ソの対立

むろん、この各々は無関係の問題ではなく、相互にからみ合って存在している。にも拘らず、

われわれはやはりこの三者の意味の無造作な混同を警戒することが必要であると考える。なぜなら、そうした混同からも、やはりわれわれが上にのべたような危険な思考法——即ち世界政治や外交の問題を、複合的・条件的にでなく、敵と味方、善玉と悪玉といった先天的・絶対的な規準で割切る傾向に陥り、それによって、自己の行動を逆に束縛して、問題の処理を動きのとれない所に追込んでしまうような惧れがあるからである。われわれはもとより、右のような三つの意味での「二つの世界」の対立が、それぞれ厳に存在し、それがますます激化して行く情勢から、いささかも眼を覆うものではない。しかしわれわれは、その際次のような諸点を同時に考慮することなしには、真にこの問題を現実的かつ全面的に把えたとはいえず、いわんやそこから具体的帰結を導き出すことはできないであろう。即ち、

(i)　イデオロギーの対立は直ちに戦争を意味しないこと

純粋なイデオロギーとしての自由民主主義と共産主義がいかなる意味でも絶対に相容れないものか、それとも一面で共通点をもちつつ他面では反撥するものか、それともまた窮極の原理においては全く一致するものかということは、論者によってさまざまに見解の分れる問題であるが、世界政治の現実的な動向は、嘗ても今も、決してこうしたイデオロギーや世界観が唯一の規定者ではない。仮に自由民主主義と共産主義とが原理的に全く反撥すると仮定しても、そのことから、その一を奉ずる国家ないし国家群と他を奉ずる国家ないし国家群とが、必ず対立

し反撥するという結果は出て来ない。況《いわん》やそのことと、両者の争いの究極的解決が戦争による以外にはないということとの間には絶大な距離がある。逆に相似たイデオロギーを持った国家が干戈《かんか》を交えた例は、史上殆んど枚挙にいとまない。なおこれに関連して、いわゆる民主国は、その本来的傾向として平和を好むが、独裁国乃至専制国は、支配者が輿論の拘束を受ける程度がヨリ少く、また民衆の憎悪を国外に向ける必要がヨリ多いから、戦争に赴き易いという常識的な見解があること周知の如くである。この一般的な見方を、現在の自由民主主義国と共産主義国の国際行動にあてはめることの是非はしばらく別として、こうした見解について、著名な国際法学者のQ・ライトが、その妥当性を歴史的・実証的に吟味した結果、次のような結論をひき出していることは、示唆するところ少くない。

「統計を援用しても、民主政治の国々が専制政治の国々より戦争に介入する度合がヨリ少かったという証拠は殆んど出て来ない。……むしろ一般的平和の時代においてデモクラシーへ向う傾向と、一般的戦争の時代においてデモクラシーから背反する傾向とを比較した方が、ヨリ説得力の強い統計的関連が見出される。しかし、この関連によって証明されることは、デモクラシーが平和を生むというより、逆に平和がデモクラシーを生むということであろう」(A Study of War, 1942, vol. II, p. 841)

(ii) イデオロギーと武装権力としての現実の国家との間には、ギャップがあることしかも現実には、純粋の自由民主主義国といったものも純粋の共産主義国といったものも、存在しない。ソ連が今日果してどの程度において、いかなる意味で「共産主義」国家であるかということについて、多くの問題が存することは改めて述べるまでもない。中国は、中共の勝利以後も連立政権の形態をとり、その政策もむしろ急激な社会主義化を排している。東欧諸国はまたソ連とも中国とも異る特徴をもっているし、ユーゴのような共産陣営の「鬼子」もある。他方において、いわゆる「自由世界」に属する国々にもそこには実に多くの偏差が存在する。自由民主主義が容易に根を下さぬアジア諸地域は別としても、例えばラテン・アメリカのある国（例えばアルゼンチン）においては顕著にファシズムの傾向が見られ、他の多くの国で「政治的支配はかつてない程、軍人のグループの手に握られている」（J・F・ダレス、戦争か平和か、一九五〇年、邦訳、一九七頁）。ヨーロッパでも、スペインは依然としてフランコ政権が君臨し、ギリシャでは、今日でも政府反対派の大量的な処刑が行われている。自由民主主義の二大祖国のうち、イギリスは周知のように、労働党政府の下に重要産業の国有化が実施され、アメリカ合衆国においてさえ、ニュー・ディールからフェア・ディールに至る最近十数年の経験が示すように、一方巨大な独占企業体の成長により、他方国家統制の強化に伴う官僚勢力の肥大によって、古典的な自由民主制は顕著な変貌を遂げようとしている。要するに、「二つの世界」の対立の基底に、自由民主主義と共産主義のイデオロギー的対立が包含されていることは否みえないが、組織化された武装権力としての現実の国家と、そうしたイデオロギーとの間に存するギャップを無視することは、非実際的であり、危険な単純化といわなければならない。

(iii) 自由民主主義と共産主義という図式以外に他の次元での対立が交錯していること

さらに現代の世界政治の諸問題については、右のような自由民主主義と共産主義（或はもっと端的な対立的表現としての全体主義）というような図式とちがった次元での、さまざまなイデオロギー的対立が交錯し、それらは夫々《それぞれ》ある程度の妥当性を持っている。例えば、現在でこそ、ソ連を全体主義国の典型として、英米と全く対蹠的なイデオロギー系列に属せしめる考え方が圧倒的なようであるが、三〇年代、とくにソ連新憲法制定の前後から、今次大戦末までの期間には、英米仏等の諸国でもファシズム対民主主義の対抗という面で、国際関係の発展方向が捉えられていたので、ソ連は自由民主主義とは異りながらも、やはり、一種の民主主義国家であるとして、むしろこれとナチ・ドイツやファッショ・イタリーとの間の区別を強調する見方が、学界でも言論機関でも、かなり有力であった。今次大戦直前の独ソ不可侵条約の成立は、この点で少なからぬ混乱を輿論にひき起したが、やがてナチスのソ連侵入によって、大戦は名実ともに民主主義国家の反ファシズム共同戦線として戦われ、国連はまさにこのような共同戦線の地盤の上に誕生したのである。しかしまた他方において、資本主義対社会主義という対立も、現代において到底眼をそらしえない巨大な意味をもっていることはいうまでもないし、之《これ》と並んで、植民地・半植民地地域での帝国主義対ナショナリズムの対立もますます深刻である。例えば東亜の情勢において主潮をなしているのは、むしろこの後者の対立であるように見える。東亜の後進諸地域では、先にものべたように、自由民主主義が順調に発展するような社会的地盤が欠けているので、むしろナショナリズム運動が共産主義運動とからみ合っているところに、問題の異常な複雑さと困難さが潜んでいる。インド共和国やインドネシア共和国の国際政局における「中立」的動向は、こうしたアジア社会の特殊な条件を考慮に入れないでは十分理解されないのではなかろうか。要するに、世界政治の動向を判断するに当っては、このような色々のイデオロギー的対立を複合的に考察することが必要であり、いずれにせよ一つの図式だけを固定的な尺度としては、必ずしも正確な認識は得られないように思われる。

(iv)　世界の有力国が必ずしも米ソの対立と同じ幅と深さで対立しているわけではないこと

いわゆるソ連圏に属する諸国と西欧国家群とは、必ずしも米ソの対立と同じ幅と強度で対立しているのではなく、そこにはさまざまのニュアンスの相異がある。例えば、今日英国は中共を承認しているから、台湾問題や国連への中共招請ないし正式加入の問題について、アメリカと異った態度をとっていることは、周知のとおりである。また対ソ関係の打開を望む声も朝野ともに、アメリカ国内よりはるかに強い。西独の再武装やシューマン案のような西欧の経済的な統合に関しても、英国とフランス、ドイツ、更にアメリカの立場にはそれぞれ若干の喰いちがいが存し、その早急な調整の必要が叫ばれている。米ソへの両極分解の急速な進展のみを、ことさら強調するような言論が現在わが国において少くないが、西欧諸国の動きは今日においてなお、そうした割切った立場からでなく、具体的な問題ごとに個別的に態度を決定しようとしていることを示している。もちろん朝鮮事件以来、西欧国家群は国連において嘗てない鞏固な結束的態度をとっており、またそれは当然でもあるが、同時に例えば、事件に関連する種々の具体的問題に際して、理事会や総会に中共代表の出席を求める提案がなされる度毎に、漸次表決の差がちぢまり、ついに先般（九月二十九日）台湾問題の討議に関し安保理事会への招請案が通過したということは、そこに将来の問題解決の方向に対する微妙な含みが感じられる。

(v)　米ソ両国とも極力全面的衝突を回避しようとしていること

最も尖鋭な対立を代表している米ソ両国においてすら、新聞論調においてこそ、それぞれ最大級の激烈な言辞で相手を攻撃しているが、両国の責任ある指導者は、きわめて慎重細心な態度で事態の破局的進展を回避しようとしているのが、なお今日の実情である。一方において、ソ連の国連からの追出しに反対するオースティン国連安全保障理事会米国代表の書簡、トルーマン大統領やアチソン国務長官による屢々《しばしば》の台湾問題声明、ないしはマシューズ海軍長官らの「対ソ予防戦争」に対する反駁、他方において、先般のネルー書簡に対するスターリン首相の好意的な返答、ヴィシンスキー国連代表の国連強化案に対する弾力的態度、一般に、ソ連言論機関が意外に見えるほど国連の役割を高く評価していること——これらは、右のような基本的動向の三、四の顕著な徴候にすぎない。少くも、第三次大戦において、「勝者」は存しないこと、ある学者の表現をかりれば、その後に来るものは、「一つのローマでなく二つのカルタゴ」であるという冷厳な認識において、米ソの指導者は一部の軽佻な論者よりは、はるかに身についた現実感覚をもっていると思われる。そうして、そこにはまた、両国民衆の平和維持に対する圧倒的な要望が反映していることはもちろんである。

「二つの世界」をどう理解しても、そこから武力的衝突の必然性は出て来ないこと

右に略述したところによって、「二つの世界」という言葉が、甚だ多義的であって、それをどのように解釈しても、世界の大海に投じられる網としては未だ目が粗く、そこからこぼれ落ちる現実が到底無視されえないこと、及び、少くも現在において両者の武力的衝突を必然ならしめるような宿命的契機は存していないことは、ほぼ明らかになったと信ずる。

しかしこうしたわれわれの立場に対して、或は次のような反論が出るかもしれない。即ち、「二つの世界の並存が窮極的に不可能であるということは、なにより、ソ連の教義であるマルクス・レーニン主義から必然的に流出する結論ではないか、既に一九二〇年代にレーニンはは

っきりそのことを説いているではないか、現在のソ連指導者によって言われている並存説は、一時の戦術的な便宜にすぎないのではないか」ということである。そこには極めて深刻な問題が伏在しており、これに対する立ち入った解答は人々の世界観によって異らざるをえないであろう。われわれはこのような疑問を一概に根拠なしとしない。ただこの問題を考える際に少くも次のことは考慮に値すると思われる。第一に、共産主義の革命理論は現実に適用される場合にはきわめて流動的な性格をもつが、トロツキーの永久革命論がスターリンの一国社会主義の立場によって葬られて以後、ソ連は軍事的手段を賭して速かに世界革命を実現せねばならぬという主張は、少くもソ連の公式的見解からは抹殺されている。元来、革命は一定の自発的な条件なくして恣《ほしいまま》に上から或は外部から起しうるものではないというのが、マルクス主義の基本命題であり、この命題の上に立って政策を決定する点に、ソ連ないし一般に共産主義国家の国際的行動と、ナチのような全体主義国家のそれの大きな相異があることは、西欧の識者がしばしば指摘しているところである。ウォルター・リップマンが、戦後共産勢力の急速な拡大にも拘らず、ソ連は冷戦において直接自国の軍事力を未だ使用しない唯一の大国であるという事実に注意を喚起しているのは、暗示するところ少くない。更に第二に、先に触れた事にも関係するが、ソ連という国家ないしその指導者を考える際には、われわれは単にこれをあるイデオロギーの化身として見ずに、同時に、世界の権力政治の渦中において外交の舵をとらねばならぬ必要という、ごくありふれた側面からも判断しなければならぬと考える。ソ連の指導者が世界の共産主義化に対してどんなに確乎不動の信念を持っているとしても、彼等は同時に、二億の国民の安全を保護する責任を負うた現実政治家であり、その安全を犠牲にしても、世界革命に直進するような地位と立場にはいないのである。ソ連の対外行動は、外部からは変幻極りないように見えるが、その基底には資本主義国家群の対ソ十字軍形成に対する深刻な恐怖と猜疑とが横たわっているという事についても、既に世界の冷静な観察は一致している。ただこのような恐怖と猜疑は、そこにどのような理由があるにしても、それ自体、平和の障害として作用する事は否定できない。「二つの世界」の双方の側に存するこうした心理的疎隔が、打開されるためには、両者のコミュニケーションがもっと自由になることがなによりの前提条件と考えられる。

「二つの世界」の並存を高度化する諸契機

しかし、以上においてわれわれが論じたところは、「二つの世界」の対立を絶対的な不可変的なものとする見解が現実的根拠に乏しいということであって、これだけでは未だ「並存」の積極的な条件は示されていない。たかだか、両者が戦争による衝突なくして対峙しているという意味での消極的並存の根拠が導き出されたにとどまる。われわれが二つの世界の「並存」を平和の基本的要請と考える場合、もとよりこのような消極的な段階に甘んずるものではない。況んや、ある人々のように、一方の世界が自壊することによって自ら他方の世界に吸収されるというような意味で「並存」を主張することはわれわれの見解から遠い。世界平和の実効的な確保のためには、どこまでも「二つの世界」――上に述べたいずれの意味においても――の存続を積極的に前提した上で、その並存の可能性から出発しなければならない。そのような積極的な条件としては、どのようなものが挙げられるだろうか。もちろん前にのべたような、両体制の間の一般的コミュニケーションをより自由にすることとか、指導的な政治家が直接的会談を行うとか、国連を通ずる軍備縮小計画とか、現在の緊張を緩和するにさしあたっての方策はいろいろ考えられよう。しかしここでは、そのような個々の方策よりは、むしろもっと一般的な観点と、かなり長期的な見透しの上に立って、「並存」をより高度化するような契機をとりあげることとし、その中でも比較的に低い権力政治の次元での問題からはじめて、漸次高度の、それだけにより長期的な問題へと進んでゆこう。

(イ)　世界政治の両極化に対する牽制的要素

およそ政治権力の動的過程において、多角的な力関係が二つの最大の力の周辺に向って吸収され、両極性が顕著になればなるほど、爆発的衝突の危機が亢進し、反対に力が多元的に分散されているほど、一般的均衡が成立する可能性の多いことは、国内の場合たると、国際関係の場合たるとを問わず、政治の一般法則である。この意味において、米ソというような超強大国家（superpowers）の形成と、その世界的規模での対立の激化が、国際社会の力関係を単純化して行く傾向が世界平和の上に重大な暗影を投げかけていることは今更説くまでもない。

前にのべたように国連において、西欧陣営の諸国が大綱においてアメリカと歩調を合わせながら、それぞれできるだけ独自の判断と行動を持とうとする微妙な動向を示しているのは、たんに狭い意味の国家的面子《めんつ》の問題だけでなく、このような両極化の傾向に対する危惧が共通の感情として流れているからである。アメリカのフレンド協会が、米ソ関係研究のため設けた委員会によって発表された報告は、この点に触れて、次のように言っている。「国連における投票は、世界の大多数の国がもし米ソの抗争において選択を強制されたならば、どちらを選ぶかということについて殆んど疑問の余地を残していない。しかしそれにもまして見誤ってならない事実は、他の諸国はこのような選択をしなければならぬことを望んでいないということである。戦争にまき込まれること、ないしは、ロシアに支配されることに対するそれら諸国の恐怖にも拘らず、彼等は他方またアメリカ合衆国による支配をも避けようと欲している」（The United States and the Soviet Union, A Report prepared for the American Friends Service Committee, 1949, p. 14）。そうして、こうした動向が、米ソいずれとも異る独自の歴史と生活様式をもつ地域――例えば西欧とかアジア諸国において比較的に熾烈であることもまた見易い理である。そこからして西欧やアジアにおける、いわゆる第三勢力の形成ということがしばしば論議に上って来る。もし更にこの両地域において、いずれがそうした力の高まる可能性が強いかといえば、恐らくアジアであろう。西欧は今次大戦によって受けた社会的経済的思想的創痍があまりに深く、その自主性を主張する基盤となる経済的復興のためにもアメリカの援助に依存せざるをえない立場にあり、かてて加えて、そこでの政治的形態はソ連共産主義に対する反撥において、もとよりアメリカと共通する面が多いので、西欧諸国が世界政治の舞台において第三者的役割を果す余地はさほど多くはないと思われる。これに対して、アジア、とくに、従来長きにわたって植民地乃至半植民地の境涯にあって、今次大戦を通じて漸く民族的独立をかちえ、もしくはかちえようと今なお闘争しつつある諸地域の動向こそは、今世紀後半における世界政治の最も重要な因子の一つとなるであろう。そのアジアの自主性の主張を今日最も有力に代表し発言しているのは、周知のようにインドのネルー首相である。ネルーによってしばしば声明された「中立」政策や、今次の朝鮮事件における国連インド代表の動きをもって、いたずらに積極的決断を逡巡し、世界的な対立から逃避しようとする日和見主義のように見るのは、事態の真相をとらえた見解であるとはいい難い。ネルー首相は朝鮮事件において、北朝鮮軍の行動を明白に非難し、その三十八度線への撤収を主張すると同時に、これに関する安全保障理事会の決定を厳に朝鮮の事態に限定する建前をとり、中共とソ連を刺戟するような動向にはすべて反対の態度をとっている。そうして朝鮮事件を真に解決し国連の機能を復活させる途として、中共代表の国連加入に熱心に努力して来た。紛争はどこまでも調停によって解決さるべきであるというネルーの基本原則は陳腐で迂遠な策のように見えるが、そこにはむしろわれわれが冒頭にのべた現代戦争に対する透徹した洞察が窺われる。と同時にそれはまたアジア民族の歴史的地位と使命に関する満々たる自信の表明にほかならない。そうしてインドによって代表された自主的な動向は、むろん多少の偏差をもってではあるが、やがてまた若々しいエネルギーに満ちたアジア諸民族が今後、歩むであろうし、また歩まざるをえない途であると思われる。

次に、これは未だ現実化した問題ではないが、主としてソ連圏に直接境を接する諸国の切実な要望を反映するものとして、平和地帯（safety belt）の提唱も、注目するに価しよう（その詳細については本誌十月号〔世界、一九五〇年一〇月号〕の蠟山政道「平和地帯の観念について」参照）。これは概説すると、さしあたりスカンディナヴィア諸国、ドイツ、オーストリア、スイス等の国々をまとめて、一つの「平和地帯」を構成し、これらの地域に対して二つの陣営に所属する国々が単独的軍事行動をとることを禁止する条約を両陣営間で取結ぶというような構想である。両陣営間の調整というような積極的な役割ではなく、一種の緩衝地帯を設定しようというのであるから、その効果も限定され、しかもその実施には少からぬ難点を包蔵するが、こうした提案の中に流れている動向は決して無視されないであろう。

最後に、右のような第三勢力とか緩衝勢力というものとはやや異るが、世界政治に於て中国の占める役割について一言したい。

中共は、政権掌握後、直ちに、中ソ同盟を締結し、いわゆる向ソ一辺倒の旗幟《きし》を闡明にした。われわれは、中共指導者が世界情勢のどのような見透しの下に立って、こうした政策を取ったかを詳かにしない。しかし、このことから直ちに、中共が今後あらゆる面において、ソ連の操り人形に終るという帰結を引き出すことは早計を免れない。そうした途を辿《たど》るには中国の地位と実力は余りに巨大である。無論現在の緊迫した情勢は、いかなる突発事が契機となって、中国を全面的な米ソの衝突のなかに捲込まないとは保証し難いであろう。しかし、長い期間にわたって日本軍の侵略と内乱によって甚大な禍害を蒙り、その荒廃した国土の上にきわめて困難な工業化と農業改革を遂行しなければならない立場にある中共指導者が、いま自ら進んで火中の栗を拾うの愚に出るというようなことは少くも理性的には考えられない。われわれは、いわゆる中共のチトー化というようなことは容易に信じないが、中国が今後その占める巨大な国際的地位の上に立って、世上安易にいわれているような方向とは違った独自の途を歩むということは、必ずしもありえないことではなかろう。最近伝えられるネルー首相と中共との微妙な交渉は、そうした今後の動向の萌芽を暗示するように思われる。もし然りとするならば、それは世界情勢の安定化の上に貢献するところ少くないであろう。

(ロ) 米ソ両国が直面する共同の危険性の問題

われわれはさきに、自由主義対全体主義とか資本主義対社会主義とかいうようなイデオロギー図式だけで、世界の現実を割切ることの誤謬と危険を指摘したが、現実には、米ソの対立が尖鋭化するに従って、双方の陣営からの宣伝戦も熾烈となり、勢いあたかも両文明が架橋することのできない深淵で隔てられているかのような意識がますます世界の人々を捉えてゆく傾向を示している。ところが、狂熱的な怒号にわずらわされることなく冷静に現実の事態を観察するならば、アメリカとソ連は今日において実に巨大な共通の課題を持ち、従ってまた共通の危険に直面していることが容易に知られるのである。このような、両者に共通する次元を自覚することは、単に両者の指導者及び民衆にとって必要であるだけでなく、米ソ以外の諸国民が、悪意ある宣伝や煽動に盲目的に追随せず、危機に対処する方策を理性的に探究するためにも肝要なことである。われわれは、次にそうした問題をいくつか挙げて見よう。

(a) 冷戦の継続による両体制の近似化　前にも述べたように、第三次大戦が米ソ両国のいずれをも従来の戦争の意味における「勝者」にしないことは、すでに世界の殆んどあらゆる識者によって認められている。しかし、かりに、戦争にならないとしても、現在のような冷戦が存続し、或はますます激化するならば、それはやはり、アメリカとソ連のよって立つ原理そのものに致命的な影響を及ぼさずにはいないであろう。近代戦争は必然的に総力戦である。戦争の技術的経済的軍事的規模が厖大化するに従って、戦争の準備もまたますます集約的となり、いわゆる「平和を軍事化する」ことが要求される。「近代の社会的経済的諸条件の下では、一たび国際紛争を強力によって解決する決意がなされた以上、能率を増進させるために、要塞化を必要としないような生活領域は、事実上一つも残らなくなる。労働に対しても休息に対しても、全く同様に仮借なき戦争準備の諸法則が課せられることになる。……従って戦争準備は基本的な人間の諸価値に破滅的な犠牲を及ぼす。こうした犠牲は決して全体主義国家に住む人々に限定せられないのである」(H. Speier & A. Kähle, War in Our Time, N. Y., 1939, p. 13-14)。

従って、米ソがひたすら軍事的総動員体制を高度化することによって、一方において「自由民主主義」を「全体主義」に対して防衛するという目的そのものが、ますます空虚なものとなり、他方、ソ連の独裁制もますますその主張する「過渡期的」性格から離れて半恒久化せざるをえないであろう。前に挙げたクエーカーの平和計画のなかにも、このような冷戦の継続が両陣営にもたらす現実的効果として、(1)軍事機密の増大、(2)スパイ網の拡大と国内治安対策の整備、(3)政府の措置や政策を批判したりそれに疑問を投ずる人々に不忠誠の嫌疑をかける魔女狩り的ヒステリーの蔓延、といったような現象を指摘している(op. cit., p. 17)。こうして両者は対立を激化すればするほど、逆にその実体の共通性を濃化し、H・D・ラスウェルのいわゆる牢獄兵営国家(Prison-Garrison-State)に近づいてゆくのである。この二十世紀における最大の皮肉ともいうべき事態の根源を、現代の多くの思想家たちの試みたように、いわゆる機械文明と人間の自由の問題にまで追究することの妥当性はしばらくおくとしても、少くも戦争だけでなく、戦争準備の継続自体のもたらすこの恐るべき結果をば、果して、いかなるイデオロギーが正当化しうるであろうか。

(b)ファシズム再興の危険性　西欧民主主義と共産主義にとってファシズムがいかに共同の危険であるか、一時の権力政治の必要から、ファシズム的勢力と手を握ることが、その双方にとっていかに致命的な結果をもたらすかは、すでに一九三〇年以後の歴史が詳らかに物語っている。一方、ナチスや日本帝国主義と妥協してその力をソ連にむけようとした西欧諸国の「宥和政策」、他方、ナチスと不可侵条約を締結して資本主義国家相互の戦争から超然としようとしたソ連の政策は、やがてそれぞれ破局的な結果を招かなければならなかったではないか。今日においてファシズムの危険は決して過去のものではない。枢軸国家の没落を以て、ただちに世界的なファシズムの絶滅と考えるのは、ファシズムの発生原因を深く認識しない見方である。第一次大戦以後、世界的にファシズム勢力を勃興せしめた社会的、経済的、思想的な地盤は今日依然として強靱に存続している。われわれは米ソ両国が第二次大戦におけるように、民主主義を両者の共通の目標として再び確認し、これに対する脅威に共同して対処することを文明と平和の名において切望せざるをえない。

(c)植民地ナショナリズムの問題　アジアにおける植民地支配の崩壊と民族運動の勃興が今世紀の劃期的な事件であることは、前にも述べたところである。そして、アメリカとソ連は、これまでアジア民族運動に最も同情的であったし、植民地・半植民地地域の民衆からも最も好意的に見られていた。それだけにまた、冷戦の激化と共に、アジア民族運動を自己の側に動員せんとする米ソの争いが、今日熾烈をきわめているのである。しかしながら、他面植民地ナショナリズムのなかには、あらゆるナショナリズムと同様に極端な排外主義の発生する危険がはらまれており、既にそれが顕在化している地域もある。従って冷静に観察すれば、こうした諸地域において、偏狭な民族主義化を防止しつつ、封建遺制を除去し、近代化を促進してゆくことは、米ソ両国に共通する利益でなければならない。もし両国が「アジアの勃興」の内包する巨大な意味と、右のような課題の異常な困難さを真に認識したならば、この問題の処理において、例えば国連による後進地域開発計画などを通じて協力しうる面を見出すことは、必ずしも不可能ではなかろう。

(ハ)　「二つの世界」の並存への通路としての国連の役割

国連がそのさまざまの欠陥にもかかわらず、国際紛争の平和的処理と諸国の共同目標の達成のために、これまで人類の支払った犠牲と努力の結晶であり、従来のいずれよりも進んだ平和機構であることはいうまでもない。その健全な発達は全世界の等しく切望するところである。

ただわれわれが忘れてならないことは、国連がその発生の由来と精神から見て、どこまでも諸大国、とくに米ソの協調という地盤の上にのみ、またその方向に進むかぎりにおいてのみ、真の国連でありうるということである。国連憲章が国際紛争の解決のための実質的決議に五大常任理事国（米・英・ソ・仏・中国）の一致を要件としている（二七条）のも、平和の実効的な確保が専ら大国の協調に依存しているという現実認識に基づいているのである。集団的安全保障に基づく制裁が国際警察たる機能を営みうるのも、それが大国を対象としない時だけであって、もし、例えば米ソというごとき国が、制裁の対象となるときは、それは実質的には第三次大戦を意味することは明白である。従って国連の強化ということも、この大国協調という線に沿ってなされねば、却って反対の結果をまねくであろう。その意味では、国際連合の強化を常任理事国の拒否権の制限に求めるような見解は、やや形式論のように思われる。拒否権問題はリー国連事務総長も認めるように、国際対立激化の原因というより、むしろその結果だからである。いわんや今後国連からソ連及びその衛星国を除こうとするような構想は、実質的には共産主義諸国に対する爾余の国家の軍事同盟となる恐れが濃厚にある。そうした方向が平和の保障に寄与しないことについては、すでに述べた如くである。その点では、J・F・ダレス氏も、「ソ連を含まない世界機構は、今よりはるかに愉快なものではあろう。しかし、彼等は、世界的な勢力をもっている。そして、もし国際連合がこの現実から遠のけば、それは不自然なものとなり、その影響力はもっと小さいものとなるのである。国際連合はもっと正確に――もっと不正確にではなく――あるがままの現実の姿を写すべきである」（前掲書、邦訳、二四六頁）といっているのが注目される。

幸い、アメリカもソ連も今日において、――異った動機からにしても――ますます国連を通じて紛争を処理しようとする傾向を示している。われわれは更に進んで、国連がいかなる大国の権力政治の手段にも堕することなく、世界諸国民の輿論に耳を傾ける場として、更に、食糧とか保健衛生とかいう共同の社会問題を処理する機関として、その機能を一層強化して行くことを切望したい。

㈡　ソ連における市民的自由の伸張とアメリカ経済の計画化による両体制の接近

われわれは前の㈺において、米ソの直面する共通の危険性を指摘し、就中、両者の対立の激化の過程に於て不可避的に両体制が近似する傾向を述べた。しかしもし、米ソがこのような致命的な方向をたどらずに、相互に課せられた責任の重大性と、危険の共同性の自覚の上に立って、平和的共存への途を歩むならば、やがてまた、おのずから両体制はそれぞれ進化を遂げて、前者とは全くちがった意味において実質的な融合がみられるであろう。

周知のように、現代文明の軋轢の重要な根源は、フランス革命において手を携えた自由と平等の理想がその後の歴史に於ていたましく背反したことにある。一方、西欧民主主義諸国家は政治的自由の拡充にもかかわらず、今日まで階級分裂の克服と完全雇傭の実現において未だ成功を見るに至らず、他方、その課題を強力的に解決しようとしたロシア革命は、政治的自由の制限という貴重な代価を支払わねばならなかった。そこにはらまれた矛盾が、結局今日における米ソの対立に集中的に表現されるに至ったのである。この矛盾が一方の体制への他方の体制の全面的吸収という形によらずに打開される途は、アメリカ民主主義が一層計画原理を導入して、大企業(big business)をコントロールし、失業の駆逐に向うと同時に、ソ連共産主義がその専制的閉鎖的性格を緩和し、市民的政治的自由を伸張する方向を辿ること以外にはない。もしこのような形で両体制の間に歩み寄りが行われるならば、現在両者を隔離させている相互の不信とか、両陣営の間で交されている激烈な攻撃の言辞とかは一つの歴史的エピソードとして回想されるようになるであろう。従ってわれわれの見るところによれば、アメリカとソ連は戦争への方向をとるも平和の方向をとるも、いずれにしてもその体制を近接させてゆくということになる。

両体制の実質的近似化ということが、現在の緊迫した情勢の下で、いかに空想的に見えようとも、将来の方向においてこれ以外の可能性は存しない。問題はただそれが平和的共存の途によってか、それとも戦争への途によってか、ということだけである。そうして、前者が必ずしも人類の天国を約束しないとしても、後者が人類の地獄を意味することだけは確かである。

以上、(イ)、(ロ)、(ハ)、(ニ)、にわたって略述したような「二つの世界」の平和的並存を高度化する諸契機は、もとよりそのうちに多大の困難をはらんでいる。しかし、もし第二次大戦を闘いぬいた世界の民主主義諸国がその苛烈な経験から学ぶことを忘れないならば、その困難を克服する途は必ずや開かれるであろう。われわれはここに更めて、独ソ戦争の勃発から、ポツダム共同宣言に至る連合国の協調の基本精神を想起せざるをえない。一九四三年十月、モスコーにおける米英ソ三国外相会談後の共同コミュニケにおいては、次のようにいわれている。

「戦争遂行における現在の密接な協同と協力をば、戦闘終結後の時期にまで継続することが、これら（米英ソ）三国およびすべての平和愛好国民にとって緊要であること、かくしてのみ、平和は維持され、それら諸国民の政治的経済的社会的福祉は完全に増進されうるものなることが、米英ソ三国政府によって一致して承認された」

そうして同年十一月の、ルーズヴェルト大統領、チャーチル首相、スターリン首相のテヘランにおける共同宣言は、さらにこの趣旨を確認し、拡充している。

「われわれは、われわれ三国の一致が永続的な平和をかちえることを確信している。われわれは世界の圧倒的多数の大衆の善意を喚起し、数世代にわたって戦争の笞とテロルを放逐する如き平和をつくり出す崇高な責任がわれわれ及びすべての連合国にかかっていることを完全に認めるものである。……われわれは希望と決意をもってここに来た。われわれは事実においても、精神においても、目的においても友としてここを去る」

米英諸国とソ連との対立を本来的に宥和出来ないものと考え、その過去の協調を、一時の権謀と見ることは、結果において、これらの宣言に参加した三大国の指導者と、宣言の精神を圧倒的に支持した世界幾億の民衆を嘲笑することにならないであろうか。

ふたたびわれわれの基本的態度について

われわれが何故さきの声明において、相対峙する陣営の一方に全面的に身を投ずることが、世界平和の確保のためにも日本国民の幸福のためにも、望ましくない旨を主張したかということの原理的な根拠は、ほぼ以上述べたところから明らかになったと信ずる。われわれの主張する二つの世界からの「中立」は、以上のような一般的な根拠から必然的に流出するような原理的態度であって、時々の客観情勢に左右されるような便宜的政策の問題ではない。念のためそこに内包された意味をいま一度抽出して見るならば、

（一）それはイデオロギー的対立の固定的な理解に対する反対を意味する。とくにある一つのイデオロギー的対立の図式を絶対化して、他の諸種のイデオロギーの錯綜を無視することは誤謬であり、また危険でもある。

（二）　それはまた、イデオロギーの問題と現実の組織化された武装国家権力の対峙という問題との間に存するギャップを認識することを意味する。善と悪との間に中立はありえないというような一見自明の理から、直ちに世界の権力闘争において一方に加担せよという主張を導き出すことには論理の飛躍があり、平和の確保を危くする考え方である。

（三）　中立はもとより孤立を意味するものではない。それはいずれの側の国家に対しても挑発的な行動や措置をとることに反対するもので、従って反ソ的でなければ親米的といえないとか、反米的でなければ親ソ的でないというような、固定的な鋳型に国民の思考を流し込んで行く傾向に対する抗議を意味する。こういう立場を、悪評高い有和政策（appeasement policy）と同視するような見解は、いわゆる有和政策か強硬政策かというような選択を自由になしえた過去の大国日本の幻想をまだ払拭していないことの証左である。

（四）　それは一切の国際紛争に対して、日本から進んでこれに介入し、あるいは参加することを絶対に避ける態度を堅持することを意味する。なお、この点と再武装や国連加入問題との具体的関連については、次章に述べられる。

このような「中立」の主張に対して、われわれの原理的態度を了解しないで、その背後に隠れた意図とかその現実に演ずる役割とかを臆測し、指摘するような批評が世に少からず行われている。しかもそうした種類の批評がまさに正反対の立場から加えられていることはきわめて注目すべきことである。一方において、それは反ソ論者からソ連乃至国際共産主義の明らさまな侵略的態度に目を閉じ、もしくはこれを陰に弁護するものであるかのように罵られるかと思えば、他方において、共産主義の陣営の中からも、中立主義は現実に進行している日本の軍事基地化と植民地化から大衆の目をそらせる役割をもつと批判されている。こうした相矛盾した批判こそ却ってまさに、現在において中立の主張が日本の真の自主独立の立場の表現であることを、何より雄弁に証明している。

われわれはこの途が安易なものであるかのような幻想をもつものでない。しかし、真に日本国民の独立と福祉にとって、また世界平和の確保にとって、いかなる他の方途が残されているであろうか。われわれの主張を完全に実現不可能という人々に対しては、既にわれわれはその然らざる所以を述べた。それをきわめて困難であるという人々に対しては、われわれはそのことを率直に肯定しつつ、「にも拘らず」というほかない。こうした一般的前提の上に立って、次にわれわれは日本の当面する、より具体的な問題に対する分析に入ろう。

（世界、一九五〇年一二月号、岩波書店）

「現実」主義の陥穽――ある編輯者へ

重ねてお手紙拝見しました。ああした重大な問題に対してどうせ新らしく書くなら私としてはただ結論をいうだけではなく、私と反対の考え方と十分対決しながら論じたいのですが、現在はまだそれほど健康に自信が持てないので前便でお断りしたような次第ですが、今度は一つ選挙で一票を投ずる気持でというお言葉には、そうしたなにげない表現のうちに貴方の激しい危機意識がピンと感じとられるだけに、正直のところ困ってしまいました。むろん現在、再軍備問題について票を投ぜよといわれたら、私としては「否」というほかありません。それは現在の政府の意図しているいわゆる「抜き足さし足」の再軍備であろうと、また改進党其他の方面で主張されている憲法改正を前提とした大っぴらの再軍備であろうと同じことです。私は平和問題談話会の度々の発表や声明に署名した者の一人として、そこで示された考え方を貫けば当然現在唱えられている再軍備には原則的に反対しなければならないと思います。そうして現在の国内・国際の情勢を眺めまた世上喧《かまびす》しい論議を読んでも、格別その考え方を変えなければならない根拠を見出すことが出来ません。それにつけても私は、講和論から再軍備論に至るめまぐるしい世論の動きと、これに対する人々の反応の仕方などを見詰めているとある種の感慨を禁ずることが出来ないのです。そこで今日は、再軍備論の実質的な検討に入る前に、どうしても私の心にひっかかっている二、三の問題をとりあげて見たいと思います。それは再軍備是非論の具体的内容それ自体よりもそうした論議の底に流れる人々の思惟方法なり態度なりの問題です。今度は一つそれについて率直な感想を述べて責をふさぐ事にします。ただし疲れたら尻切れトンボでもペンを措きますから、その点あらかじめ御諒承下さい。

一

講和論議の際も今度の再軍備問題のときも平和問題談話会のような考え方に対していちばん頻繁に向けられる非難は、「現実的でない」という言葉です。私はどうしてもこの際、私達日本人が通常に現実とか非現実とかいう場合の「現実」というのはどういう構造をもっているかということをよくつきとめて置く必要があると思うのです。私の考えではそこにはほぼ三つの特徴が指摘出来るのではないかと思います。

第一には、現実の所与性ということです。

現実とは本来一面において与えられたものであると同時に、他面で日々造られて行くものなのですが、普通「現実」というときはもっぱら前の契機だけが前面に出て現実のプラスティックな面は無視されます。いいかえれば現実とはこの国では端的に既成事実と等置されます。現実的たれということは、既成事実に屈伏せよということにほかなりません。現実が所与性と過去性においてだけ捉えられるとき、それは容易に諦観に転化します。「現実だから仕方がない」というふうに、現実はいつも、「仕方のない」過去なのです。私はかつてこうした思考様式がいかに広く戦前戦時の指導者層に喰入り、それがいよいよ日本の「現実」をのっぴきならない泥沼に追い込んだかを分析したことがありますが（「軍国支配者の精神形態」［本書所収］参照）、他方においてファシズムに対する抵抗力を内側から崩して行ったのもまさにこうした「現実」観ではなかったでしょうか。「国体」という現実、軍部という現実、統帥権という現実、満州国という現実、国際連盟脱退という現実、日華事変という現実、日独伊軍事同盟という現実、大政翼賛会という現実――そうして最後には太平洋戦争という現実、それらが一つ一つ動きのとれない所与性として私達の観念にのしかかり、私達の自由なイマジネーションと行動を圧殺して行ったのはついこの間のことです。いな、そういえば戦後の民主化自体が「敗戦の現実」の上にのみ止《や》むなく肯定されたにすぎません。戦後まもなく「ニューズウィーク」に、日本人にとって民主主義とは "It can't be helped" democracy だという皮肉な記事が載っていたことを覚えています。「仕方なしデモクラシー」なればこそ、その仕方なくさせている圧力が減れば、いわば「自動」的に逆コースに向うのでしょう。そうして仕方なし戦争放棄から今度は仕方なし再軍備へ——ああ一体どこまで行ったら既成事実への屈伏という私達の無窮動《ペルペトウーム・モビーレ》は終止符に来るのでしょうか。

さて、日本人の「現実」観を構成する第二の特徴は現実の一次元性とでもいいましょうか。いうまでもなく社会的現実はきわめて錯雑し矛盾したさまざまの動向によって立体的に構成されていますが、そうした現実の多元的構造はいわゆる「現実を直視せよ」とか「現実的地盤に立て」とかいって叱咤する場合にはたいてい簡単に無視されて、現実の一つの側面だけが強調されるのです。再び前の例に戻れば、当時、自由主義や民主主義を唱え、英米との協調を説き、労働組合の産報化に反対し、反戦運動を起す、等々の動向は一様に「非現実的」の烙印を押され、ついで反国家的と断ぜられました。いいかえればファッショ化に沿う方向だけが「現実的」と見られ、苟《いやしく》もそれに逆らう方向は非現実的と考えられたわけです。しかしいうまでもなく当時の世界はいたるところにおいてファッショ化の方向と民主主義の動向とが相抗争していました。それは枢軸国対民主主義国といった国際関係についてだけでなく、各々の国内においても程度の差こそあれ、そうした矛盾した動向があったわけです。ファッショ化への動きだけが「現実」で、然らざるものは「非現実」という根拠は毫もないのであって、もしそうでなければ一九四五年の世界史的転換も、ある天気晴朗なる日に忽然「枢軸」的現実が消え去って「民主主義」的現実がポッカリ浮び出たというふうな奇妙な説明に陥らざるをえません。また事実、戦時中のように新聞・ラジオなどのマス・コミュニケーションの機関が多面的な現実のなかから一つの面だけを唯一の「現実」であるかのように報道しつづけている場合には、国民は目隠しされた馬車馬のように一すじの「現実」しか視界に入って来ませんから、そうした局面の露わな転換が全くの「突然変異」に映ずるのも無理はないでしょう。戦後にしても、中共の勝利やマッカーサーの罷免など、いずれも私達日本国民にとっては寝耳に水だったわけですが、実はそうした事件に導く「現実」は前々から徐々に形成されていたのであって、ただ日本の新聞やラジオが故意か怠慢かでそれを十分に報道しなかっただけのことです。戦後、米ソの対立が日を追うて激化して来たことは、むろん子供にも分る「現実」にちがいありませんが、同時に他の諸国はもとより当の米ソの責任ある当局者が何とかして破局を回避しようとさまざまの努力をしているのも「現実」ですし、更に世界の到るところで反戦平和の運動が――その中にさまざまの動向を含みながら――ますます高まって来ていることも否定出来ない「現実」ではありませんか。「現実的たれ」というのはこうした矛盾錯雑した現実のどれを指していうのでしょうか。実はそういうとき、ひとはすでに現実のうちのある面を望ましいと考え、他の面を望ましくないと考える価値判断に立って「現実」の一面を選択しているのです。講和問題にしろ、再軍備問題にしろ、それは決して現実論と非現実論の争ではなく、実はそうした選択をめぐる争にほかなりません。それにも拘らず、片面講和論や向米一辺倒論や（公式非公式含めての）再軍備論の立場の側からだけしきりに「現実論」が放送され、世間の人も、またうっかりすると反対論者までつりこまれて「現実はその通りだが理想はあくまで云々」などと同じ考え方に退却してしまうのはどういうわけでしょうか。

　そう考えてくると自から我が国民の「現実」観を形成する第三の契機に行き当らざるをえません。すなわち、その時々の支配権力が選択する方向が、すぐれて「現実的」と考えられ、これに対する反対派の選択する方向は容易に「観念的」「非現実的」というレッテルを貼られがちだということです。さきに挙げた戦前戦後の例をまた繰り返すまでもなくこのことは明らかでしょう。われわれの間に根強く巣喰っている事大主義と権威主義がここに遺憾なく露呈されています。むろんこうした考え方も第二の場合と同様、それを成り立たせる実質的な地盤があるわけで、権力に対する民衆のコントロールの程度が弱ければ当然、権力者はその望む方向に——少くもある時点までは——どんどん国家を引っ張って行けるので、実際問題としても支配者の選択が他の動向を圧倒して唯一の「現実」にまで自らを高めうる可能性が大きいといわねばなりません。古典的な民主政の変質は世界的に政治権力に対する民衆の統制力を弱化する傾向を示しているので、上のような考え方もそれだけ普遍的となっているともいえますが、何といっても昔から長いものに巻かれて来た私達の国のような場合には、とくに支配層的現実即ち現実一般と看做され易い素地が多いといえましょう。この点も私達の判断をできるだけ綜合的にするために忘れてならない事と思います。

例えば西欧再軍備の問題にしても、日本の新聞だけ見ていると、いわゆる「力による平和《ピース・スルー・ストレングス》」という考え方そのものは西欧諸国ではすでに自明の原理とされ、ただ問題は再軍備の具体的＝技術的な方法だけにあるような印象を受けますが、これなども各国の政府の動向だけが主として報道されることによるもので、民衆の動きはまたちがった「現実」を示しているようです。西独の民衆の圧倒的多数が再軍備に反対していることは流石《さすが》にちょいちょい大新聞にも報道されていますが、フランスでも大体、国民の五〇パーセント以上が政府の政策とくに再軍備政策に反対し、二五パーセントは不満を持っているがどうしていいか分らずに混迷しており、残りの二五パーセントだけが明白にアメリカに加担しているという報告があります（マンスリー・レヴュー、一九五一年一一月号）。イギリスでも労働党内の再軍備反対派の巨頭ベヴァンの声望がいよいよ増して来ていることは御承知の通りです。ベヴァン派のクロスマンがスカーボロウの労働党大会で多くの代議員と話した印象では、彼らはロシアの侵略的意図についての宣伝に疑問をもち、英国の再軍備は「モスコーとの間の問題よりむしろワシントンとの間の問題ではないか」と考え、「アメリカ人が、彼ら自身の生活水準は依然上昇を続けているのに我が国のそれをもっと切り下げるよう要求している事実」を遺憾としている、ということです。しかも「こうしたアメリカの政策に対する嫌悪は労働党の左派だけではなく、保守労働両党を含めてチャーチルとイーデンより左に位置する人々の間に滲透しはじめている」とニューヨーク・タイムズ特派員は伝えています（同上）。ところが右のような西欧情勢が、支配層的現実＝現実一般という上にのべた考え方の現像液に浸されると、西欧世界が滔々として再軍備に向っているという「現実」のみが焼き付けられ、我が国もバスに乗り遅れるなという空気をいよいよ高めて行くことになってしまうのです。むろん西欧でさきの報道が伝えるように、「政府と国民との間のギャップが拡がりつつある」ことが事実としても、果してそうした下からの動向がどこまで各国政府の再軍備計画を当面チェックしうるかという点には疑問があるでしょう。アメリカの現在の世界政策がますます直接的に対ソ戦略的見地に支配されるようになった必然の結果として、民心の向背を顧みる暇なく到るところプロ・アメリカ的政府を強引にバックにして、もっぱら政府を通じて手っ取り早く「封じ込め政策《コンテインメント・ポリシー》」を遂行しようとしているので、一層そうした「上からの」動向は有力に見えます。だからといって私達はそれを「現実」のすべてと勘違いすると何時の日か手ひどく現実自体によって復讐されるでしょう。民衆の間の動向は権力者の側ほど組織化されていず、また必ずしもマス・コミュニケーションの軌道に乗りませんから、いつでも表面的にはそれほど派手に見えませんが、少し長い目で見れば、むしろ現実を動かしている最終の力がそこにあることは歴史の常識です。ここでも問題は「太く短かい」現実と「細く長い」現実といずれを相対的に重視するかという選択に帰着するわけです。

私達の言論界に横行している「現実」観も、一寸《ちょっと》吟味して見ればこのようにきわめて特殊の意味と色彩をもったものであることが分ります。こうした現実観の構造が無批判的に維持されている限り、それは過去においてと同じく将来においても私達国民の自発的な思考と行動の前に立ちふさがり、それを押しつぶす契機としてしか作用しないでしょう。そうしてあのアンデルセンの童話の少女のように「現実」という赤い靴をはかされた国民は自分で自分を制御出来ないままに死への舞踏を続けるほかなくなります。私達は観念論という非難にたじろがず、なによりもこうした特殊の「現実」観に真向から挑戦しようではありませんか。そうして既成事実へのこれ以上の屈伏を拒絶しようではありませんか。そうした「拒絶」がたとえ一つ一つはどんなにささやかでも、それだけ私達の選択する現実をヨリ推進し、ヨリ有力にするのです。これを信じない者は人間の歴史を信じない者です。

二

もちろんそれにも拘らず、事態の急激な進行が昨日までの選択の問題を今日はすでに既成事実に代え、今日はまだ相対抗していた動向の一つが、明日は決定的に支配的になるということがあるでしょう。いな講和論から中国選択問題を経て再軍備論に至るこの一年あまりの我が国の歩みは、現に私達の当面の選択のイッシューをあっという間に次々と移動させて行ったことは残念ながら否定出来ません。そうした場合に私達は具体的にどう処したらいいかということはかなり難しい問題です。昨日までの選択の問題に何時までも拘泥しているために、現在或いは将来のまだいくつかの可能性をはらんだ問題への発言力を却《かえ》って弱めるような結果になることは、極力警戒しなければなりません。とくに政治家の場合はそうです。しかし、さればといって次々と新らしい問題の解答に気を奪われて私達の基本的な立場をいつの間にかどんどん移動させてしまうということはヨリ以上に危険なことです。それは結局、問題提出のイニシァティヴをいつも支配権力の側に握られて、私達はただ鼻づらをひきまわされるだけという結果に陥ってしまいます。講和論議はもう片づいた問題だからそんな問題をいつまでも蒸し返していては駄目だという考え方を一方的に押し進めればどういうことになるでしょう。安保条約は講和条約と不可分の一体をなすものですし、行政協定はまた安保条約に根拠づけられています。時間的または論理的には、講和条約―安保条約―行政協定という順序ですが、むしろアメリカ政府の狙いからいえば、行政協定あってこその安保条約であり講和条約なので、そのことは岡崎・ラスク会談による行政協定締結の見透しを俟《ま》ってはじめてアメリカ上院が講和条約の批准をとり上げていることからも明瞭です。大新聞があのとき独立だ独立だと騒いでおいて、今になってこんな筈《はず》じゃなかったような顔をするのは、ごまかしでなければ恐ろしく見透しのきかない話で、これこそ「非現実的」の最たるものでしょう。再軍備の問題だって、日本が防衛力漸増の義務を負うことはサンフランシスコ会議劈頭のトルーマン大統領の演説のなかで、すでにハッキリ言われていたことです。ですから問題はやはりああした片面講和自体の性格のなかにあるわけで、もしこれをすでに済んだ事柄だというならば、再軍備の是非自体ももはや論議を超えた問題といわざるをえないことになります。ある事柄が片づいた問題であるかどうかは性急なジャーナリストや底意をもった政治家がいうほどはっきりけじめをつけられるものではありません。全面講和か単独講和かという問題を競馬の賭けみたいに考えればなるほど勝負は一応きまったといえるでしょうが、あの際に全面講和を主張した人々の憂えた問題自体は消えるどころか、まさにいよいよこれから表面化して行くでしょう。ですから私達にとって大事なことは、以前の争点を忘れたり捨て去ったりすることでなく、むしろそれを新らしい局面のなかで不断に具体化することでなければなりません。その基本的態度を誤ると、結局いつしか足をさらわれて気がついた時は自分の本来の立場からずっと離れた地点に立っているということになります。これこそ満州事変以後、何千人何万人の善意の知識人が結果においてファシズムに一役買うようになった悲劇への途ではありませんか。

これに関連して私はとくに知識人特有の弱点に言及しないわけに行きません。それは何かといえば、知識人の場合はなまじ理論をもっているだけに、しばしば自己の意図に副《そ》わない「現実」の進展に対しても、いつの間にかこれを合理化し正当化する理窟をこしらえあげて良心を満足させてしまうということです。既成事実への屈伏が屈伏として意識されている間はまだいいのです。その限りで自分の立場と既成事実との間の緊張関係は存続しています。ところが本来気の弱い知識人はやがてこの緊張に堪えきれずに、そのギャップを、自分の側からの歩み寄りによって埋めて行こうとします。そこにお手のものの思想や学問が動員されてくるのです。しかも人間の果しない自己欺瞞の力によって、この実質的な屈伏はもはや決して屈伏として受け取られず、自分の本来の立場の「発展」と考えられることで、スムーズに昨日の自己と接続されるわけです。嘗《かつ》ての自由主義的ないし進歩的知識人の少なからずはこうして日華事変を、新体制運動を、翼賛会を、大東亜共栄圏を、太平洋戦争を合理化して行きました。一たびは悲劇といえましょう。しかし再度知識人がこの過ちを冒したらそれはもはや茶番でしかありません。

私達の眼前にある再軍備問題においても、善意からにせよ悪意からにせよ、右のような先手を打つ式の危険な考え方が早くも現われています。例えば、問題はすでに現在の予備隊が憲法第九条の「戦力」に該当するかどうかというような「スコラ的」論議の段階ではなく、来るべき再軍備においていかにして旧帝国軍隊の再現を防止するか、或いはいかにして文官優越制《シヴィリアン・シュープリマシー》の原則を確立するかにある――などという所論がすでにあちこちに見受けられますが、これなどその主張者の意図如何にかかわりなく実質的には、上から造られようとしている方向、しかしまだ必ずしも支配的とならない動向に対して大幅に陣地を明け渡す結果しか齎《もたら》しません。文官優越制の問題自体はここに論ずる限りではありませんが、ただ一言したいことは、それは統帥権の独立や軍部大臣武官制に悩まされた日本でこそ目新らしく映りますが、実はすでに第一次大戦における帝政ドイツ崩壊後は世界の文明国家でどこでも確立している原則だということです。むろんそれが確立したのは自由主義の要請にもよりますが、同時に現代戦争において最も有効な戦争指導体制として歴史的に実証されて来たからであって、文官優越制になったからとて戦争の危険が著しく減少すると思ったら、それは現代戦争の動因に対する完全な認識不足といっても過言ではないでしょう。むしろ、現代の全体戦争的性格は形式的制度の上で文官武官どちらが優越しているかにかかわりなく、政治家と軍人（或いは政略と戦略）の融合一体化の傾向を示しています。例えば、マッカーサー元帥の罷免はアメリカにおける文官優越制の最も顕著な事例として、日本などでは感嘆と驚異の眼で見られましたが、それはアメリカの政治・経済機構全般の軍事体制化を毫も妨げるものではありません。むしろあの事件はマッカーサーに対するマーシャル・ブラッドレー派の勝利であって、それによって国防省首脳部の政治的発言権はかえって実質的に強化されたという有力な見方もある位です。ともかく現在における再軍備の問題の所在を文官優越制にあるかのようにいう事は客観的には、真の争点から国民の眼をそらせる役割を営むものというほかありません。私達は問題意識においてあくまで冷静かつ執拗であるべきで、かりにも事態の急テンポに眩惑されて思想的な「先物買い」に陥ってはならないと思います。

それからもう一つ、学者や政治家の間には、再軍備の是非は結局国民自身が決めるべき問題であるという――それ自体まことに尤《もっと》もな――議論を煙幕として自分の態度表明を韜晦《とうかい》しようという兆しがはやくも見えております。もっともそこにもまたいろいろニュアンスがあって、実際は自分の内心の立場はきまっているのだが、現在それを表明するのは具合が悪いので、もう少し「世論」がそちらの方に動いて来るのを待とう――或いはもっと積極的には「世論」をその方へ操作誘導して行ってから後にしよう、という戦術派もあれば、また形勢を観望して大勢のきまる方に就こうという文字通りの日和見派もあるでしょう。それはともかくとして、再軍備問題は次の総選挙において最大のイッシューの一つになるでしょうから、その結果によって、またいずれ来るべき憲法第九条の改正をめぐる国民投票において最後の審判が下されるべき問題であることは当然の事理です。しかしながら、いうまでもなく国民がこの問題に対して公平な裁断を下しうるためには最小限度次のような条件が充たされていなければなりません。第一は通信・報道のソースが片よらないこと、第二に異った意見が国民の前に——一部インテリの前にだけでなく——公平に紹介されること、第三に以上の条件の成立を阻みもしくは阻むおそれのある法令の存在しないこと、以上です。ですから再軍備問題を国民の判断に委ねよと主張する人が、いやしくも真摯な動機からそれをいうのなら、彼は必ずや同時に右のような条件を国内に最大限に成り立たせる事を声を大にして要求すべき道徳的義務を感ずる筈です。もし彼がそうした条件の有無や程度については看過し、もしくは無関心のまま、手放しに国民の判断を云々するなら——もし現在のように新聞・ラジオのニュース・ソースが甚だしく一方的であり（必ずしもうそをついているとはいえませんが）、また異なる意見が決して紙面や解説で公平な取り扱いを受けず、ソ連や中共の悪口はいい放題であるのに対して、アメリカの批判や軍事基地の問題は政令三二五号等々の取締法規のためにおっかなびっくりでしか述べられないという状況——一言にしていえば言論のフェア・プレーによる争いを阻んでいる諸条件——

に対して何ら闘うことなしに、ただ世論や国民の判断をかつぎ出して来るならば、私達はそういう人達の議論に誠実さを認めることは出来ません。それらの人は何千万の国民の生死に関係する問題に対しても一段高い所に立って傍観者的姿勢をくずさず、むしろそうしたとりすましたジェスチュアのうちに叡智を誇ろうとする偽賢人か、さもなければ、現在のマス・コミュニケーションにおいて上のようなフェア・プレーの地盤が欠如していることを百も承知で、逆にそれを利用して目的を達成しようという底意を持った政治屋か、恐らくそのどちらかでしょう。

三

まことに政治家にしろ、学者にしろ、評論家にしろ、昨日の言動を今日翻して平然たる風景が我が国ほど甚だしく見受けられるところがあるでしょうか。私は思想検事みたいに、お前は何日何時こういったじゃないかなどというような穿鑿をする趣味はおよそ持ち合せないのですが、それでも近頃の各界有力者の動向を見ていますと、せめて戦後だけでもいいから、個人別の発言の詳細なリストを作りたい衝動を禁ずることが出来ません。すべての問題について不可能なら、新憲法に関することに限定してもいいでしょう。国会で、式典で、憲法普及会などの全国各地の講演会で、新聞で、雑誌で、ラジオで、新憲法発布当時誰がどういうことをいったか、ひとつ皆で記憶を呼び起し、協力して調査しようではありませんか。そうしてその御当人が現在何をいっているか、或はこれから何をいうだろうかをよくひき比べて見たいものです。その位のことをしなければ日本では自分の言論に責任をもつ習慣はいつまでも出来ないと思います。もちろん変説改論がそれ自体悪いというのではありません。吉田首相のいい草ではないが「馬鹿の一つ覚え」は感心すべきことではないでしょう（私にいわせれば流行の「真空説」など馬鹿の一つ覚えの最たるものです）。しかし、変説改論にはそれだけの内面的な必然性がなければならず、また本人からそれについてハッキリした説明があるべきです。ズルズルベッタリの転向や三百代言は一番卑劣です。例えば新憲法の精神を百パーセント讃え宣伝した学者が今頃になってあれは占領下に押しつけられたもので、そんなに有難がる必要はない、などと急にいい出したり、戦争放棄を進んで支持した政治家が、二、三年のうちにあの条項を陰に陽に厄介視したりするのを見たら、誰だって首をかしげたくなります。況《いわ》んや国際情勢などにあまり関心も知識もない人ならともかく、少くとも人並以上そうしたことに通じている筈の政治家や学者・評論家などが、「あの時分はまだ米ソがそれほど対立していなかった」という理由から戦争放棄条項を説明し、そのことを「事情変更の原則」による憲法改正の伏線にしようというような口ぶりを聞くと啞然たらざるをえません。民主主義と並んで憲法の根幹を示すあの条項が、僅か数年先の見透しもなくて軽率に定められたとでもいうのでしょうか。それならそういう軽率な条項を挿入した当局者およびそれを無条件で礼讃した学者・評論家はまず自己の不明を天下に謝すべきです。そもそも「冷い戦争」が果してそんなに新らしい現象でしょうか。しばらく年代を繰って見ましょう。冷戦の根がどのようにしてすでに第二次大戦中に張られていたかということはこの際しばらく別として、一九四五年八月一八日といえば、日本降伏の歴史的な日の僅か三日後ですが、この日にアメリカ国務長官バーンズは、「現在のブルガリア臨時政府が民主的世論の重要な要素を十分代表していない」ことに不満を表する旨の声明を発しました。そのまた二日後イギリスのベヴィン外相は下院での初演説で、「われわれは一つの形の全体主義に代えるに他の形の全体主義を以てすることを防止しなければならぬ」といって、ブルガリア、ルーマニア、ハンガリー、ポーランドの動向に警告を発しています。すなわち殆んど第二次大戦の終了と同時に冷戦の火蓋は切られていたわけです。翌四六年一月の第一回の安保理事会にはソ連とイランの紛争が持ち込まれ、更にソ連代表がギリシャ、インドネシアにおける英国の軍事行動を猛烈に非難し、最初の拒否権を行使しました。三月のニューヨークで開かれた理事会ではスペインのフランコ政権問題をめぐってソ連が二回拒否権を行使し、早くも理事会の運営の前途を疑問視する声が出ています。チャーチルが「バルチック海のステッティンからアドリア海のトリエストに到るまで、大陸を縦断する鉄のカーテンが降りている」という有名なフルトン演説をやって、共産主義の脅威に対する英米軍事同盟を提唱したのは四六年三月五日のことです。四六年の九月にはウォレス商務長官が相互不干渉の原則に立つ対ソ協調論を唱えてバーンズ国務長官と対立、ついに辞職しました（同日、全アメリカ在郷軍人会長ジョン・ステルは、「われわれは、モスコーめがけて一発原子爆弾をお見舞すべきだ」とニュー・オーリンズで演説しています）。そうして四七年の三月には、ギリシャ・トルコに対する援助に関連して「全体主義と闘う世界中の自由な国民を支援する」という歴史的なトルーマン・ドクトリンが宣明されたわけです。ところで念のためにいえば新憲法草案要綱が内閣から発表されたのは一九四六年三月六日、衆議院に上程されたのは六月二五日であり、その夏いっぱいを費して審議修正の結果、八月二四日、衆議院を通過、貴族院では世人の記憶に残る学者グループと政府当局者との論戦の後、一〇月七日貴族院本会議を通過、同日衆議院が再修正に同意し、かくて一一月三日公布、翌四七年五月華々しい祭典裡に施行されました。憲法普及のための種々の催し・講演会・解説書などが日本中に汎濫したのはそれから後のことです。このきわめて簡単なクロニクルを対比しただけで、「あの当時は米ソの対立が予想されなかった」とか「国際関係はまだ平穏だった」とかいった弁明を、いやしくも責任ある政治家や学者がいえる筋合のものでないことはあまりにも明らかではないでしょうか。私達日本国民が「平和を愛する諸国民の公正と信義に信頼してわれらの安全と生存を保持しようと決意」して、一切の武力を放棄し、「国家の名誉にかけ、全力をあげてこの崇高な理想と目的を達成することを誓」

（憲法前文）ったのは、決して四海波静かなるユートピアの世界においてではなく、米ソの抗争がむろん今日ほど激烈でないにしても、少くもそれが世界的規模において繰り拡げられることが十分予見される情勢の下においてだったのです。こうした情勢にも拘らず敢て非武装国家として新しいスタートを切ったところにこそ新憲法の劃期的意味があったと少くも私は記憶し理解しています。しかしどうやら近頃は、昔のことを早く忘れた者ほど大きな口をきいているようですから、右のようなことをいっても、そんな考証は後世の歴史家に任せておけばいいと一喝を喰うのがオチかも知れません。

いつの間にか予定していた枚数を越えてしまいました。以上申したようなことは、いずれも少し物を考える人にとっては、格別目新らしい考えではなく、むしろごく平凡なことです。しかし現在は、何か気のきいたことを一ついうよりは、当り前のことを百ぺんも繰り返し強調しなければならないような時代ではないかと思って、敢て申し述べました次第です。言辞の過ぎた点がありましたら、病人にとかくありがちのこととして御見逃し下さるよう御願いします。御自愛を祈り上げます。

（世界、一九五二年五月号、岩波書店）

戦争責任論の盲点

知識人の戦争責任問題が最近またあちこちで提起されるようになった。この動きのなかに或る人は一見もっともらしい大義名分を掲げたジャーナリズムの商略を読みとり、また或る人は意識的無意識的に反動勢力の意図に乗るものとして警戒している。そのいずれにも根拠がないわけではない。しかし戦争責任をわれわれ日本人がどのような意味で認め、どのような形で今後の責任をとるかということは、やはり一度は根本的に対決しなければならぬ問題で、それを回避したり伏せたりすることでは平和運動も護憲運動も本当に前進しないところに来ているように思われる。むしろ知識人に問題をはじめから限定するところに誤解や曲解が生れるのであって、あらゆる階層、あらゆるグループについて、いま一度それらにいかなる意味と程度において戦争責任が帰属されるかという検討が各所で提起されねばならぬ。政界・財界では戦争責任という言葉は廃語になったといわれている（大熊信行氏の中央公論三月号論文）が、こうした事態を見過して知識人の、とくに「進歩的」なそれの責任だけをあげつらうならば、それは明らかに平衡を失しており、悪質な狙討ちに結果的に力を藉すことになる。それへの対抗は問題を伏せることでなく、逆に問題を拡げ深める方向において行われるのが本当である。

敗戦後間もなく放送された一億総ザンゲ説の正体が、緊急の場面に直面した支配層の放ったイカの墨であったことは疑いを容れない。けれども一億総ザンゲ説のイデオロギー性に反撥するあまり、戦争責任の問題を白か黒かの二分法で片付けることは、歴史的理解として正確でないばかりか、責任問題を今後のわれわれの思考ないし行動決定に積極的にリンクさせる上に必ずしも有効ではなかろう。総ザンゲの論理は押しつめると「五十歩百歩説」に帰着する。五十歩百歩説は五十歩と百歩のちがい、況《いわ》んや一歩と百歩の巨大なちがいに目をつぶることによって、結局、最高最大の責任者に最も有利に働らくことになる。しかし他方、「白黒」論理は全体主義と総力戦の実体をあまりに単純化するために、しばしば四十九歩が免責されて、五十一歩が糾弾されるという奇妙な結果をもたらすばかりか、心理的効果として一方の安易な自己正義感と他方のふてぶてしい居直りとの果しない悪循環を起す。戦争責任の国民的規模での検討はむろんゼミナールの課題ではないから、憤怒・怨恨・嫉妬などの感情が論議に入りこんで来るのは避け難いけれども、今後のわれわれの方向決定にとって少しでも生産的なものにするためにはやはり泥試合に導き易いような問題の立て方はなるべく慎んだ方がいい。

問題は白か黒かということよりも、日本のそれぞれの階層、集団、職業およびその中での個々人が、一九三一年から四五年に至る日本の道程の進行をどのような作為もしくは不作為によって助けたかという観点から各人の誤謬・過失・錯誤の性質と程度をえり分けて行くことにある。例えば支配者と国民を区別することは間違いではないが、だからとて「国民」＝被治者の戦争責任をあらゆる意味で否定することにはならぬ。少くも中国の生命・財産・文化のあのような惨憺たる破壊に対してはわれわれ国民はやはり共同責任を免れない。国内問題にしても、なるほど日本はドイツの場合のように一応政治的民主主義の地盤の上にファシズムが権力を握ったのではないから、「一般国民」の市民としての政治的責任はそれだけ軽いわけだが、ファシズム支配に黙従した道徳的責任まで解除されるかどうかは問題である。「昨日」邪悪な支配者を迎えたことについて簡単に免責された国民からは「明日」の邪悪な支配に対する積極的な抵抗意識は容易に期待されない。ヤスパースが戦後ドイツについて、「国民が自ら責任を負うことを意識するところに政治的自由の目醒めを告げる最初の徴候がある」といっているのは平凡な真理であるが、われわれにとっても吟味に値する。

しかしすぐれて政治的な意味で戦争責任が帰属するのはいうまでもなく権力体系に座を占めた人および種々の政治的エリットである。それに比較すれば知識人が知識人として——という意味は政治家や役人としてではなく——負う戦争責任などは現実の役割において問題にならぬ。

さて政治的エリットの責任を論ずる場合に、二つの点に注意したい。第一は、政治家と実業家、政務官と事務官といったような職名や地位から連想される政治性の濃淡を、現実の政治的役割の大きさと混同してはならぬということ。職業政治家の構成する「政界」は実質的な政策決定の場としてますます重要性を減少して行ったのが軍国日本の現実であった。

第二に、具体的な政治力学はつねに「体制」勢力と「反体制」勢力との対抗関係——そのいずれが国民をつかむか、によって変動すること。したがって「体制的」勢力が国を戦争に引込んで行く可能性は逆にいえば、反体制指導者とアクティヴがどこまで有効に抵抗を組織するかにかかっている。この二点に注意しながら、我が国の戦争責任とくに政治的な責任問題の考え方をふりかえってみるとき、そこに二つの大きな省略があったことに思い至る筈《はず》である。一つは天皇の戦争責任であり、他は共産党のそれである。この日本政治の両極はそれぞれ全くちがった理由によって、大多数の国民的通念として戦争責任から除外されて来た。しかし今日あらためて戦争責任の問題を発展的に提起するためには、どうしてもこの二者を「先験的に」除外するドグマを斥けねばならぬ。天皇はいうまでもなく「体制」の最後の拠点であり、共産党はまた、反体制のシンボルである。両者の全くちがった意味での責任をとりあげることは、この両極の間に色々のニュアンスを以て介在する階層やグループの戦争責任を確定し、その位置づけを明らかにする上にも大事なことのように思われる。ここではごく簡単に問題の所在だけを示して見よう。

天皇の責任については戦争直後にはかなり内外で論議の的となり、極東軍事裁判のウェッブ裁判長も、天皇が訴追の対象から除かれたのは、法律的根拠からでなく、もっぱら「政治的」な考慮に基づくことを言明したほどである。しかし少くも国内からの責任追求の声は左翼方面から激しく提起された以外は甚だ微弱で、わずかに一、二の学者が天皇の道義的責任を論じて退位を主張したのが世人の目を惹いた程度である。実のところ日本政治秩序の最頂点に位する人物の責任問題を自由主義者やカント流の人格主義者をもって自ら許す人々までが極力論議を回避しようとし、或は最初から感情的に弁護する態度に出たことほど、日本の知性の致命的な脆さを暴露したものはなかった。大日本帝国における天皇の地位についての面倒な法理はともかくとして、主権者として「統治権を総攬」し、国務各大臣を自由に任免する権限をもち、統帥権はじめ諸々の大権を直接掌握していた天皇が――現に終戦の決定を自ら下し、幾百万の軍隊の武装解除を殆ど摩擦なく遂行させるほどの強大な権威を国民の間に持ち続けた天皇が、あの十数年の政治過程とその齎《もたら》した結果に対して無責任であるなどということは、およそ政治倫理上の常識が許さない。事実上ロボットであったことが免責事由になるのなら、メクラ判を押す大臣の責任も疑問になろう。しかも、この最も重要な期間において天皇は必ずしもロボットでなかったことはすでに資料的にも明らかになっている。にも拘らず天皇についてせいぜい道徳的責任論が出た程度で、正面から元首としての責任があまり問題にされなかったのは、国際政治的原因は別として、国民の間に天皇がそれ自体何か非政治的もしくは超政治的存在のごとくに表象されて来たことと関連がある。自らの地位を非政治的に粉飾することによって最大の政治的機能を果すところに日本官僚制の伝統的機密があるとすれば、この秘密を集約的に表現しているのが官僚制の最頂点としての天皇にほかならぬ。したがってさきに注意した第一の点に従って天皇個人の政治的責任を確定し追及し続けることは、今日依然として民主化の最大の癌をなす官僚制支配様式の精神的基礎を覆す上にも緊要な課題であり、それは天皇制自体の問題とは独立に提起さるべき事柄である（具体的にいえば天皇の責任のとり方は退位以外にはない）。天皇のウヤムヤな居据りこそ戦後の「道義頽廃」の第一号であり、やがて日本帝国の神々の恥知らずな復活の先触れをなしたことをわれわれはもっと真剣に考えてみる必要がある。

共産党――ヨリ正確には非転向コンミュニストが戦争責任の問題について最も疚《やま》しくない立場にあることは周知のとおりである。彼等があらゆる弾圧と迫害に堪えてファシズムと戦争に抗して来た勇気と節操とを疑うものはなかろう。その意味で鶴見俊輔氏が非共産主義者にとって戦争責任をとる、具体的な仕方として、あらゆる領域で共産党を含めた合議の場を造る必要を説いているのは正論と思う。しかしここで敢てとり上げようとするのは個人の道徳的責任ではなくて前衛政党としての、あるいはその指導者としての政治的責任の問題である。ところが不思議なことに、ほかならぬコンミュニスト自身の発想においてこの両者の区別がしばしば混乱し、明白に政治的指導の次元で追及されるべき問題がいつの間にか共産党員の「奮戦力闘ぶり」に解消されてしまうことが少くない。つまり当面の問いは、共産党はそもそもファシズムとの戦いに勝ったのか負けたのかということなのだ。政治的責任は峻厳な結果責任であり、しかもファシズムと帝国主義に関して共産党の立場は一般の大衆とちがって単なる被害者でもなければ況や傍観者でもなく、まさに最も能動的な政治的敵手である。この闘いに敗れたことと日本の戦争突入とはまさか無関係ではあるまい。敗軍の将はたとえ彼自身いかに最後までふみとどまったとしても依然として敗軍の将であり、敵の砲撃の予想外の熾烈さやその手口の残忍さや味方の陣営の裏切りをもって指揮官としての責任をのがれることはできない。戦略と戦術はまさにそうした一切の要素の見透しの上に立てられる筈のものだからである。もしそれを苛酷な要求だというならば、はじめから前衛党の看板など掲げぬ方がいい。そんなことは夙《とっ》くに分っているというのなら、「シンデモラッパヲハナシマセンデシタ」式に抵抗を自賛する前に、国民に対しては日本政治の指導権をファシズムに明け渡した点につき、隣邦諸国に対しては侵略戦争の防止に失敗した点につき、それぞれ党としての責任を認め、有効な反ファシズムおよび反帝闘争を組織しなかった理由に大胆率直な科学的検討を加えてその結果を公表するのが至当である。共産党が独自の立場から戦争責任を認めることは、社会民主主義者や自由主義者の共産党に対するコンプレックスを解き、統一戦線の基礎を固める上にも少からず貢献するであろう。

（思想、一九五六年三月号、岩波書店）

ある感想

明治の自由民権論に対する冷笑的批判に対して中江兆民がいろいろな個所で試みている反批判を読むと、進歩の立場に対する批判のパターンが六、七十年前の日本と今日とで驚くほど変っていないことがわかる。たとえば彼はこういっている。「……吾人が斯く云へば、世の通人的政治家は必ず得々として言はん、其れは十五年以前の陳腐なる民権論なりと、欧米強国には盛に帝国主義の行はれつつある今日、猶《な》ほ民権論を担ぎ出すとは、世界の風潮に通ぜざる、流行後れの理論なりと。……然り是《こ》れ理論としては陳腐なるも実行としては新鮮なり、箇程《かほど》の明瞭なる理論は欧米強国には数十百年の昔より已に実行せられて、乃《すなわ》ち彼国に於ては陳腐となり了はりたるも、我国に於ては僅に理論として民間より萌出せしも、藩閥元老と、利己的政党家とに揉み潰されて、理論のままに消滅せしが故に、言辞としては極めて陳腐なるも、実行としては新鮮なり、夫《そ》れ其実行として新鮮なるものが、理論として陳腐なるは果して誰れの罪なる乎」（一年有半、明三四、附録）。ここで彼のいわゆる通人的政治家が民権論を「あんな思想はもう古いよ」といって斥《しりぞ》ける論法はそのまま今日、社会主義いなデモクラシイの基本的理念に対する一見スマートな批評としてそのへんにゴロゴロ通用している。「行はれたるがために陳腐となつ」ったのではなしに、「行はれずして而かも言論として陳腐となれる」（同上）政治理念がいかにこの国に累々としていることか。そうして「陳腐」な思想の実行を執拗に要求することはそれ自体が「野暮」のしるしと考えられ、その代りにただ肌ざわりとか口あたりとかいうような感覚的な次元で言論が受けとめられ批判される日本の伝統的傾向は、めまぐるしい「新鮮さ」の追求というマス・メディアの世界的通有性と重なり合って、兆民の指摘した批判様式は今日彼の時代より幾層倍も甚だしくなっている。公式論とか公式的とかいう批判のなかには、その公式の真理性の問題を棚上げして、公式論＝陳腐＝誤謬という方程式に平気でよりかかっているたぐいのものがあまりにしばしば見受けられる。皮肉なことにこういう批判形式こそ実は今日のもっとも「陳腐」な言論なのである。

しかも「進歩」の立場に対する第二の批判様式がこれと密接に関連して登場する。それは進歩派の主張に対する自らの態度決定を、進歩派の日常的な生活態度に対する揶揄にすりかえるやり方である。これまたかつての自由民権運動家に対する批判のステロタイプであった。参議井上馨は明治十四年四月——といえば民権論の最高潮期である——に山梨の県庁役人や県会議員の催した宴席で得意然としてのべる、「世上に民権又は国会等頻りに騒々敷《そうぞうしく》云ふ者あれども退いて家政を顧りみれば束縛圧制至らざる無し、実に呵々大笑の至りといふべし」。この言の新聞に報道されると直ちに兆民は「東洋自由新聞」に一文をものして之《これ》を反駁した。「民権家の果して喋々自由の論を唱へて顧みて其妻子を束縛圧制する乎、是れ誠に傷む可きなり、復た何ぞ笑ふに忍びんや、是れ宜く誘誨輔導して真自由の在る所を知らしむ可きなり、復た何ぞ呵々大笑するに忍びんや」。ここで兆民は井上の指摘するような民権家の言行不一致が事実ないといっているのでもなければ、これを非難すること自体を不当としているのでもない。むしろ問題はどういう姿勢で、またどういう方向で批判すべきかという点にある。井上は右の言につづけて、「だから諸君はなまじ民権論などにかぶれないで大いに人生を享楽し給え」という意味のことをのべて、得意の快楽哲学を一席ブっている。およそ「進歩」の立場で行動するものは、自らのなかに深く根ざす生活なり行動様式なりの「惰性」とたたかいながら同時に社会の「惰性」とたたかうというきわめて困難な課題を背負っている。高いものをとろうとする者はとかく重心を失って姿勢がよろけがちになる。最もよろける危険のない体勢ということになれば、一番重心を低くした――つまり寝そべった姿勢に若《し》くはない。しかし自分は初めから寝そべったままで、高いものに手をのばす者の姿勢の崩れをわらったところでそれは「批判」にはならないだろう。況《いわ》んや下から足をひっぱるにおいてをや。兆民は民権家の公生活と私生活の矛盾に心を痛めながら、「進歩」の立場に本当に身をおくことの困難さを知りすぎるほど知っていただけに、井上馨的な「ねそべった」批判——その安定性と均衡性のなかに潜む狡猾さに我慢がならなかったのである。しかもこうした批判様式が、相手の理想に積極的に対決する自らの理想の欠如から発酵していることを考えるとき、兆民の怒りはここでもなまなましい現代性を帯びてわれわれに伝わって来るのである。

（現代日本文学全集、中江兆民・大杉栄・河上肇集、月報、一九五七年四月、筑摩書房）

日本の思想

まえがき

外国人の日本研究者から、日本の「インテレクチュアル・ヒストリィ」を通観した書物はないかとよくきかれるが、そのたびに私ははなはだ困惑の思いをさせられる。こういう質問が出るのは政治思想とか社会思想とか哲学思想とかいった個別領域の思想史ではなくて、そういったジャンルをひっくるめて、各時代の「インテリジェンス」のあり方や世界像の歴史的変遷を辿《たど》るような研究が、第二次大戦後に西欧やアメリカでなかなか盛んになって来たので、一つにはそういう動向の刺戟もあるのかもしれない。なぜそういう動向が戦後あらためて勃興したかということはそれ自体興味ある問題だが、広い意味ではそうしたアプローチはヨーロッパの思想史学では必ずしもめずらしいものではなく、“History of western ideas” とか、“Geistesgeschichte” とかいったいろいろの形でおこなわれて来たものである。

ところが日本では、たとえば儒学史とか仏教史だとかいう研究の伝統はあるが、時代の知性的構造や世界観の発展あるいは史的関連を辿るような研究は甚だまずしく、少くも伝統化してはいない。津田左右吉の『文学に現はれたる我が国民思想の研究』（全四巻、一九一六—二一年）は「文学」という限定はあるにしても、そうした方向を早くからめざしたきわめて稀な例であろう。かつて日本にもディルタイなどの影響下に「精神史」的研究が流行した時代があるが、これも日本を対象とした包括的な試みとしては定着しなかった。和辻哲郎の『日本精神史研究』（正・続、一九二六・三五年）もそれ自体としては貴重な業績であるが、やはり個別研究であり、通史として結実したときには倫理思想史という貌《かたち》をとっている。日本精神史という範疇は、やがて日本《精神史》から《日本精神》史へと変容し、おそろしく独断的で狂信的な方向を辿ったことは周知のとおりである。私達の多くがたとえばフリートリヒ・ヘールの『ヨーロッパ精神史』とかチャールス・ビアードの『アメリカ精神の歴史』という表題に、ごく普通な学問的関心で接しうるのに対し、「日本精神の歴史」という表現には何かおさまりが悪いというか、尋常でないものを感ずるのは彼我何という大きなちがいであろう。こういう感じをたんに戦時の風潮への反動とみて、「あつものに懲りてなますを吹く」私達の過敏症のせいにするのは、いまだ問題の核心に触れたものではない。日本思想論や日本精神論が江戸時代の国学から今日までありゆるヴァリエーションで現われたにもかかわらず、日本思想史の包括的な研究が日本史いな日本文化史の研究にくらべてさえ、いちじるしく貧弱であるという、まさにそのことに日本の「思想」が歴史的に占めて来た地位とあり方が象徴されているように思われる。

各時代にわたって個別的には深い哲学的思索もあるし、また往々皮相に理解されているほど、独創的な思想家がいないわけでもない。けれども、時代を限定したり、特定の学派や宗教の系列だけをとり出すならば格別、日本史を通じて思想の全体構造としての発展をとらえようとすると、誰でも容易に手がつかない所以は、研究の立ち遅れとか、研究方法の問題をこえて、対象そのものにふかく根ざした性質にあるのではなかろうか。たとえば各々の時代の文化や生活様式にとけこんだいろいろな観念——無常感とか義理とか出世とか——をまるごとの社会的複合形態ではなくて一個の思想として抽出してその内部構造を立体的に解明すること自体なかなか難かしいが（九鬼周造の『いきの構造』（一九三〇年）などはその最も成功した例であろう）、たとえそれができても、さてそれが同時代の他の諸観念とどんな構造連関をもち、それが次の時代にどう内的に変容してゆくかという問題になると、ますますはっきりしなくなる。また学者や思想家のヨリ理性的に自覚された思想を対象としても、同じ学派、同じ宗教といったワクのなかでの対話はあるが、ちがった立場が共通の知性の上に対決し、その対決のなかから新たな発展をうみ出してゆくといった例はむろんないわけではないが、少くもそれが通常だとはどう見てもいえない。キリシタンのように布教されると間もなく宣教師自身が驚嘆するほどの速度で勢いをえて、神学的理解の程度もきわめて高度に達したものが、外的な条件で急激に力をうしない、思想史の流れからは殆ど全く姿を没してしまうような場合もある。一言でいうと実もふたもないことになってしまうが、つまりこれはあらゆる時代の観念や思想に否応なく相互連関性を与え、すべての思想的立場がそれとの関係で――否定を通じてでも――自己を歴史的に位置づけるような中核あるいは座標軸に当る思想的伝統はわが国には形成されなかった、ということだ。私達はこうした自分の置かれた位置をただ悲嘆したり美化したりしないで、まずその現実を見すえて、そこから出発するほかはなかろう。

K・レーヴィットはかつて、日本的「自愛」をヨーロッパの自己批判の精神と対照させて論じた（ヨーロッパのニヒリズム）が、彼のいおうとするところは、「愛国心」を失って思想的にも「自虐」に陥ったように見える戦後の状況にも必ずしも矛盾しない（その証拠に論壇でも最近いろいろな形でまた「自愛」復活のきざしが見える）。むろん私達はヨーロッパにおけるキリスト教のような意味の伝統を今から大急ぎで持とうとしても無理だし、したがって、その伝統との対決（ただ反対という意味ではない）を通じて形成されたヨーロッパ的近代の跡を――たとえ土台をきりはなして近代思想に限定しても――追えるものでもないのも分りきった事だ。問題はどこまでも超《スーパー》近代と前近代とが独特に結合している日本の「近代」の性格を私達自身が知ることにある。ヨーロッパとの対比はその限りでやはり意味があるだろう。対象化して認識することが傍観とか悪口とかほめるとかけなすとかいったもっぱら情緒的反応や感覚的嗜好の問題に解消してうけとられている間は、私達の位置から本当に出発することはできない。日本の「近代」のユニークな性格を構造的にとらえる努力――思想の領域でいうと、いろいろな「思想」が歴史的に構造化されないようなそういう「構造」の把握ということになるが――がもっと押しすすめられないかぎり、近代化した、いや前近代だといった二者択一的規定がかわるがわる「反動」をよびおこすだけになってしまう。

話がひろがりすぎたので、もとへもどすと、私達が思想というもののこれまでのありかた、批判様式、あるいはうけとりかたを検討して、もしそのなかに思想が蓄積され構造化されることを妨げて来た諸契機があるとするならば、そういう契機を片端から問題にしてゆくことを通じて、必ずしも究極の原因まで遡らなくとも、すこしでも現在の地点から進む途がひらけるのではなかろうか。なぜなら、思想と思想との間に本当の対話なり対決が行われないような「伝統」の変革なしには、およそ思想の伝統化はのぞむべくもないからである。*

＊ 思想が対決と蓄積の上に歴史的に構造化されないという「伝統」を、もっとも端的に、むしろ戯画的にあらわしているのは、日本の論争史であろう。ある時代にはなばなしく行われた論争が、共有財産となって、次の時代に受け継がれてゆくということはきわめて稀である。自由

論にしても、文学の芸術性と政治性にしても、知識人論にしても、歴史の本質論にしても、同じような問題の立て方がある時間的間隔をおいて、くりかえし論壇のテーマになっているのである。思想的論争にはむろん本来絶対的な結末はないけれども、日本の論争の多くはこれだけの問題は解明もしくは整理され、これから先の問題が残されているというけじめがいっこうはっきりしないままに立ち消えになってゆく。そこでずっと後になって、何かのきっかけで実質的に同じテーマについて論争が始まると、前の論争の到達点から出発しないで、すべてはそのたびごとにイロハから始まる。また多少とも文化や世界観の本質に関係するようなテーマなどは、問題の普遍性が高いにもかかわらずヨーロッパで長年とりあげられ究明されてきた思想的背景を――あれほど他方ではヨーロッパ産の作品が流入しながら――殆どまったく度外視して論争がおこなわれることさえ少くないから、「思惟の経済」の点でもはなはだ無駄なことが少くない。ここには、(1)「完成品」の輸入取次に明け暮れする日本の「学界」にたいする反動として他方で断片的な思いつきを過度に尊ぶ「オリジナリティー」崇拝がとくに評論やジャーナリズムの世界で不断に再生産され、両者が互に軽蔑するという悪循環（これは後述するところと関連する）が作用しているし、また、(2)各時代各集団が、その当時に西洋で有力な地位を占めた国あるいは思潮とそれぞれ横につながって、閉鎖的なヨーロッパ像をつくり上げるので、縦の歴史的な思想関連が無視されるという事情もあり、(3)現代ではいうまでもなくもっと単純な原因として、論争がマス・コミにとり上げられるときには、マス・コミの布いたレールに乗ったまま論争者の当初の意図からも遠ざかってしまうということがある。しかし、たとえば明治二十年代の有名なキリスト教と國體の関係をめぐる論争のように、仏教徒や儒教的思想家のキリスト教徒への論難の根拠が、幕末いわんや十六世紀のキリシタン渡来の際のそれを発展させた跡がほとんど見受けられないということになると、やはり問題はヨリ一般的な日本思想史のパターンにまで拡大されざるをえないだろう。いうまでもなく「論争」はディアレクティークの原始的な形態であるから。

しばしば、儒教や仏教や、それらと「習合」して発達した神道や、あるいは江戸時代の国学などが伝統思想と呼ばれて、明治以後におびただしく流入したヨーロッパ思想と対比される。この二つのジャンルを区別すること自体は間違いではないし、意味もある。けれども、伝統と非伝統というカテゴリーで両者をわかつのは重大な誤解に導くおそれがある。外来思想を摂取し、それがいろいろな形で私達の生活様式や意識のなかにとりこまれ、文化に消しがたい刻印を押したという点では、ヨーロッパ産の思想もすでに「伝統化」している。たとえ翻訳思想、いや誤訳思想であるにしても、それなりに私達の思考の枠組を形づくって来たのである。紀平正美から鹿子木員信まで、どのような国粋主義思想家も、『回天詩史』や『靖献遺言』の著者たちの語彙や範疇だけでその壮大な所論を展開することはできなかった。蓑田胸喜の激越な「思想闘争」すらW・ヴントやA・ローゼンベルクの援用で埋められていた。私達の思考や発想の様式をいろいろな要素に分解し、それぞれの系譜を遡るならば、仏教的なもの、儒教的なもの、シャーマニズム的なもの、西欧的なもの——要するに私達の歴史にその足跡を印したあらゆる思想の断片に行き当るであろう。問題はそれらがみな雑然と同居し、相互の論理的な関係と占めるべき位置とが一向判然としていないところにある。そうした基本的な在り方の点では、いわゆる「伝統」思想も明治以後のヨーロッパ思想も、本質的なちがいは見出されない。近代日本が維新前までの思想的遺産をすてて「欧化」したことが繰り返し慨嘆される（そういう慨嘆もまた明治以後今日までのステロタイプ化している）けれども、もし何百年の背景をもつ「伝統」思想が本当に遺産として伝統化していたならば、そのようにたわいもなく「欧化」の怒濤に呑みこまれることがどうして起りえたであろう。*

* ただし以下便宜のため、通例にしたがって儒仏神などの非ヨーロッパ思想を一括して伝統思想とよぶが、その際の「伝統」、あるいは思想の批判や発展のパターンにおける「伝統」、は最初にのべた〝思想が伝統化されない〟というときの「伝統」とは当然意味内容を異にしている。

ただ、日本人の内面生活における思想の入りこみかた、その相互関係という点では根底的に歴史的連続性があるとしても、維新を境として国民的精神状況においても個人の思想行動をとって見ても、その前後で景観が著しくことなって見えるのは、開国という決定的な事件がそこに介入しているからである。という意味は、伝統思想とその後流入したヨーロッパ思想とが全くその実質的性格がちがうという自明の理をいっているのではない。またたんに迎え入れた思想の量的な巨大さと多様さをいうのでもない。開国という意味には、自己を外つまり国際社会に開くと同時に、国際社会にたいして自己を国＝統一国家として画するという両面性が内包されている。その両面の課題に直面したのがアジアの「後進」地域に共通する運命であった。そうして、この運命に圧倒されずに、これを自主的にきりひらいたのは、十九世紀においては日本だけであった。

しかしそれだけに、さきにのべたような思想的伝統（中国における儒教のような）の強靭な機軸を欠いていたという事情から来る問題性がいまや爆発的に出現せざるをえなかったのである。領土、国籍、対外的に国家を代表する権力の所在、など自国と他国とを区別する制度的標識が成立し、天皇を頂点とする集権的国家（まだ実質的集権力は十分でなかったとはいえ）が急速に整備されて行くと同時に、いやそれよりはるかに早い速度と量とで、欧米の思想文化が開かれた門からどっと流れこんだために、国家生活の統一的秩序化と思想界における「無秩序」な疾風怒濤とが鮮かな対照をなし、しかも両者が文明開化の旗印のもとにしばしば対位法《コントラプンクト》の合唱をつづけた。この事態がどのような経過を辿って天皇制（イデオロギー的には國體）による正統化にまで統合されていったかの歴史的過程をのべることは本稿の範囲をこえる（伊藤博文らの苦心の制作である「近代」国家と日本における思考のパターンとの内的関連は後にまた触れる）。

さし当り注意したいことは、伝統思想が維新後いよいよ断片的性格をつよめ、諸々の新しい思想を内面から整序し、あるいは異質的な思想と断乎として対決するような原理として機能しなかったこと、まさにそこに、個々の思想内容とその占める地位の巨大な差異にもかかわらず、思想の摂取や外見的対決の仕方において「前近代」と「近代」とがかえって連続する結果がうまれたという点である。そこに胚胎する諸現象を以下もう少し具体的にのべて見よう。

一

伝統思想がいかに日本の近代化、あるいは現代化と共に影がうすくなったとしても、それは前述のように私達の生活感情や意識の奥底に深く潜入している。近代日本人の意識や発想がハイカラな外装のかげにどんなに深く無常感や「もののあわれ」や固有信仰の幽冥観や儒教的倫理やによって規定されているかは、すでに多くの文学者や歴史家によって指摘されて来た。むしろ過去は自覚的に対象化されて現在のなかに「止揚」されないからこそ、それはいわば背後から現在のなかにすべりこむのである。思想が伝統として蓄積されないということと、「伝統」思想のズルズルべったりの無関連な潜入とは実は同じことの両面にすぎない。一定の時間的順序で入って来たいろいろな思想が、ただ精神の内面における空間的配置をかえるだけでいわば無時間的に併存する傾向をもつことによって、却《かえ》ってそれらは歴史的な構造性を失ってしまう。小林秀雄は、歴史はつまるところ思い出だという考えをしばしばのべている。それは直接には歴史的発展という考え方にたいする、あるいはヨリ正確には発展思想の日本への移植形態にたいする一貫した拒否の態度と結びついているが、すくなくも日本の、また日本人の精神生活における思想の「継起」のパターンに関するかぎり、彼の命題はある核心をついている。新たなもの、本来異質的なものまでが過去との十全な対決なしにつぎつぎと摂取されるから、新たなものの勝利はおどろくほどに早い。過去は過去として自覚的に現在と向きあわずに、傍におしやられ、あるいは下に沈降して意識から消え「忘却」されるので、それは時あって突如として「思い出」として噴出することになる。

これは特に国家的、政治的危機の場合にいちじるしい。日本社会あるいは個人の内面生活における「伝統」への思想的復帰は、いってみれば、人間がびっくりした時に長く使用しない国訛りが急に口から飛び出すような形でしばしば行われる。その一秒前まで普通に使っていた言葉とまったく内的な関連なしに、突如として「噴出」するのである（近代史の思想的事件として、たとえば維新の際の廃仏毀釈、明治十四年前後の儒教復活、昭和十年の天皇機関説問題など）。個人の場合でも、教養が「西欧化」した思想家の日本主義への転向は、蘇峰にしても樗牛にしても横光にしても、現われ方ははなはだ突然変異的だが、それはいずれもこれまで彼等の内部にまったく存しなかったものへの飛躍（回心）ではなかった。ただ「つい昨日まで」と続かないだけのことである。高村光太郎は『暗愚小伝』のなかで、太平洋戦争勃発の報に接したときの、こうした「思い出」の噴出を真摯にうたっている*（戦後かれはふたたびロダンの「思い出」にかえった）。

* ………／昨日は遠い昔となり、／遠い昔が今となつた。／天皇あやふし。／ただこの一語が／私の一切を決定した。／父が母がそこに居た。／少年の日の家の雲霧が／部屋一ぱいに立ちこめた。／私の耳は祖先の声でみたされ、／陛下が、陛下がと／あへぐ意識は眩《めくるめ》いた。／………

過去に「摂取」したものの中の何を「思い出」すかはその人間のパーソナリティ、教養目録、世代によって異ってくる。万葉、西行、神皇正統記、吉田松陰、岡倉天心、フィヒテ、葉隠、道元、文天祥、パスカル等々、これまでの思想的ストックは豊富だから素材に事欠くことはない。そうして舞台が一転すると、今度はトルストイ、啄木、資本論、魯迅等々があらためて「思い出」されることになる。何かの時代の思想もしくは生涯のある時期の観念と自己を合一化する仕方は、はたから見るときわめて恣意的に見えるけれども、当人もしくは当時代にとっては、本来無時間的にいつもどこかに在ったものを配置転換して陽の当る場所にとり出して来るだけのことであるから、それはその都度日本の「本然の姿」や自己の「本来の面目」に還るものとして意識され、誠心誠意行われているのである。

　ほんらい、同じ精神的「伝統」の二面をなすところの、新たなもののすばやい勝利と、過去のズルズルな潜入・埋積とは、たんに右のようなかたちとして現われるだけではない。ヨーロッパの哲学や思想がしばしば歴史的構造性を解体され、あるいは思想史的前提からきりはなされて部品としてドシドシ取入れられる結果、高度な抽象を経た理論があんがい私達の旧い習俗に根ざした生活感情にアピールしたり、ヨーロッパでは強靭な伝統にたいする必死の抵抗の表現にすぎないものがここではむしろ「常識」的な発想と合致したり、あるいは最新の舶来品が手持ちの思想的ストックにうまくはまりこむといった事態がしばしばおこる。ドイツ観念論の倫理学説を「人以て舶来の新説とすれども、是《こ》れ古来朱子学派の唱道する所に係るなり」（日本朱子学派之哲学、六〇〇頁）と理解して「東西文化の融合」を高唱した井上哲次郎的折衷主義の「伝統」をここで追う必要はあるまい。そういった規模雄大なものでなくとも、マラルメの象徴詩が芭蕉の精神に「通じ」たり、プラグマティズムが本来江戸町人の哲学だったりする考え方の例はいくらもある。*

＊　そういったもの相互に類似性が全くないというのでもなければ、共通性を見出して行くこと自体を無意味といっているのではむろんない。人間が考えることは昔からそんなに変ったものはないといえばそれまでのことである。むしろちがったカルチュアの精神的作品を理解すると

きに、まずそれを徹底的に自己と異るものと措定してこれに対面するという心構えの稀薄さ、その意味でのもの分りのよさから生まれる安易な接合の「伝統」が、かえって何ものをも伝統化しないという点が大事なのである。とくに明治以後貪婪な知的好奇心と頭の回転のす早さ——それはたしかに世界第一級であり、日本の急速な「躍進」の一つの鍵でもあったが——で外国文化を吸収して来た「伝統」によって、現代の知識層には、少くも思想にかんする限り、「知られざるもの」への感覚がほとんどなくなったように見える。最初は好奇心を示しても、すぐ「あゝあれか」ということになってしまう。過敏症と不感症が逆説的に結合するのである。たとえば西欧やアメリカの知的世界で、今日でも民主主義の基本理念とか、民主主義の基礎づけとかほとんど何百年以来のテーマが繰りかえし「問わ」れ、真正面から論議されている状況は、戦後数年で、「民主主義」が「もう分ってるよ」という雰囲気であしらわれる日本と、驚くべき対照をなしている。

異ったものを思想的に接合することを合理化するロジックとしてしばしば流通したのは、周知のように何々即何々、あるいは何々一如という仏教哲学の俗流化した適用であった。ところがこのように、あらゆる哲学・宗教・学問を——相互に原理的に矛盾するものまで——「無限抱擁」してこれを精神的経歴のなかに「平和共存」させる思想的「寛容」の伝統にとって唯一の異質的なものは、まさにそうした精神的雑居性の原理的否認を要請し、世界経験の論理的および価値的な整序を内面的に強制する思想であった。近代日本においてこうした意味をもって登場したのが、明治のキリスト教であり、大正末期からのマルクス主義にほかならない。つまりキリスト教とマルクス主義は究極的には正反対の立場に立つにもかかわらず、日本の知的風土においてはある共通した精神史的役割をになう運命をもったのである。したがって、両者ともひとしく、もし右のような要請をこの風土と妥協させるならば、すくなくも精神革命の意味を喪失し、逆にそれを執拗に迫るならば、まさに右のような雑居的寛容の「伝統」のゆえのはげしい不寛容にとりまかれるというディレンマを免れないのである（ここでは国家権力との関係ではなく、もっぱら思想のうけとり方や交通の仕方を問題にしている。「國體」の問題はすぐ後にのべる）。あるマルクス主義からの転向者が書いた左のような一節は、「転向」が原理（＝公式）による自己制御の緊張からの離脱であり、あたかも強靱に巻かれたゼンマイが切れたように、「思い出」を通じて抱擁と融合と一如の「本然」世界へ一挙に復帰する意味をもったことをものがたっている。「日本哲学は物心一如の世界である。……我々はマルクス主義を清算したときに、又日本民族の抱擁性を把握したときに、世界に於ける日本民族の新使命を自覚するであろう。……而して東西文化の融合の将来の発展――それは我々の新しい信念とならなければならない」（小林杜人編、転向者の思想と生活、四八―四九頁、傍点は断りないかぎり以下すべて丸山）。

ヨーロッパ的伝統への必死の抵抗としてうまれたものが、わが国に移植されると存外古くからの生活感情にすっぽり照応するために本来の社会的意味が変化するということもよくおこる。たとえばニーチェの反語やオスカー・ワイルドの逆説は、キリスト教——これこそヨーロッパの最も頑強な「公式」だ——の長年涵養した生《レーベン》の積極的肯定の考え方が普遍化している社会でこそ、そこに現実とのはげしい緊張感がうまれるが、日本のように生活のなかに無常感や「うき世」観のような形の逃避意識があると、ああしたシニシズムや逆説は、むしろ実生活上の感覚と適合し、ニヒリズムが現実への反逆よりもむしろ順応として機能することが少くない。ここでは逆説が逆説として作用せず、アンチテーゼがテーゼとして受けとられ愛玩される。たとえば世界は不条理だという命題は、世はままならぬもの、という形で庶民の昔からの常識になっている。

逆説や反語を得意とする評論家がマルクス主義の「公式」を眼のかたきにするのは、むろん政治的（もしくは反政治的）姿勢にもよるが、それだけではなくて、キリスト教の伝統のないところでは、そこにしかヨーロッパ的公式の対応物がないという事情もひそんでいるように思われる。こうして「マルクス主義的」知識層にたいするスマートな逆説家と庶民の「伝統的」実感——もしくはそれに寝そべるマス・コミとの奇妙な同盟が成立し、「進歩的知識人」は両者にはさみうちになって孤立するという事態がうまれるわけである。日本のマルクス主義における後述する「理論信仰」がいよいよこの事態をはなはだしくしているのであるが、すくなくも、そうした「反逆」的姿勢が現実にはしばしば大勢順応として機能するのは政治的条件を一応べつとして、右のような日本の精神的状況と深くかかわっている。

右に関連して注意すべきことは、およそ原理的な思想なり、経験の合理的整序を要請するイデオロギーなりに直面したときに「伝統的」態度の示す反撥が、一種のイデオロギー暴露という批判形態をとりやすいという点である。ここでは他の思想的立場にたいする一種のイデオロギー批判はきわめて早期に思想批判の「伝統」化しているのである。近代ヨーロッパにおいて、思想をその内在的な価値や論理的整合性という観点からよりも、むしろ「外から」、つまり思想の果す政治的社会的役割――現実の隠蔽とか美化とかいった――の指摘によって、あるいはその背後にかくされた動機や意図の暴露を通じて批判する様式は、いうまでもなくマルクスの観念形態論においてはじめて学問的形態で大規模に展開されたが、それは彼が近代市民社会および近代合理主義のはらむ問題性にたいする早熟の――その意味で予言的な――批判者であったことと密接に関連している。したがってこうした批判様式は十九世紀においてはむしろ例外的であって、イデオロギー批判がヨーロッパでひろく一般化し常識化したのは、第一次大戦後の世代が「諸観念の真理性の一般的不信だけでなく、そうした観念の主張者の動機にたいする一般的不信を目撃」(K. Mannheim, Ideology and Utopia, Preface by L. Wirth, XIII) して以後の事である。

ところが日本では、すでにキリスト教を先頭とするヨーロッパ思想を幕末攘夷論者が批判する様式に於て思想のイデオロギー的機能がおそろしく敏感に、むしろ思想内在的な批判にさきだって出現している。たとえば会沢正志斎は、「……故ニ人ノ国家ヲ傾ケント欲スルトキハ、即チ必ズ先ヅ通市ニ因テ其虚実ヲ窺ヒ、乗ズベキヲ見レバ則チ兵ヲ挙ゲテ之《これ》ヲ襲ヒ、不可ナルトキハ則チ夷教ヲ唱ヘテ以テ民心ヲ煽惑ス。民心一タビ移レバ、箪壺《たんこ》相ヒ迎ヘ、コレヲ禁ズルコトヲ得ルナシ」（新論、巻之二）という一般論からして、経済軍事偏重の富国強兵論を批判し、「今虜民心ノ主無キニ乗ジ、陰《ひそ》カニ辺民ヲ誘ヒ、暗ニ之ガ心ヲ移ストセン、民心一タビ移ルトキハ則チ未ダ戦ハズシテ、天下既ニ夷虜ノ有ト為ラン。所謂《いわゆる》富強ナル者ハ、既ニ我ガ有ニ非ズシテ、適《たまたま》以テ賊ニ兵ヲ借《か》シ、盗ニ糧ヲ齎《もた》ラスニ足ルノミ」（同、巻之一）といって思想国防の要を強調しているが、ここにはダレス的な間接侵略の論理がすでにほぼ完全な形で顔を出している。もっともこれは異ったカルチュアに急激に直面した時に伝統的集団が共通して示すコンプレックスにすぎないといわれるかも知れない。それならば、本居宣長の著名な儒教批判の様式はどうであろう。彼によれば「からくにゝして道といふ物も、其ノ旨をきはむれば、たゞ人の国をうばはむがためと、人に奪はるまじきかまへとの二ッにはすぎずなもある」。したがってたとえば「天命といふことは、彼ノ国にて古に、君を滅し国を奪ひし聖人の、己が罪をのがれむがために、かまへ出たる託言《ツケゴト》なり」（直毘霊）。つまりここでは「こちたき名どもくさぐさ作り設《マケ》て」哲学的な構築性を誇っている儒教思想は、その「くだくだし」き理論内容それ自体よりも、むしろ究極のところ支配者あるいは簒奪者の現実隠蔽あるいは美化に奉仕するイデオロギーとして暴露されているわけである。

ただこの場合いちじるしく目立つのは、宣長が、道とか自然とか性とかいうカテゴリーの一切の抽象化、規範化をからごころとして斥け、あらゆる言あげを排して感覚的事実そのままに即《つ》こうとしたことで、そのために彼の批判はイデオロギー暴露ではありえても、一定の原理的立場からするイデオロギー批判には本来なりえなかった。儒者がその教えの現実的妥当性を吟味しないという規範信仰の盲点を衝いたのは正しいが、そのあげく、一切の論理化＝抽象化をしりぞけ、規範的思考が日本に存在しなかったのは「教え」の必要がないほど事実がよかった証拠だといって、現実と規範との緊張関係の意味自体を否認した。そのために、そこからでて来るものは一方では生まれついたままの感性の尊重と、他方では既成の支配体制への受動的追随となり、結局こうした二重の意味での「ありのままなる」現実肯定でしかなかった。

周知のように、宣長は日本の儒仏以前の「固有信仰」の思考と感覚を学問的に復元しようとしたのであるが、もともとそこでは、人格神の形にせよ、理とか形相とかいった非人格的な形にせよ、究極の絶対者というものは存在しない。和辻哲郎が分析しているように、日本神話においては祭られる神は同時に祭る神であるという性格をどこまで遡っても具えており、祭祀の究極の対象は漂々とした時空の彼方に見失われる。この「信仰」にはあらゆる普遍宗教に共通する開祖も経典も存しない。したがって「神道」というものは昔はなかったという徂徠の言を宣長はそのまま承認し（鈴屋答問録）、むしろそこに居直ってあらゆるイデオロギー（教義）の拒否を導き出したわけである。

「神道」はいわば縦にのっぺらぼうにのびた布筒のように、その時代時代に有力な宗教と「習合」してその教義内容を埋めて来た。この神道の「無限抱擁」性と思想的雑居性が、さきにのべた日本の思想的「伝統」を集約的に表現していることはいうまでもなかろう。絶対者がなく独自な仕方で世界を論理的規範的に整序する「道」が形成されなかったからこそ、それは外来イデオロギーの感染にたいして無装備だったのであり、国学が試みた、「布筒」の中味を清掃する作業――漢意《からごころ》、仏意《ほとけごころ》の排除――はこの分ちがたい両契機のうちの前者（すなわち「道」のないこと）を賞揚して後者（すなわち思想的感染性）を概嘆するという矛盾に必然当面せざるをえない（これはまたその後あらゆる国粋主義者が直面したディレンマでもあった）。直接的感覚にピッタリ寄りそい、いかなる抽象化をも拒否した宣長の方法は社会的＝政治的な面では逆に「儒を以て治めざれば治まりがたきことあらば、儒を以て治むべし。仏にあらではかなはぬことあらば、仏を以て治むべし。是皆其時の神道なればなり」（鈴屋答問録）という機会主義をもたらし、これに対して「神道」の世界像の再構成をこころみた篤胤においては、「道」が規範化された代償としてふたたび儒仏はもとよりキリスト教までも「抱擁」した汎日本主義として現われた。

ともあれ、こうした国学の儒教批判は、⑴イデオロギー一般の嫌悪あるいは侮蔑、⑵推論的解釈を拒否して「直接」対象に参入する態度（解釈の多義性に我慢ならず自己の直観的解釈を絶対化する結果となる）、⑶手応えの確な感覚的日常経験にだけ明晰な世界をみとめる考え方、⑷論敵のポーズあるいは言行不一致の摘発によって相手の理論の信憑性を引下げる批判様式、⑸歴史における理性（規範あるいは法則）的なものを一括して「公式」＝牽強付会として反撥する思考、等々の様式によって、その後もきわめて強靱な思想批判の「伝統」をなしている。ここにはむろん批判として正当なものを含んでいたし、歴史的な意味もあったが、当面の問題としてはやはりイデオロギー批判が原理的なもの自体の拒否によって、感覚的な次元から抽象されないという点が重視されなければならない。現代まで続く社会科学的思考にたいする文学的あるいは「庶民的」批評家の嫌悪や反情の思想的源泉がすでにここにきざしているように思われる。マルクス主義のイデオロギー批判はもともと一定の理論的および政治的立場から発しているのに、その様式が、ここではしばしば奇妙な形で逆に使われて、「無」理論からのイデオロギー暴露として、マルクス主義者に向けられるのである。

日本の伝統思想において唯一の自然法的体系であった儒教が、すでに江戸時代において種々な形の歴史的相対主義の挑戦にさらされ、幕藩制の崩壊によって時代の「信条体系」（S・グレイジア）としての通用力を急激に低下させたところへ、十九世紀後半の自然科学的進化論を迎え入れ、それがやがて弁証法的発展の図式にうけつがれて行ったことは、右にのべた思想の「外在的」批判とならんで、思想評価の規準にもう一つ別の特質を与え、これがまた思想の伝統化に不利な要素となった。つまりある永遠なもの——その本質が歴史内在的であれ、超越的であれ——の光にてらして事物を評価する思考法の弱い地盤に、歴史的進化という観念が導入されると、思想的抵抗が少なく、その浸潤がおどろくほど早いために、かえって進化の意味内容が空虚になり俗流化する。そこではしばしば進化が過程から過程へのフラットな移行としてとらえられ、価値の歴史的蓄積という契機はすべりおちてしまうのである。

維新このかた、日本の目指す進化の目標はむろん「先進」ヨーロッパであったから*、そこでの思想評価の際にも、西洋コンプレックスと進歩コンプレックスとは不可分に結びつき、思想相互の優劣が、日本の地盤で現実にもつ意味という観点よりは、しばしば西洋史の上でそれらの思想が生起した時代の先後によって定められる。しかもこれが必ずしも「進歩の観念」に立つ自由主義者や社会主義者だけでなく、その反対の陣営による批判様式のなかにも頻繁に登場するのである。国粋主義者や反動派がインテリの進歩かぶれを打つ論理もヨーロッパを一巡してかえって来るのが通常で、その際、進歩派のイデオロギーはヨーロッパ（あるいはアメリカ）でもも う古いという論法が「伝統的」に用いられる。加藤弘之が進化論をひっさげて天賦人権論の「妄想」を攻撃したのは、その輝ける先駆であった。この場合、進化論は内容的に進化の図式を教えたと同時に、形式的にそれ自体最尖端をゆくヨーロッパの学説であったことが重要である。弁証法もまたこうした思考様式に適合したので、反動派あるいは現実追随派にとっても自己の「哲学」が（あるいは「皇国」が）、世界史的発展の尖端に立つ証しとして弄ばれた。ただし弁証法がわが国で「流行」しはじめたころは、すでに「西洋の没落」が云々されていたので、世界史的図式は進化論の場合ほど単純でなく、東西文化の綜合とか、資本主義と社会主義の対立の止揚という形で日本的使命と結びつけられる。進化論が帝国主義の現実を優勝劣敗・適者生存ということに殺風景な論理で合理化したのに対し、弁証法は、現実の矛盾が深刻化した時代に担がれただけにヨリ道義的色彩を帯びたわけである。にもかかわらず両者の論理の用い方に共通していることは、もろもろのイデオロギーを日本の現実の場で検証する手続を経ないで、社会的文脈ぬきに思想の歴史的進化や発展を図式化することで、そこからして、「超進歩的」思想が政治的超反動と結びつくというイロニィが生まれるのである。** かつて中江兆民は、

「……吾人が斯く云へば、世の通人的政治家は必ず得々として言はん、其れは十五年以前の陳腐なる民権論なりと、欧米諸国には盛に帝国主義の行はれつつある今日、猶《な》ほ民権論

を担ぎ出すとは、世界の風潮に通ぜざる、流行後れの理論なりと。……然り是れ理論としては陳腐なるも実行としては新鮮なり、箇程《かほど》の明瞭なる理論は欧米諸国には数十百年の昔より実行せられて、乃《すなわ》ち彼国に於ては陳腐となり了はりたるも、我国に於ては僅に理論として民間より萌出せしも、藩閥元老と、利己的政党家とに揉み潰されて、理論のままに消滅せし故に、言辞としては極めて陳腐なるも、実行としては新鮮なり、夫《そ》れ其実行として新鮮なるものが、理論として陳腐なるは果して誰れの罪なる乎」（一年有半、明治三十四年版付録）

とのべたが、まことに彼の死後も支配層に「揉み潰されて、理論のままに消滅」したために「言辞としては極めて陳腐なるも、実行としては新鮮」なる進歩的思潮は累々と山をなして一九四五年八月十五日に至っている（その反面に、進歩思想がこのような形で「実行」を阻まれたことが後述の「理論信仰」を生む原因にもなった）。戦後の「解放」が明治の自由民権論から昭和のコミュニズムまで、天皇制の堰にはばまれたあらゆる「陳腐」な進歩思想の奔騰をもたらしたのは故《ゆえ》ないことではなかった。

＊ 日本の進化（＝欧化）と立身出世主義とはいろいろな意味でパラレルな関係にある。田舎書生の「進化」の目標は、まさに「日本の中の西洋」である東京に出て大臣大将への「段階」を上昇することにあった。欧化は日本の「立身出世」であり、立身出世は書生の「欧化」である。

二つのシンボルは「洋行」において文字通り合一する。日本の「進歩」の価値規準がヨーロッパの歴史的段階の先後に一元化されるとすれば、「えらい」人の規準は官僚制の階層の高下に一元化する。日本の驚異的進歩が「脱亜」いや進んでアジア大陸の「停滞性」を尻目にかけ、むしろ踏みつけながら行われたように、秀才の出世は「むら」からの（しかもしばしば上からの抜擢による）脱出であって、福沢がつとに太閤秀吉の「出世」を例にひいて指摘したように、「譬へば土地の卑湿を避けて高燥の地に移りたるが如し、一身のためには都合宜しかる可しと雖ども元と其湿地に自から土を盛て高燥の地位を作りたるに非ず、故に湿地は旧の湿地にして……」（文明論之概略）という反面をもっていた。にもかかわらず、日本の軍事的経済的発展はアジア民族に希望と自信の灯を点じたように、出世した高官は旧態依然として貧しい郷土の「誇り」として象徴化されたというデリケートな関係でも両者は類比される。そうして、「欧化」的進歩が行詰ったときは、立身出世のパイプもまた閉塞し、かつての書生はロシア的にあるいは「農本」的に急進化した。

＊＊　しかし喜劇と悲劇はこの場合も紙一重である。日本が「国を開」いた十九世紀後半の国際社会が、まさに政治上経済上の動向でも、また思想文化のあり方の上でも、ヨーロッパ的近代の大きな転換期にあり、現に「危機」を叫ばれている諸徴候がことごとくその時期にあらわになりはじめたという現実が日本の「近代」理解に——模倣の側にも反撥の側にも——早くから複雑な陰影を与えたことは、免れぬところであった。その限りで、欧化主義とともに、「近代の超克」的思想もほとんど同時に登場する運命にあった。

「大きさのみでは誠の偉大をなさない、贅を尽すことも必ずしも高尚にならない。所謂現代文明の大機構の組織に加はる個人は機械的習慣の奴隷となり、自ら作り出したこの怪物に無情にも制馭せられてゐる。西洋は自由といふことを高言してゐるにも拘らず、富を得んと競つて真の個性は害はれ、絶えず募り行く渇望に幸福と満足は犠牲にせられてゐる。西洋は中世の迷信から解放せられたことを誇つてゐるが、これに代つた富の偶像的崇拝を何と見るか。現代の絢爛たる仮面の背後には何といふ苦悩と不満が隠されてゐることであらう」(日本の目覚め、岩波文庫版、五四頁)という岡倉天心の言葉は、名を伏せたら、オルテガからヴァレリー、トインビーまで、「精神の危機」の思想家の言としてそのまま通用すると思われるほど、「予言的」である。

なお、しばしば単純化して考えられているほど、文明開化から自由民権にかけての思想が、——その後の国粋主義の台頭時代に比べて——ヨーロッパ理解に「甘」かったわけではない。天賦人権論に依拠した民権論者の大半において国内面における自然法的合理主義の立場と国際社会における弱肉強食観との思想的分裂が見られること、つとに論者の指摘するところである(参照、岡義武、明治初期の自由民権論者の眼に映じたる当時の国際情勢、明治史研究叢書、第四巻所収)。B・ラッセルはかつて、中国文化にたいするヨーロッパ文化の優越は、ダンテ、シェイクスピア、ゲーテが孔子、老子にたいして勝を占めたという事実に基づくのではなく、むしろ、平均的にいって、一人のヨーロッパ人が、一人の中国人を殺すのは、その逆の場合よりも容易だという、はるかにブルータルな事実に基づくのだ、と辛辣な言を吐いたが、東洋にとっての「ヨーロッパ近代」はもっとも切実かつ具体的には、帝国主義と結びついた機械と技術を意味していた。ただわが国の場合は、中国の思想的文化的伝統にたいする「伝統的」コンプレックスが、対西洋コンプレックスに接続したために、東洋対西洋の問題と、東洋における「近代」のチャンピオンとしての日本という問題とが思想的に交錯し、それが後に日本が帝国主義的発展をとげるほど虚偽意識的性格を強め、安易な東西「綜合」観が発酵するにいたったのである。

しかも今日においても、なお戦時中の著名な「世界史の哲学」者が「日本の新憲法は国家的、社会的義務を軽視し、個人の人権を極度に尊重する権利一辺倒の基調においては、実に社会思想発生以前の時代物で宛然としてフランス革命人権宣言時代の主張に立つものである。新しい種類の権利が掲げられていることは、いまだ新憲法の新時代性、進歩性を裏付けるものではない。社会公共福祉のため自由主義的な個人の権利偏重を抑制する義務尊重の社会主義的精神を経過したのちの現段階では、権利と義務とをいかなる程度に調節するかということが、最も進歩的な思想的立場の課題たる筈《はず》である。この点より見るとき日本の新憲法は、その思想の基調において、社会主義以前の段階に存する時代錯誤的のものだと評してよい」（高山岩男、戦後日本の精神状況、一二七―一二八頁、現代宗教講座Ⅵ、傍点筆者）といって、「この旧時代的憲法の擁護を叫」ぶ知識人や社会主義政党の「時代錯誤」を嘲笑するとき、そこには、加藤弘之以来の、それこそ恐ろしく陳腐な批判様式が発展段階説の俗流化と結合してリフレインされている。

二

明治二十一年六月、枢密院の帝国憲法草案審議が天皇臨御の下に厳かに開始された日の劈頭に、議長伊藤博文は憲法制定の根本精神について所信を披瀝し、つぎのようにのべた——

「憲法政治ハ東洋諸国ニ於テ曾《かつ》テ歴史ニ徴証スヘキモノナキ所ニシテ、之ヲ我日本ニ施行スル事ハ全ク新創タルヲ免カレス。故ニ実施ノ後、其結果国家ノ為ニ有益ナル歟《か》、或ハ反対ニ出《い》ツル歟、予メ期スヘカラス。然リト雖モ二十年前既ニ封建政治ヲ廃シ各国ト交通ヲ開キタル以上ハ、其結果トシテ国家ノ進歩ヲ謀ルニ此レヲ舎《す》テ、他ニ経理ノ良途ナキヲ奈何《いかん》セン……欧州ニ於テハ当世紀ニ及ンテ憲法政治ヲ行ハサルモノアラスト雖、是《こ》レ即チ歴史上ノ沿革ニ成立スルモノニシテ、其萌芽遠ク往昔ニ発セサルハナシ。反之《これにはんして》我国ニ在テハ事全ク新面目ニ属ス。故ニ今憲法ノ制定セラルヽニ方テハ先ツ我国ノ機軸ヲ求メ、我国ノ機軸ハ何ナリヤト云フ事ヲ確定セサルヘカラス。機軸ナクシテ政治ヲ人民ノ妄議ニ任ス時ハ、政其統紀ヲ失ヒ、国家亦タ随テ廃亡ス。……抑《そもそも》、欧州ニ於テハ憲法政治ノ萌セル事千余年、独リ人民ノ此制度ニ習熟セルノミナラス、又宗教ナル者アリテ之カ機軸ヲ為シ、深ク人心ニ浸潤シテ、人心此ニ帰一セリ。然ルニ我国ニ在テハ宗教ナル者其力微弱ニシテ、一モ国家ノ機軸タルヘキモノナシ。仏教ハ一タヒ隆盛ノ勢ヲ張リ、上下ノ人心ヲ繫キタルモ、今日ニ至テハ已ニ衰替ニ傾キタリ。神道ハ祖宗ノ遺訓ニ基キ之ヲ祖述スト雖、宗教トシテ人心ヲ帰向セシムルノ力ニ乏シ」（清水伸、帝国憲法制定会議、八八頁）

つまり、伊藤は日本の近代国家としての本建築を開始するに当って、まずわが国のこれまでの「伝統的」宗教がその内面的「機軸」として作用するような意味の伝統を形成していないという現実をハッキリと承認してかかったのである。（ここでは儒教のことが言及されていないが、それは儒教が伊藤の言った意味での宗教ではない上に、統一的な世界像としての儒教思想は前述のようにすでにこの時までに解体し、元田永孚すら認めていたように、個別的な日常徳目の形でだけ生きのびていたからである。この個別的徳目としての儒教は元田と伊藤、井上らの「教育議」をめぐる論争を通じてやがて教育勅語の中に吸収されたことは周知のとおり。）自由民権運動との陰惨な闘争の記憶がまだ生々しい藩閥政府にとって、「機軸」のない憲法政治の姿は想像をこえたおそるべきものと映ったであろう。

こうして「我国ニ在テ機軸トスヘキハ、独リ皇室アルノミ。是ヲ以テ此憲法草案ニ於テハ専ラ意ヲ此点ニ用ヒ君権ヲ尊重シテ成ルヘク之ヲ束縛セサラン事ヲ勉メリ。（中略）乃《すなわ》チ此草案ニ於テハ君権ヲ機軸トシ、偏《ひとえ》ニ之ヲ毀損セサランコトヲ期シ、敢テ彼ノ欧州ノ主権分割ノ精神ニ拠ラス。固《もと》ヨリ欧州数国ノ制度ニ於テ君権民権共同スルト其揆ヲ異ニセリ。是レ起案ノ大綱トス」(同、八九頁)という結論が「憲法政治」の絶対の前提として確認されたわけである。さきにのべた「開国」の直接的結果として生じた、国家生活の秩序化と、ヨーロッパ思想の「無秩序」な流入との対照は、ここに至って、国家秩序の中核自体を同時に精神的機軸とする方向において収拾されることになった。新しい国家体制には、「将来如何の事変に遭遇するも……上元首の位を保ち、決して主権の民衆に移らざる」(明二二・二・一五、全国府県会議長にたいする説示、伊藤博文伝、中巻、六五六頁)ための政治的保障に加えて、ヨーロッパ文化千年にわたる「機軸」をなして来たキリスト教の精神的代用品をも兼ねるという巨大な使命が託されたわけである。このことが日本の「近代」にとってどんなに深い運命的な意味をもったかは、戦後言い尽されて「陳腐」になったように見えるが、やはり、この問題に触れないで近代日本の精神史的なパターンを語るわけにはゆかない。

「國體」という名でよばれた非宗教的宗教がどのように魔術的な力をふるったかという痛切な感覚は、純粋な戦後の世代にはもはやないし、またその「魔術」にすっぽりはまってその中で、「思想の自由」を享受していた古い世代にももともとない。しかしその魔術はけっして「思想問題」という象徴的な名称が日本の朝野を震撼した昭和以後に、いわんや日本ファシズムが狂暴化して以後に、突如として地下から呼び出されたのではなかった。日本のリベラリズムあるいは「大正デモクラシー」の波が思想界に最高潮に達した時代においても、それは「限界状況」において直ちにおそるべき呪縛力を露わしたのである。

かつて東大で教鞭をとっていたE・レーデラーは、その著『日本＝ヨーロッパ』(E. Lederer, Japan-Europa, 1929) のなかで在日中に見聞してショックを受けた二つの事件を語っている。一つは大正十二年末に起った難波大助の摂政宮狙撃事件（虎ノ門事件）である。彼がショックを受けたのは、この狂熱主義者の行為そのものよりも、むしろ「その後に来るもの」であった。内閣は辞職し、警視総監から道すじの警固に当った警官にいたる一連の「責任者」（とうていその凶行を防止し得る位置にいなかったことを著者は強調している）の系列が懲戒免官となっただけではない。犯人の父はただちに衆議院議員の職を辞し、門前に竹矢来を張って一歩も戸外に出ず、郷里の全村はあげて正月の祝を廃して「喪」に入り、大助の卒業した小学校の校長ならびに彼のクラスを担当した訓導も、こうした不逞の徒をかつて教育した責を負って職を辞したのである。このような茫として果しない責任の負い方、それをむしろ当然とする無形の社会的圧力は、このドイツ人教授の眼には全く異様な光景として映ったようである。もう一つ、彼があげているのは（おそらく大震災の時のことであろう）、「御真影《ごしんえい》」を燃えさかる炎の中から取り出そうとして多くの学校長が命を失ったことである。「進歩的なサークルからはこのように危険な御真影は学校から遠ざけた方がよいという提議が起った。校長を焼死させるよりはむしろ写真を焼いた方がよいというようなことは全く問題にならなかった」(S. 230. 傍点ゲシュペルト)とレーデラーは誌している。日本の天皇制はたしかにツァーリズムほど権力行使に無慈悲ではなかったかもしれない。しかし西欧君主制はもとより、正統教会と結合した帝政ロシアにおいても、社会的責任のこのようなあり方は到底考えられなかったであろう。どちらがましかというのではない。ここに伏在する問題は近代日本の「精神」にも「機構」にもけっして無縁でなく、また例外的でもないというのである。

しかもこれほど臣民の無限責任によって支えられた「國體」は、イデオロギー的にはあの「固有信仰」以来の無限定的な抱擁性を継承していた。國體を特定の「学説」や「定義」で論理化することは、ただちにそれをイデオロギー的に限定し相対化する意味をもつからして、慎重に避けられた。それは否定面においては――つまりひとたび反國體として断ぜられた内外の敵に対しては――きわめて明確峻烈な権力体として作用するが、積極面は茫洋とした厚い雲層に幾重にもつつまれ、容易にその核心を露わさない。治安維持法の「國體ヲ変革シ」という著名な第一条の規定においてはじめて國體は法律上の用語として登場し、したがって否応なくその「核心」を規定する必要が生じた。* 大審院の判例は、「万世一系ノ天皇君臨シ統治権ヲ総攬シ給フ」国柄、すなわち帝国憲法第一条第四条の規定をもってこれを「定義」(昭四・五・三一判決)した。しかしいうまでもなく、國體はそうした散文的な規定に尽きるものではない。過激社会運動取締法案が治安維持法及びその改正を経て、思想犯保護監察法へと「進化」してゆく過程はまさに國體が、「思想」問題にたいして外部的行動の規制――市民的法治国家の法の本質――をこえて、精神的「機軸」としての無制限な内面的同質化の機能を露呈してゆく過程でもあった。それは世界史的にも、国家権力が近代自由主義の前提であった内部と外部、私的自治と国家的機構の二元論をふみこえて、正統的イデオロギーへの「忠誠」を積極的に要請する傾向が露骨になりはじめた時期と一致していた。日本の「國體」はもともと徹底的に内なるものでもなければ、徹底的に外面的なものでもなかったので、こうした「世界史的」段階にそのまま適合した。日本の「全体主義」は権力的統合の面ではむしろ「抱擁主義」的で（翼賛体制の過程や経済統制を見よ）、はなはだ非能率であったが、少くもイデオロギー的同質化にはヒットラーを羨望させただけの「素地」を具えていた。ここでも超近代と前近代とは見事に結合したのである。

＊　敗戦によるポツダム宣言の受諾は、ふたたび、しかし今度はきわめて絶望的な状況の下で、「國體」のギリギリの定義を日本の支配層に強いることとなった。「天皇の国家統治の大権を変更するの要求を包含し居らざることの了解の下に」という我が方の条件付の受諾にたいして「天皇及び日本国政府の国家統治の権限」は「連合国最高司令官に従属」すること、及び日本の最終的な統治形態が、「国民の自由に表明する意思によって」決定されるという連合国側の

回答が寄せられたが、“subject to” を「敢えて「制限の下にあり」と意訳し」、“The ultimate form of (the) government of Japan” を「「最終的の日本国の政府の形態」と訳し、天皇を含む國體を思わしめるが如き政治形態又は統治組織の語を避け」（外務省編、終戦史録、六三一頁、傍点原文）るというような、外務当局の用語の苦心にもかかわらず、これが國體の変革を意味するかどうかが御前会議でもっとも激しい論戦の的となり、降伏の最後的決定を遅らせたこと周知のとおりである。ここで驚くべきことは、あのようなドタン場に臨んでも國體護持が支配層の最大の関心事だったという点よりもむしろ、彼等にとってそのように決定的な意味をもち、また事実あれほど効果的に国民統合の「原理」として作用して来た実体が究極的に何を意味するかについて、日本帝国の最高首脳部においてもついに一致した見解がえられず、「聖断」によって収拾されたということである。しかもさらにその「聖断」が果して國體を完うするものかをめぐって、軍部は承詔必謹派と神州防衛派に分裂した！　後者の「一時天皇裕仁の意図に反しても、皇祖皇宗以来うちたてられた國體の本義を守ることが大きな意味では本当の忠節」であるという解釈（大井篤「天皇制と太平洋戦争」同前、七五二頁）も解釈としてはけっして突飛なものでなく、そういう契機も平泉博士などがつとに「考証」していたように、「國體」のなかから引き出せる根拠があった。権威と規範、主体的決断と非人格的「伝統」の拘束が未分化に結合し、二者択一を問われないところにまさに「家」・同族団あるいは「郷党社会」（伊藤博文）とリンクした天皇制イデオロギーの「包容性」と「無限定性」の秘密があった。幾重ものの皮膜をひきむいて最後の核を定義しなければならなかったのは天皇制の悲劇であるが、この窮地をきりぬけると、つい昨日まで「独伊も学んで未だ足らざる」真の全体国家と喧伝されたのに、いまや忽ち五カ条の御誓文から八百万神の神集いの「伝統」まで「思い出」されて、日本の國體は本来、民主主義であり、八紘為宇の皇道とは本来 universal brotherhood を意味する（極東軍事裁判における鵜沢博士の説明）ものと急転した。外からは突然変異のようでもすべてが既知数として内部に揃っているために、「伝統」の空間的な配置転換によって主観的にはスムーズに行われる、と前にのべた個人の思想的転向形態は、敗戦による國體の「転向」において最大のスケールで現われたわけである。しかしいうまでもなく右の例は「國體」の思想的特質を示すためにのべたのであって、だからといって天皇制がこうした転向後も戦前と連続性を保ち、したがって今後ふたたび権力と精神の統合体としての旧姿にまで膨張する可能性をはらんでいるという意味ではない。

しかしながら天皇制が近代日本の思想的「機軸」として負った役割は単にいわゆる國體観念の教化と滲透という面に尽されるのではない。それは政治構造としても、また経済・交通・教育・文化を包含する社会体制としても、機構的側面を欠くことはできない。そうして近代化が著しく目立つのは当然にこの側面である。日本を西欧型とみる説も主としてこうした制度の「西欧化」に着目しているわけである。むろん日本と他のアジア諸国との決定的なちがいがここに見られるのは否定できない事実であろう。けれどもそれならば、制度は西欧化したけれども、精神面では日本的な、あるいは「伝統的」な要素が残ったという風にいって片付けられるだろうか。* むしろ問題はどこまでも制度における精神、制度をつくる精神が、制度の具体的な作用のし方とどのように内面的に結びつき、それが制度自体と制度にたいする人々の考え方をどのように規定しているか、という、いわば日本国家の認識論的構造にある。そういう観点に立てば、前節にのべた、思想における「伝統」と「欧化」で触れた問題も、天皇制国家のダイナミズムとあらためて関連させて考察することが必要になってくる。

＊ 思想や精神にだけ、国民的あるいは個人的な特殊性をみとめ、政治や経済の制度は「物質的」なもの、したがって普遍的なもので、普遍的「近代」と普遍的「封建」があるだけだという想定が、自然科学者や「唯物」論者だけでなく、「個性」や「精神」にたてこもる文学者にも多く見受けられる。技術も機械も、生産関係も、議会制も、みな同じ平面で物質的「メカニズム」として等視され、それの存否によって普遍的近代化がトせられるのである。けれども機械それ自体は世界共通であっても、人間関係が介在した制度はすでにカルチュアによって個性的な差を帯びる。法的規定では同じ選挙「制度」が、個々の選挙民の投票行動のちがいによって――たとえば部落寄合による満場一致の推薦で候補者が決定される場合と、個人的選択が支配的な場合とでは、同じ政治制度としては機能しない。憲法制度のように、元来政治倫理的要素が内包されている場合には一層、制度における精神を含めた全体構造が問題にされねばならない。

三

近世の認識論の構造と近代国家の政治構造との密接な関連はすでにE・カッシラーやC・シュミットなどによって思想史的に解明されているが、こうした関係は、類似した政治理念がそれぞれの国民によって個性的な組織化の様式をまとう点にも現われている。たとえばヨーロッパにおいて大陸の合理主義が絶対君主による政治的集中(官僚制の形成)を前提とした法治国家(Rechtsstaat)の形成と相即しているとすれば、イギリスの経験論には地方自治の基盤の上に自主的集団の論理として培養された「法の支配」(rule of law)の伝統が照応している。同じ儒教の自然法思想が中国の場合には規範的・契約的性格が比較的強く現われ、日本ではむしろ権威(恩情)と報恩の契機が表面に出るのも、たんに学者の解釈の差ではなく、封建制あるいは家産官僚制の内面に滲透してその現実的な作用連関を構成している「精神」なのである。「天下は天下の天下なり」という幕藩制に内在した「民政」観念が幕末尊攘思想において「天下は一人の天下なり」という一君万民理念に転換したことが、維新の絶対王政的集中の思想的準備となったにもかかわらず、こうして出現した明治絶対主義は、当初から中江兆民によって「多頭一身の怪物」と評されたような多元的政治構造に悩まねばならなかった。これもむろん直接には維新の革命勢力が、激派公卿と西南雄藩出身の「新官僚」との連立のまま、ついに一元的に組織化されなかった社会的事情の継続であるが、そこにも、世界認識を合理的に整序せずに「道」を多元的に併存させる思想的「伝統」との関連を見いだすに難くない。

明治憲法において「殆ど他の諸国の憲法には類例を見ない」大権中心主義（美濃部達吉の言葉）や皇室自律主義をとりながら、というよりも、まさにそれ故に、元老・重臣など超憲法的存在の媒介によらないでは国家意思が一元化されないような体制がつくられたことも、決断主体（責任の帰属）を明確化することを避け、「もちつもたれつ」の曖昧な行為連関（神輿《みこし》担ぎに象徴される！）を好む行動様式が冥々に作用している。「輔弼《ほひつ》」とはつまるところ、統治の唯一の正統性の源泉である天皇の意思を推しはかると同時に天皇への助言を通じてその意思に具体的内容を与えることにほかならない。さきにのべた無限責任のきびしい倫理は、このメカニズムにおいては巨大な無責任への転落の可能性をつねに内包している。

政治構造の内部において主体的決断の登場が極力回避される反面、さきの伊藤の言に表われているように、この「一大器械」に外から始動を与える主体を絶対的に明確にし、憲法制定権力についていささかの紛議の余地をなくしたのが、天皇制の製作者たちの苦心の存するところであった。明治憲法が欽定憲法でなければならぬ所以は、けっして単に憲法制定までの手続の問題ではなく、君権を機軸とする全国家機構の活動を今後にわたって規定する不動の建て前であったのである。この「近代」国家において憲法制定権力の所在が誰にあるかという問題は、これ以後もはや学問的にも実際的にも「問われ」る余地がなかった。その意味をいま少し明らかにするためにここでもう一度、憲法制定会議に立ちかえって、そこでの森有礼と伊藤博文・井上毅との間に交された興味ある論戦を一べつしよう。

　第二章の「臣民の権利義務」の項の審議に入ったとき、森は突如原案に重大な異議を挟んだ。それは、権利義務という字を憲法に記載するのは不穏当である、臣民というのは「サブジェクト」であり、したがって臣民は天皇に対しては「分限」と「責任」を有するのみで、権利ではない、故にこれを悉《ことごと》く「臣民ノ分際」と改むべし、というのである。伊藤は直ちに森を反駁した、曰く、「森氏ノ説ハ憲法学及国法学ニ退去ヲ命シタルノ説ト云フヘシ。抑《そもそも》憲法ヲ創設スルノ精神ハ、第一君権ヲ制限シ、第二臣民ノ権利ヲ保護スルニアリ。故ニ若シ憲法ニ於テ臣民ノ権理《（ママ）》ヲ列記セス、只《ただ》責任ノミヲ記載セハ、憲法ヲ設クルノ必要ナシ……臣民ニハ無限ノ責任アリ、君主ニハ無限ノ権力アリ、是レ之ヲ称シテ君主専制国ト云フ。……蓋《けだ》シ憲法ヨリ権利義務ヲ除クトキニハ、憲法ハ人民ノ保護者タル事能ハサルナリ」。まことに堂々として「進歩主義者」伊藤の面目を現わしているように見える。それにしては、かつて公議所に廃刀令を提案して以来、政府部内随一の開明派として知られた森は何とここでは「反動的」になっているのだろう。しかし森には森の考えがあった。彼はこたえる——「臣民ノ財産及言論ノ自由等ハ人民ノ天然所持スル所ノモノニシテ、法律ノ範囲ニ於テ之ヲ保護シ、又之ヲ制限スル所ノモノタリ。故ニ憲法ニ於テ此等ノ権理（ママ）始テ生シタルモノ、如ク唱フルコトハ不可ナルカ如シ。……又臣民カ天然受クヘキ所ノ権理ヲ無法ニ取扱ヒ、徒《いたず》ラニ王権ヲ主唱シテ民権ヲ保護セサルモノヲ称シテ専制ト云フ。且《か》ツ内閣ハ臣民ノ権理ヲ保護スル為メ働クヘキモノナレハ、仮令《たと》ヒ爰《ここ》ニ権利義務ノ字ヲ除クトモ、臣民ハ依然財産ノ権利及言論ノ自由ハ保持スルモノナリ」。まだ論戦はつづくが省略しよう。実際問題としては森の「分際」論は無茶であり、伊藤に敗れたのは当然である。しかしここに伏在する対立は一見するより複雑で、思想的には少からぬ問題をはらんでいる。

森の説はスピノザからホッブスにつらなる自然法思想にきわめて類似し、公的な権力関係と個人の不可侵な自然権との二元論に立っている。憲法は前者の規律であり、その限りで日本の「國體」の特殊性を森はここに集中的に盛込もうとする。しかし人間に固有な自由権は、いかなる実定法にも、いかなる権力体系にも包含されぬ事実上の権利として主張されるのである。かつて明治五年アメリカで『日本における宗教の自由』（英文）をあらわし、いかなる政治権力も、人間の内面性の自由を侵す事は出来ぬと鋭く論じた青年森有礼の思想はなおここに生きのびているわけである。他方、伊藤は自由権をまるごと憲法の胎内にとりこもうとする。自由はここでは実定法上の自由に解消する。憲法の与えた権利義務関係の外に絶対の自由者として立つものは、この憲法の制定権者としての天皇のみである。両者の思想的相違は決して単にスコラ的なものではない。この場合、森の二元論の問題は、君民相互の権利の境界を最終的に決定するもの——すなわち非常事態において判定を下すものは君主なのか人民なのかという疑問に答えていない点にある。社会契約説が人民主権を弁証した歴史的意義はまさにここにあった。その意味では欽定憲法の原則と君主主権主義をとる限り、最終判定権の問題があいまいに残される森よりは、伊藤の説の方が首尾一貫していることは疑いない。

しかしながらこの憲法によって「保護」された良心と思想の自由は、「國體」が自在に内面性に滲透して人民を「保護監察」しうる精神としての側面を持つ限り、容認の範囲の問題ではあってもついに原理的な保障ではあり得ないのである。これにたいして一方における君権の法的絶対性、他方においての市民権の事実的絶対性という森の二元論はリアリスティックであるだけにむしろイデオロギー的粉飾性はすくないだろう。この二元論はちょうど「よしやシビルはまだ不自由でもポリチカルさえ自由なら」とうたって、私的領域における自律——社会的底辺における近代的人間関係の確立——よりも参政権の獲得に熱中した自由民権運動家の論理とうらはらの関係にある。ただ森にも多くの民権論者にも、いわんや伊藤にも等しく欠けていたのは、私的＝日常的な自由を権力の侵害から防衛するためにこそ全権力体系の正当性を判定する根拠を国民が自らの手に確保しなければならぬという発想であった。

憲法その他の法的＝政治的制度を、制度をつくる主体の問題からきり離して、完結したものとして論ずる思考様式は、思想や理論を既成品として取扱う考え方とふかく連なっている。近世ヨーロッパにおいては、唯一絶対の神による世界秩序の計画的創造という思考様式が世俗化されて、自由な責任の主体としての絶対君主による形式的法体系や合理的官僚制さらに統一的貨幣制度の創出への道を内面的に準備した。その論理的媒介をなしたのが、精神を物体からきり離し、コギトの原理に立って経験世界の認識主体（悟性）による構成を志したデカルトにほかならない。中世自然法——そこでは自然が超自然に従属し、自然秩序の各部分がそれぞれ恩寵の光被をうけて有機的な階層秩序を構成する——によって弁証されていた教会・貴族・ギルドなどの封建的身分の自主的特権を解体して、これを統一的な主権に平等に服する国家構成員たらしめた絶対君主の歴史的事業は、一方、権力のロゴスの自覚（国家理性の問題）となり、他方、厖大な人間的エネルギーを教会的自然法の拘束から解き放った。この両契機を発条とする逞しい国家秩序の合理的組織化は、絶対君主制の歴史的制約から来る不徹底をふくみながらも、ともかく近代国家形成の基礎をきずいたのである。しかもその際きわめて重要なことは、E・トレルチが指摘しているように、「それは教会との闘争で、自己の世俗的権力についての鋭く明確な意識を学んだ国家であるが、それと同時に生の充溢を支配しえず、またすべきでないという感覚をもっていた」（E. Troeltsch, Gesammelte Schriften, IV, S. 302）という点である。フィクションとしての制度の自覚は、同時にフィクションと生の現実との間の鋭い分離と緊張の自覚でもあったのである。この自覚はむしろヨーロッパ近代が完成し、もろもろの制度がオートマティックな運転を開始するに当って、しだいにうすれ、そこに制度の物神化という「近代の危機」が胚胎するのであるが、それにもかかわらず、一方絶対的な超越神の伝統と、他方、市民の自発的な結社＝再結社の精神によって、今日でもヨーロッパ的思考から全く失われてはいない。ところでホッブスからロックを経てルソーに至って完成される近代国家の政治理論は、近世認識論の発展と併行し、それぞれに大きな相違を含みながらも、ひとしく経験世界の主体的作為による組織化という発想を受けついで、頂点の制作主体としての君主の役割を、底辺の主体的市民の役割にまで旋回したのである。しかもその際フィクションとしての国家観は社会契約説にまで結晶するが、「生の充溢」と制度との間のギャップの感覚は引続き保持されていた。両者の二元的な緊張関係を論理化したものが、ほかでもない「自然状態」と国家状態との――やはりそれぞれ異った仕方での――関係づけであった。一個の「学説」としての契約説が陳腐となってのちにも「比較的少数の人間におそろしく巨大な人間が服従している」という、昔からの政治的社会の現実を「一個の驚くべき現象」と見る感覚（H. J. Laski, The Grammar of Politics, p. 21）は、右のような緊張の意識に支えられて市民社会の伝統となり、権力の正当性の根拠が不断に問われる源泉をなしたのである。

日本における統一国家の形成と資本の本源的蓄積の強行が、国際的圧力に急速に対処し「とつ国におとらぬ国」になすために驚くべき超速度で行われ、それがそのまま息つく暇もない近代化――末端の行政村に至るまでの官僚制支配の貫徹と、軽工業及び巨大軍需工業を機軸とする産業革命の遂行――にひきつがれていったことはのべるまでもないが、その社会的秘密の一つは、自主的特権に依拠する封建的＝身分的中間勢力の抵抗の脆さであった。明治政府が帝国議会開設にさきだって華族制度をあらためて創設（作られた貴族制というのは本来形容矛盾である）しなければならなかった皮肉からも、ヨーロッパに見られたような社会的栄誉をになう強靭な貴族的伝統や、自治都市、特権ギルド、不入権をもつ寺院など、国家権力にたいする社会的なバリケードがいかに本来脆弱であったかがわかる。前述した「立身出世」の社会的流動性がきわめて早期に成立したのはそのためである。政治・経済・文化あらゆる面で近代日本は成り上り社会であり（支配層自身が多く成り上りで構成されていた）、民主化を伴わぬ「大衆化」現象もテクノロジーの普及とともに比較的早くから顕著になった。

　ともかく、条約改正を有力なモチーフとする制度的「近代化」は社会的バリケードの抵抗が少なかっただけに、国家機構をはじめとする社会各分野にほとんど無人の野を行くように進展した。ただし絶対主義的集中が前述のように権力のトップ・レヴェルにおいて「多頭一身の怪物」を現出したことと対応して、社会的平準化も、最底辺において村落共同体の前にたちどまった。むしろその両極の中間地帯におけるスピーディな「近代化」は制度的にもイデオロギー的にもこの頂点と底辺の両極における「前近代性」の温存と利用によって可能となったのである。その際底辺の共同体的構造を維持したままこれを天皇制官僚機構にリンクさせる機能を法的に可能にしたのが山県の推進した地方「自治制」であり、その社会的媒介となったのがこの共同体を基礎とする地主＝名望家支配であり、意識的にその結合をイデオロギー化したのが、いわゆる「家族国家」観にほかならない。

この同族的（むろん擬制を含んだ）紐帯と祭祀の共同と、「隣保共助の旧慣」とによって成立つ部落共同体は、その内部で個人の析出を許さず、決断主体の明確化や利害の露わな対決を回避する情緒的＝直接的結合態である点、また「固有信仰」の伝統の発源地である点、権力（とくに入会や水利の統制を通じてあらわれる）と恩情（親方子方関係）の即自的統一である点で、伝統的人間関係の「模範」であり、「國體」の最終の「細胞」をなして来た。それは頂点の「國體」と対応して超モダンな「全体主義」も、話合いの「民主主義」も、和気あいあいの「平和主義」も、一切のイデオロギーが本来そこに包摂され、それゆえに一切の「抽象的理論」の呪縛から解放されて「一如」の世界に抱かれる場所である。* したがって「近代化」にともなう分裂・対立など政治的状況を発生させる要因が、頂点の「國體」と同様に底辺の「春風和気子ヲ育シ孫ヲ長スルノ地」（山県の言）たる「自治体」内部に滲透するのをあらゆる方法で防遏するのが、明治から昭和まで一貫した支配層の配慮であった。

＊「かうした家の中にあつては、家長を中心として一家が同体である。其処には私有財産もなく、共働、共有だ。家の上のものを尊敬するところに、上のものも下のものを労《いたわ》らなければならない。子供を育てるためには、一家の中心にある人は労作をしなければならない。一家に病人があればその人は誰より多く消費するが、決して外の人は不平を云はないであらう。……ここでは理論でなしに現実が支配してゐる。かうした家族主義の特質は、今日封建的な形骸を破つて、新しく我々に受けとられなければならないのではなからうか。共産主義者が夢みた様な社会は我々の足下にあつたのである」（小林杜人編、転向者の思想と生活、一五五頁）。

日本の近代国家の発展のダイナミズムは、一方中央を起動とする近代化（合理的官僚制化が本来の官僚制だけでなく、経営体その他の機能集団の組織原理になって行く傾向）が地方と下層に波及・下降して行くプロセスと、他方、右のような「むら」あるいは「郷党社会」をモデルとする人間関係と制裁様式――飴と鞭（ビスマルク）ではなく、「涙の折檻、愛の鞭」（労政時報、一九四二・八・二一）――が底辺から立ちのぼってあらゆる国家機構や社会組織の内部に転位して行くプロセスと、この両方向の無限の往復から成っている。したがって一般的にいえば、組織や集団をどの種類で、また上中下どの社会的平面でとりあげてみても、そこには近代社会の必須の要請である機能的合理化――それに基く権限階層制《アムツヒエラルヒー》の成立――という契機と、家父長的あるいは「閥」・「情実」的人間関係の契機との複合がみいだされることになる。それは認識論的には、非人格的＝合理的思考の建て前と、直接的感覚や仕来りへの密着との併存として現われ、また機能様式としては、リーダーシップが一元化しないで、しかも他事にやたらに世話をやくという傾向（福沢が明治政府を評した言を用いれば「多情の老婆」的傾向）として現われるが、しかも大事なことは、天皇制社会の円滑な再生産は右の両契機が――むろん時代の変化や組織の性格で比重を異にするが――微妙に相依存して、一方だけに傾かないことによって可能となったという点である。*

＊ むろん、相対的にいえば、中央官僚機構や巨大工業においては、形式的合理性の要素が実質的に、あるいは少くも建て前として優越し、底辺の機能集団に行くほど、建て前としても、共同体的規制が強調され、たとえば農家小組合に至ると、「農家小組合とは部落に内在する非商品経済的な自然村的乃至伝統的結合力に依存して諸活動を展開するところの部落なりと解する」（産業組合、一九三八年五月、五四頁）と農政学者によって定義されるように、部落そのものと合一する。しかし大企業でも最頂点に至ると、また逆に同族的、家産制的な精神と構造が優越するようになる。銀行・産業・商事の各部門が持株会社としての「総本家」に統合され、その下で「番頭政治」が行われる日本の財閥構造は小文字で書いた天皇制国家であった。

近代化によってともすると崩れようとするこのバランスを上からの國體教育の注入と下から

の共同体的心情の吸い上げによって不断に調整するのがそこでの「統治技術」にほかならなかった。それがかなり危くなりながらも最後までともかく成功したからこそ、この仕組を徹底的にメカニズムの面から暴露して行った共産党も、またそれを純粋に心情の体系としてとらえようとした右翼ナショナリストも、（他の社会的政治的条件を一応別として）ともに日本帝国の常識的な――つまり、「おとな」の見解から背馳した「極端」な認識として斥けられる運命を免れなかったのである。

しかし他面において、明治以後の近代化は政治、法律、経済、教育等あらゆる領域におけるヨーロッパ産の「制度」の輸入と、その絶えまない「改良」という形をとっておこなわれた限り、合理的な機構化にも徹しえず、さりとて、「人情自然」にだけも依拠できない日本帝国はいわば、不断の崩壊感覚に悩まねばならなかった。それは一方で、制度化が「淳風美俗」を破壊する（「民法出デテ忠孝亡ブ」――穂積八束）という支配的イデオローグの側からの不断の憂慮と警告となって現われるとともに、他方「下」からも官治（それはまた法治と等視された）が「形式に偏」し、「地方の実情」と遊離しているという苦情が繰り返し繰り返し陳情され、それはまた玄洋社、大日本生産党以来、日本的な「田園の侠勇《カヴアレリア・ルスチカーナ》」を代表する国粋団体や、農村の「実情」に直接座を占めている中小地主などの反中央・反官僚主義の発酵源となった。**

ここに内在する矛盾は複雑であった。

＊　「淳風美俗」はいわばツベルクリン反応陰性の状態にほかならないから、ここでは個々の農家が共同体秩序をとびこえて「直接」に販売・購買の流通面に進出する傾向、地主の土地からの遊離、青年・婦人層の自主的な動き、投票行動の変化、といった農業危機にたいする経済的、政治的反応はもとよりのこと、およそ都市化の影響一般が――まさに免疫性がないために一層激烈な形をとって――その「健康」を脅かす。いな、本来の部落的行動様式に内在する消極的側面さえ、陽性転化の結果と考えられる。東北の農村にまで広く見られた徴兵忌避の傾向も、連隊区司令官の報告では、「自由主義・個人主義の影響」といわれるのである（大正二年十二月調、各聯隊区管内民情風俗思想界ノ現状、による）。

＊＊　こうした反撥は必ずしも中央＝官僚対地方＝農村という形でだけあらわれたのではない。制度における精神が上述のように、形式的合理性と家父長的心情との複合であったかぎり、それはたとえば、企業の「制度」からの「進歩的」官僚にたいする苦情としても不断に再生産される。明治二十九年渋沢栄一が工場法案にたいして「唯一偏ノ道理ニ拠ツテ欧羅巴ノ丸写シノヤウナモノヲ設ケラルヽト云フコトハ、絶対ニ反対ヲ申上ゲタイ」（第一回農商工高等会議における発言）と強硬に主張して以来、労働組合法案から退職金積立法案にいたるまで、雇傭関係の法的規制にたいするブルジョアジーの一貫した抵抗がやはり労資間の「淳風美俗」をとりでにしていたことはあらためて説くを要しないであろう。ここでは摩擦は「近代」行政と「近代」企業との間に存在する。

第一に「実情」が共同体的習俗に根をおろしている限り、それは本来合理化＝抽象化一般と相容れないものであり、したがっていかなる近代的制度も本来「実情」に適合することは不可能なのである。さらに第二に「制度」は既成品として、しかも各部門でバラバラに輸入され、制度化のプロセス（全体的計画性と個別的実態調査との結合）ぬきに実施されることが少くないので、いよいよ現実との間に悪循環をひきおこす。その「改善」はいわゆる役人の機構いじりとなって、デスクの上で自己運動することになる。第三に元来近代的な制度やルールは社会的現実の無限の多様性を前提として、これを規格し整序するところに成立つのであり、そこではルールの画一性はその「限界」の意識と相即している（さきのトレルチの引用参照）のであるが、近代日本ではメカニズムが権力と恩情との即自的な統一によって運転されるから、それは無制限に日常生活の内部に立入って、これを規律しようとする傾向を帯びるばかりでなく、逆に尺度が「情実」に規制されて伸縮するので、尺度としての衡平をも果しえなくなる。こうして私生活の上にあいまいに、しかも重苦しく垂れこめる官僚支配あるいは組織の圧力は、日本社会の底辺から立昇った家父長的精神が「機構的合理性」に注油されて、ふたたび天降ってきたものまでが、土着的な心情の実感からはまさに近代的制度一般、組織一般の必然的なロジックとしてうけとられることになる。* こうして一家一村「水入らず」の共同体的心情あるいはそれへの郷愁が巨大都市の雑然さ（無計画性の表現！）に一層刺戟され、さまざまのメロディーで立ち現われる「近代の超克」の通奏低音をなすのである。

＊　部落共同体的人間関係はいわば日本社会の「自然状態」であり、そのかぎりで、また上からの近代化＝官僚化（国家状態）にたいする日本的「抵抗」形態のモデルを提供している。しかしそれが本来実感から抽象された規範意識一般と無縁なものであるかぎり、その「反抗」は規範形成力として、したがって秩序形成力としては作用せず、きわめて非日常的な形で爆発するにとどまる。それはしばしば生活の場を捨て、時務の「慷慨」によって組織の媒介なしに究極価値に一挙に自己を合一化しようとし、そこからかえって、抵抗が体制の側での操作に吸収される結果になるか、あるいは大は待合・銀座のバーから小は村の寄合に至る「富士の白雪ャのーえ」の放吟にそのエネルギーを発散してふたたび日常的な「実感」の世界に閉じこもる。そうした「抵抗」の二面性はちょうど日本のナショナリズムがまさに、底辺の家族愛あるいは部落愛を体制全体に動員する方向と、官僚的国家主義の方向との合流から成立っているために、穂積八束のような官府的国家主義者を慨かせたように、「我カ固有ノ忠孝ノ大義ハ中外ノ欣望スル所ニシテ万国ニ対シテ誇ルヘシ……然レトモ国家ノ自覚ニ於テハ我尚或ハ欧州二三ノ立憲国民ヲ羨ムヘキ所ナシトセス」「忠君愛国ノ至情ト云フモ多ハ疎大ナル慷慨心ニ流レ身ヲ以テ国ニ殉スルノ大義ヲ弁スルト同時ニ、虚偽ノ事項ヲ作為シテ兵役ノ義務ヲ回避シ、資産ヲ隠蔽シテ課税ヲ免レントス」（論文集、三六五頁及び三二九頁）というディレンマに最後まで悩まねばならなかったことと、ちょうど表裏の関係にある。この自然権なき自然状態は「日本文化

の根底に潜むもの」（きだ・みのる）かもしれないが、それが抽象をくぐらぬ「具体」であるかぎり、権力の根拠を問う姿勢はそこからは形成されない。

四

右にのべたような状況、すなわち一方で、「限界」の意識を知らぬ制度の物神化と、他方で規範意識にまで自己を高めぬ「自然状態」（実感）への密着は、日本の近代化が進行するにしたがって官僚的思考様式と庶民（市民と区別された意味での）的もしくはローファー（のらくらもの、ごろつき）的（有島武郎の用語による）思考様式とのほとんど架橋しえない対立としてあらわれ、それが「組織と人間」の日本的なパターンをかたちづくっている。しかもこの両者は全く機能する次元を異にし、思想的な相互媒介ができないためにかえって同一人間のなかに共存して、場によって使い分けられることもあるし、異った方向から意図的にあるいは無意図的に、同じ目的に奉仕するという結果にもなる。それは近代化の矛盾がはげしくなるにつれて乖離を露わにしたが、もともと日本の「近代」そのものに内在し微妙なバランスを保っていた契機の両極化であり、すなわち日本における「制度」と「精神」との構造連関が認識論的側面において、両極として表現された形態にほかならない。そうして日本における社会科学の「伝統的」思考形態と、文学におけるそれ以上伝統的な「実感」信仰の相交わらぬ平行線もまたつきつめれば同じ根源に帰着するように思われる。

日本の近代文学は「いえ」的同化と「官僚的機構化」という日本の「近代」を推進した二つの巨大な力に挟撃されながら自我のリアリティを摑もうとする懸命な模索から出発した。しかもここでは、⑴感覚的なニュアンスを表現する言葉をきわめて豊富にもつ反面、論理的な、また普遍概念をあらわす表現にはきわめて乏しい国語の性格、⑵右と関連して四季自然に自らの感情を託し、あるいは立居振舞を精細に観察し、微妙にゆれ動く「心持」を極度に洗練された文体で形象化する日本文学の伝統、⑶リアリズムが勧善懲悪主義のアンチテーゼとしてだけ生まれ、合理精神（古典主義）や自然科学精神を前提に持たなかったこと、したがってそれは国学的な事実の絶対化と直接感覚への密着の伝統に容易に接続し自我意識の内部で規範感覚が欲望や好悪感情から鋭く分離しないこと、⑷文学者が（鷗外のような例は別として）官僚制の階梯からの脱落者または直接的環境（家と郷土）からの遁走者であるか、さもなくば、政治運動への挫折感を補完するために文学に入ったものが少くなく、いずれにしても日本帝国の「正常」な臣民ルートからはずれた「余計者」的存在として自他ともに認めていたこと――などの事情によって、制度的近代化と縁がうすくなり、それだけに意識的な立場を超えて「伝統的」な心情なり、美感なりに著しく傾斜せざるをえなかった。

そこでは制度にたいする反撥（＝反官僚的気分）は抽象性と概念性にたいする生理的な嫌悪と分ちがたく結ばれ、また、前述した「成上り社会」での地位と名誉にたいする反情と軽蔑（ときにはコンプレックス）に胚胎する反俗物主義は、一種の仏教的な厭世観に裏づけられて、俗世＝現象の世界＝概念の世界＝規範（法則）の世界という等式を生み、ますます合理的思考、法則的思考への反撥を「伝統化」した。しかもヨーロッパのロマン主義者のように自然科学的知性そのものを真向から否定するには、近代日本全体があまりに自然科学と技術の成果に依存しており、またその確実性を疑うほどの精神の強烈さ（あるいは頑固さ）もわが国の文学者は持ち合わせない。こうして一方の極には否定すべからざる自然科学の領域と、他方の極には感覚的に触れられる狭い日常的現実と、この両極だけが確実な世界として残される。文学的実感は、この後者の狭い日常的感覚の世界においてか、さもなければ絶対的な自我が時空を超えて、瞬間的にきらめく真実の光を「自由」な直観で摑むときにだけに満足される。その中間に介在する「社会」という世界は本来あいまいで、どうにでも解釈がつき、しかも所詮はうつろい行く現象にすぎない。究極の選択は2×2＝4か、それとも文体の問題かどちらかに帰着する！

（小林秀雄、Xへの手紙）

あらゆる政治や社会のイデオロギーに「不潔な抽象」を嗅ぎつけ、ひたすら自我の実感にたてこもるこうした思考様式が、ひとたび圧倒的に巨大な政治的現実（たとえば戦争）に囲繞されるときは、ほとんど自然的現実にたいすると同じ「すなお」な心情でこれを絶対化するプロセスについては、ここで立入った叙述を略する。その代り、最後にわが国で社会科学的思考を代表し文学的「実感」の抵抗を伝統的に触発して来たマルクス主義の問題を、以上のテーマとの関連でとり上げ、近代日本の知的構造における問題性を総括することとしよう。

マルクス主義が社会科学を一手に代表したという事は後で述べるような悲劇の因をなしたけれども、そこにはそれなりの必然性があった。第一に日本の知識世界はこれによって初めて社会的な現実を、政治とか法律とか哲学とか経済とか個別的にとらえるだけでなく、それを相互に関連づけて綜合的に考察する方法を学び、また歴史について資料による個別的な事実の確定、あるいは指導的な人物の栄枯盛衰をとらえるだけではなくて、多様な歴史的事象の背後にあってこれを動かして行く基本的導因を追求するという課題を学んだ。こういう綜合社会科学や構造的な歴史学の観点は、コント、ルソー、スペンサー、バックルなどの移植された明治初期にはあったけれども、一つには天皇制の統合過程によって、また二つにはあたかもヨーロッパでは十九世紀以降、社会科学の個別化専門化が急速に進行しアカデミーの各科がそうした初めから専門化された学問形態を受け入れる一方、ジャーナリズムはますます大衆化したという事情の為に、知的世界からいつか失われてしまったのである。マルクス主義の一つの大きな学問的魅力はここにあった。

第二に右のことと関連して、マルクス主義はいかなる科学的研究も完全に無前提ではあり得ない事、自ら意識すると否とを問わず、科学者は一定の価値の選択の上に立って知的操作を進めて行くものである事を明かにした。これまで哲学に於てのみ、しかし甚だ観念的に意識されていた学問と思想との切り離し得ない関係を、マルクス主義は「党派性」というドラスチックな形態ですべての科学者につきつけた。しかもその思想は世界をいろいろと解釈するのではなくて、世界を変革することを自己の必然的な任務としていた。直接的な所与としての現実から、認識主体をひとたび隔離し、これと鋭い緊張関係に立つことによって世界を論理的に再構成すればこそ、理論が現実を動かすテコとなるという、これまた凡そデカルト、ベーコン以来近代的知性に当然内在しているはずの論理は、わが国ではマルクス主義によって初めて大規模によび醒されたといっても過言ではない。さらにキリスト教の伝統を持たなかったわが国では、思想というものがたんに書斎の精神的享受の対象ではなく、そこには人間の人格的責任が賭けられているということをやはり社会的規模に於て教えたのはマルクス主義であった。たとえコンミュニストの大量転向が、前述したように思考様式からすれば、多くは伝統的な形でおこなわれたにしても、思想的転向がともかく良心のいたみとして、いろいろな形で(たとえマイナスの形ででも)残ったということは、少くもこれまでの「思想」には見られなかったことである。マルクス主義が日本の知識人の内面にきざみつけた深い刻印を単にその他もろもろのハイカラな思想に対すると同じに、日本人の新しがりや知的好奇心に帰するのが、どんなに皮相な見解であるかはこれだけでも明らかだろう。

しかしながら、マルクス主義が日本でこのように巨大な思想史的意義をもっているということ自体にまた悲劇と不幸の因があった。近世合理主義の論理とキリスト教の良心と近代科学の実験操作の精神と――現代西欧思想の伝統でありマルクス主義にも陰に陽に前提されていることの三者の任務をはたしてどのような世界観が一手に兼ねて実現できようか。日本のマルクス主義がその重荷にたえかねて自家中毒をおこしたとしても、怪しむには足りないだろう。このことを逆にいうならば、まず第一に、およそ理論的なもの、概念的なもの、抽象的なものが日本的な感性からうける抵抗と反撥とをマルクス主義は一手に引受ける結果となった。第二に必ずしもマルクス主義者に限らず一般の哲学者、社会科学者、思想家にも多かれ少かれ共通し、むしろ専門家以外の広い読者層あるいは政治家、実業家、軍人、ジャーナリスト等が、「教養」として哲学・社会科学を重要視する際によりはなはだしい形であらわれるところの理論ないし思想の物神崇拝の傾向が、なまじマルクス主義が極めて体系的であるだけに、あたかもマルクス主義に特有な観を呈するに至った。ちょうどマルクス主義が「思想問題」を独占したように、「公式主義」もまたマルクス主義の専売であるかのように今日でも考えられている。その際、「公式」というものがもつ意味や機能は殆んど反省されず、またマルクス主義以外の主義・世界観・教義などが果して日本の土壌で理解され信奉されるときはマルクス主義に劣らず公式主義的にならないかという問題はともするとと看過されるのである。

理論信仰の発生は制度の物神化と精神構造的に対応している。ちょうど近代日本が制度あるいは「メカニズム」をその創造の源泉としての精神――自由な主体が厳密な方法的自覚にたって、対象を概念的に整序し、不断の検証を通じてこれを再構成してゆく精神――からでなく、既成品としてうけとってきたこととパラレルに、ここではともすれば、現実からの抽象化作用よりも、抽象化された結果が重視される。それによって理論や概念はフィクションとしての意味を失ってかえって一種の現実に転化してしまう。日本の大学生や知識人はいろいろな範疇の「抽象的」な組合せによる概念操作はかえって西洋人よりうまいと外国人教師に、皮肉を交えた驚嘆を放たせる所以である。

しかしこうして、現実と同じ平面に並べられた理論は所詮豊饒な現実に比べて、みすぼらしく映ずることは当然である。とくに前述のような「実感」に密着する文学者にとっては殆んど耐えがたい精神的暴力のように考えられる。公式は公式主義になることによって、それへの反撥も公式自体の蔑視としてあらわれ、実感信仰と理論信仰とが果てしない悪循環をおこすのである。

しかし第三に、理論と現実の関係においてトータルな世界観としてのマルクス主義の特有の考え方が、日本の知識人の思考様式と結合して、一層理論の物神化の傾向を亢進させたことも見逃してはならない。マルクス主義は、周知のように、ミネルバの梟《ふくろう》は夕暮れになって飛翔をはじめるというヘーゲル主義、すなわち一定の歴史的現実がほぼ残りなくみずからを展開しおわった時に哲学はこれを理性的に把握し、概念にまで高めるという立場を継承しながら同時にこれを逆転させたところに成立した。世界のトータルな自己認識の成立がまさにその世界の没落の証しになるというところに、資本制生産の全行程を理論化しようとするマルクスのデモーニッシュなエネルギーの源泉があった。しかしながら、こうした歴史的現実のトータルな把握という考え方が、フィクションとして理論を考える伝統の薄いわが国に定着すると、しばしば理論（ないし法則）と現実の安易な予定調和の信仰を生む素因ともなったのである。

本来、理論家の任務は現実と一挙に融合するのではなくて、一定の価値基準に照らして複雑多様な現実を方法的に整序するところにあり、従って整序された認識はいかに完璧なものでも無限に複雑多様な現実をすっぽりと包みこむものでもなければ、いわんや現実の代用をするものではない。それはいわば、理論家みずからの責任において、現実から、いや現実の微細な一部から意識的にもぎとられてきたものである。従って、理論家の眼は、一方厳密な抽象の操作に注がれながら、他方自己の対象の外辺に無限の曠野をなし、その涯は薄明の中に消えてゆく現実に対するある断念と、*操作の過程からこぼれ落ちてゆく素材に対するいとおしみがそこに絶えず伴っている。この断念と残されたものへの感覚が自己の知的操作に対する厳しい倫理意識を培養し、さらにエネルギッシュに理論化を押し進めてゆこうとする衝動を喚び起すのである。

＊ さきに引用した制度化と現実との関係についてのトレルチの言葉を想起されたい。「理論は灰色で現実は緑だ」というゲーテの有名な言葉は、またマルクス主義最高の理論家でもあるレーニンのもっとも愛好した言葉でもあった。しかしこの言葉もまたさまざまの歪曲のヴァリエーションをもっている。第一には、理論の追求などは所詮人生における本質的なものにかかわりなく、二葉亭ではないが、男子一生の業とするに足りないという慷慨派または実感密着派の正当づけとなる形態、第二に、手足をバタバタ動かす「実践」の優位、第三に、一方で理論のスコラ主義を「堅持」しながら、他方で「実感」に機会主義的に追随するという使い分け等々（私達知識人はいろいろな形で庶民コンプレックスを持っているから、「庶民の実感」に直面すると、弁慶の泣きどころのように参ってしまう傾向がある）。したがって「理論信仰」と「実感信仰」は必ずしも同一人のなかに併存するのをさまたげないわけである。

ところが、実践（実感！）に対するコンプレックスの形であれ、あるいは理論の物神化の形であれ、理論が現実と同じ次元に立って競争するような知的風土では、さきのヘーゲル→マルクス的考え方はややもすると次のような結果を生む。すなわち一方、自己の依拠する理論的立場が本来現実をトータルに把握する、また把握し得るものだというところから責任の限定がなくなり、無限の現実に対する無限の責任の建て前は、実際には逆に自己の学説に対する理論的無責任となってあらわれ、しかもなお悪い場合にはそれがあいまいなヒューマニズム感情によって中和されて鋭く意識に上らないという始末に困ることになる。もっとも、マルクス主義においてはトータルな理論化によって蓄積された現実に対する負債は、現実のトータルな革命的変革で返却される仕組みになっているのだが、この仕組みはトータルな変革が現実の日程に上っているか、そうでなくても、組織論が自然成長性と目的意識性との結合を、日常生活面からトップ・レヴェルの問題まで、各々の次元に有効に押し進めているかぎりにおいてのみ実現される。いずれの条件も欠けていて理論の物神化だけが進行すると、社会科学や歴史学の中で革命が自慰を行うという一種の革命アカデミズムの傾向になるか、それとも経典(『資本論』)の訓詁注釈学としてあらわれるか、どちらかに転化することがほとんど避けられなくなるのである。

繰り返しいうように、以上の問題は必ずしも厳密な意味のマルクス主義者の間にだけ見られるのではなく、多少とも日本の社会科学にこれまで伴って来た傾向である。社会科学は文学とちがって本来、論理と抽象の世界であり、また(それがよいかどうかは別として)必ずしも自己の精神の内面をくぐらずに——個性の媒介を経ないで——、科学の「約束」にしたがって対象的に操作しうるので、少くも理論化された内容に関する限り、日本の思考様式に直接繋縛されるモメントが稀薄である。それだけに対象化された理論とその背後のなまの人間の思考様式との分裂が現われやすいわけである。社会科学的発想と文学的発想とのくいちがいが日本における「ヨーロッパ」対「伝統」の問題のような形であらわれるのはここに由来している。本当の問題は両者に裏はらの形で共通して刻印されている日本の「近代」の認識論的特質なのではなかろうか。それが社会科学者と文学者によってともに自覚されるとき、そのときはじめて、両者に共通の場がひらける。前述した官僚的思考とローファー的思考との悪循環の根をたちきるためのさし当りの一歩がこの辺にあるように思われる。

おわりに

ここでもう一度、この小論の出発点をふりかえって見よう。私達の伝統的宗教がいずれも、新たな時代に流入したイデオロギーに思想的に対決し、その対決を通じて伝統を自覚的に再生させるような役割を果しえず、そのために新思想はつぎつぎと無秩序に埋積され、近代日本人の精神的雑居性がいよいよ甚だしくなった。日本の近代天皇制はまさに権力の核心を同時に精神的「機軸」としてこの事態に対処しようとしたが、國體が雑居性の「伝統」自体を自らの実体としたために、それは私達の思想を実質的に整序する原理としてではなく、むしろ、否定的な同質化（異端の排除）作用の面でだけ強力に働き、人格的主体――自由な認識主体の意味でも、倫理的な責任主体の意味でも、また秩序形成の主体の意味でも――の確立にとって決定的な桎梏となる運命をはじめから内包していた。戦後の変革はこのエセ「精神的機軸」を一挙に顚落させた。ここに日本人の精神状況に本来内在していた雑居的無秩序性は、第二の「開国」によってほとんど極限にまであらわになったように見える。思想界の混迷という言葉は明治以来、支配層や道学的保守主義者の合言葉であった。しかし思想が現実との自由な往復交通をする条件は戦前には著しく阻まれていたことを思えば、今にして私達ははじめて本当の思想的混迷を迎えたわけである。そこから何がでて来るかは何とも分らない。ただ確実にいえるのはもはやこの地点から引きかえすことはできないし、また引きかえす必要もないということである。

加藤周一は日本文化を本質的に雑種文化と規定し、これを国粋的にあるいは西欧的に純粋化しようという過去の試みがいずれも失敗したことを説いて、むしろ雑種性から積極的な意味をひきだすよう提言されている。傾聴すべき意見であり、大方の趣旨は賛成であるが、こと思想に関しては若干の補いを要するようである。第一に、雑種性を悪い意味で「積極的」に肯定した東西融合論あるいは弁証法的統一論の「伝統」もあり、それはもう沢山だということ、第二に、私がこの文でしばしば精神的雑居という表現を用いたように、問題はむしろ異質的な思想が本当に「交」わらずにただ空間的に同時存在している点にある。多様な思想が内面的に交わるならばそこから文字通り雑種という新たな個性が生まれることも期待できるが、ただ、いちゃついたり喧嘩したりしているのでは、せいぜい前述した不毛な論争が繰り返されるだけだろう。

私はさきごろ「タコ壺文化」と「ササラ文化」という比喩でもって、基底に共通した伝統的カルチュアのある社会と、そうでなく、最初から専門的に分化した知識集団あるいはイデオロギー集団がそれぞれ閉鎖的な「タコ壺」をなし、仲間言葉をしゃべって「共通の広場」が容易に形成されない社会とを類型的に区別し、日本を後者の典型に見立てたことがある(「思想のあり方について」参照。むろんこういう類型化は一つの特徴をきわ立たせるためのもので、何も普遍的な社会形態論として言ったつもりはない)。戦前ではともかく「機軸」としての天皇制が一種の公用語となって、「タコ壺」間をつないでいたが、戦後はそれも通用しなくなり、しかも国際的交流が激増したので、国内の各集団やグループ相互よりも、むしろそれぞれのルートでの国際的コミュニケーションの方が話が通ずるといった奇現象がうまれている。むろんその反面、戦後の社会的流動性の増大とジャーナリズムの発展は異ったグループ間の接触機会を著しく増大したこともたしかである。

例の昭和史論争なども、歴史学者の中ではああいう方向での太平洋戦争史の研究はかなり前から行われ著書も出ていたのであるが、たまたま新書というような形で出て普及したことがきっかけになったわけである。あの論争は社会科学者の歴史観と文学者のそれとのギャップがいかに甚だしいかをはしなくも露呈したが、それは逆にいえば両者のコミュニケーションがこれまでいかになかったかを物語っている。その意味で従来全く異った価値規準でものを考えていた知的サークルが交通し会話することは――ジャーナリズムの悪い側面に毒されなければ――多様な経験からの抽象化がそれぞれの領域で練磨される一つの条件にはなりうるであろう。さらにヨリ大衆的規模で考えるならば、多様な争点《イッシュウ》をもった、多様な次元（階級別、性別、世代別、地域別等々）での組織化が縦横に交錯することも、価値関心の単純な集中による思惟の懶惰（福沢諭吉のいわゆる惑溺）を防ぎ、自主的思考を高めるうえに役立つかもしれない。けれどもそうした社会的条件は、他面において同時にますます認識の整序を困難にするばかりか断片的「実感」に固着し、あるいはそれを新たな思想形態と錯覚する傾向を甚だしくする条件でもある。雑居を雑種にまで高めるエネルギーは認識としても実践としてもやはり強靭な自己制御力を具した主体なしには生まれない。その主体を私達がうみだすことが、とりもなおさず私達の「革命」の課題である。

（岩波講座　現代思想第一一巻、一九五七年一一月、岩波書店）

政治的判断

一

ただいま、ご紹介にあずかりました丸山でございます。

私は広い意味では「政治学」というはなはだ俗な学問をやっておりまして、今、「深い」とか「深遠な」ということを先生がいわれましたけれども、あまり深遠でない方の学問をやっておりますので、これが文学とか、宗教というようなお話でしたら、あるいはもう少し人間の根本問題にも立ち入ってお話することができるかもしれませんが、なにぶん、やっていることが政治という非常に俗な中にも俗な学問、俗な対象でありますので、そういったお話はできないのであります。ただ、同時に私は政治の問題というものは、いわゆる政治の制度とか、イデオロギーといった、そのものの内容の叙述なり、批判なりをやるだけでなく（あるいはそれももちろん大切でありますけれども）、政治に対するわれわれの思考法、考え方の問題というものに前から興味をもっておりまして、そういう関係で政治というものを判断するうえにそもそも政治についての「思考法」というものはどういうものであるか、ということについて、私の考えていることを申し上げまして、皆さんのご批判を仰ぎたいと思うわけであります。したがって、具体的な政治問題を少し例に引きませんと、あまり話が抽象的になってしまいますから引きますけれども、それは、その現実の政治論そのものをお話するのではなくて、そういう具体的な政治の問題に対するわれわれの認識のし方というものを中心にしてお話するわけであります。と申しますのは、その問題がいつも抜きになって、そしてすぐ内容的な政治論について、「良い」とか「悪い」とか、といっているので、そこからいろいろ困った現象が起っているのではないかというふうに思いますから、私としては、一見抽象的でありますけれども、政治の認識方法、あるいは哲学的にいえば「政治の認識論」ということになるわけですけれども、そういうむずかしいことをいわないでも、政治に対する認識のし方というものについての、私の考え方を若干申し上げてみたいと思うわけであります。

二

私の考えでは、そういう、政治的なものの考え方、あるいは認識のし方というものは、単に狭い意味で、政府の、国会のやっている活動についてわれわれが批判したり、判断するためにだけ必要なのではなくて、われわれの日常的な政治的な活動に必要な思考法だと思うわけであります。

政治的認識が高度であるということは、その個人、あるいはその国民にとっての政治的な成熟の度合を示すバロメーターです。政治的に成熟しているかどうかということは、簡単にいえば政治的認識が高度であるかどうかということに換言できるわけです。もっとも、ここで断っておきたいことは、政治的認識が高度でないということ、つまり政治的に成熟していないということは、必ずしもその個人にとって、あるいは国民にとって、道徳的なレベルが低いということではないのであります。つまり、政治的な認識は他の種類の認識に比して、特別に高級であるというわけではなく、また逆に特別低級であるというわけでもない。しかしながら、それは政治的な場で、あるいは政治的な状況で行動する時に、そういう考え方が、いいかえれば、政治的な思考法というものが不足しておりますとどういうことになるかというと、自分のせっかくの意図や目的というものと著しく違った結果が出てくるわけであります。いわゆる政治的なリアリズムの不足、政治的な事象のリアルな認識についての訓練の不足がありますと、ある目的をもって行動しても、必ずしも結果はその通りにならない。つまり、意図とははなはだしく違った結果が出てくるということになりがちなのであります。

よくそういう場合に、自分たちの政治的な成熟度の不足を隠蔽するために、自分たちの意図と違った結果が出てきた時に、意識的に、あるいは無意識的になんらかのあるわるもの、あるいは敵の陰謀のせいでこういう結果になったというふうに説明する。また説明して自分で納得するということがよくあります。

つまり、ずるい敵に、あるいはずるい悪者にだまされたというのであります。しかしながら、ずるい敵にだまされたという泣き言は、少なくとも政治的な状況におきましては最悪な弁解なのであります。最も弁解にならない弁解であります。つまりそれは、自分が政治的に未成熟であったということの告白なのです。特に指導者の場合にはそうです。指導者というのは、一国の指導者だけでなく、あらゆる団体において、政治的な状況において行動する場合、その団体の指導者が自分の意図と違った結果が出た場合、あるいは自分の目的と違った結果が出た時に、これは結局何者かの陰謀によってそうなった、というふうにいって弁解し、説明することは、自分の無能力の告白なのです。つまり、自分の状況認識の誤りというものが、往々にしてすべてそれが実は政治的なリアリズムの不足から出ているにもかかわらず、相手の謀略によってそういう結果が生み出された、というふうに説明されるわけです。あるいはまた、専門の政治家になると、ある目的で意識的にそういう説明を使うことがあります。

たとえば、アメリカの民主党に対して、戦後この数年来の共和党の攻撃の最も主たる攻撃点はどういうところにあったかというと、つまりアメリカの中国政策がロシアの謀略にかかった、という説明、ロシアにしてやられた、というんですが、もしアメリカの中国政策がすべてロシアの謀略にかかったということで説明されるとするならば、それはわれわれの言葉でいえば、アメリカの指導者の政治的認識が著しく不足している。つまりアメリカが政治的にはなはだしく未成熟である、ということと同じことです。それを別な言葉で言い換えているにすぎないのです。

こういう状況認識の錯誤からくる失敗を敵の謀略に帰する考え方というものは、たとえば軍人などには比較的多い思考法であります。日華事変が日本政府は初めは不拡大の方針であった。それがどんどん拡大していったということについて、軍事専門家と称する人の説明をみると、うまく国共合作で抗日統一戦線にもってゆこうという、中共の謀略にひっかかって拡大していった、というふうに、全部中共が綿密に陰謀をめぐらして、それが着々効を奏していったというような説明がされます。これも同じ思考の範疇にはいります。日本の状況認識の誤りという問題が、その場合にはすべて敵の謀略ということに帰せられてしまう。極端な場合には、世界中のあらゆる出来事がユダヤ人の陰謀であるという考え方があります。ユダヤ人が将棋の駒を動かすように、世界中のあらゆる所に自分の目的を実現していったという考え方が、（このごろは以前ほどではありませんが）一時あったわけであります。また、ウォール・ストリートの独占資本家が世界経済を全部をあやつる陰謀をめぐらしている、というような見方もそれと似た見方です。たとえば、私人間の経済関係においてこういうような見方がおかしいということは当然とされるわけです。ある人がきょう株を買うとしますと、それが買ったとたんに下落した。でその人は非常に損した。もしその場合にその人が、きのう自分に株を売った人間に対して、「お前の謀略にかかった」といったらそれは通用するかというと通用しないわけです。つまり、株式市場というものに対する認識が足りなかった、ということです。相手はその市場の状況というものにより精通しておった。先の見通しをもっていたから売った。買った方はそれを見通せなかったから買ったということでありまして、それを相手の謀略にかかった、というくらいなら、初めから株に手を出さなければいいわけです。経済状況の場合には、そういう需給関係というものは、特定の人の謀略によってすべて自由になるというふうには考えられていない。それは一種の客観的な法則によって、需給関係が決まるのは当然だという常識があります。

ところが政治の場においては、とかく状況の客観的な推移によって起ったことまでが、すべて敵の手にかかった陰謀である、というふうに考えられやすい。つまりそれだけ経済の場合に比べて政治的に成熟した認識が地につきにくいということになるわけなのであります。

三

そこで、こういう政治的な思考法というものは、われわれが政治家ではないから不要なのかどうか、という問題があります。確かに政治的な場に、政治的な状況にまったく登場しない人間というものを想定するならば、その人間にとってはこれは必要のない思考法であります。逆に、政治的な場で行動することを常とする人間、つまり職業的政治家にとっては必須の（それなしには政治家の資格のないところの）一つの思考法になるわけであります。必須の思考法であるというのは、単に権力を獲得し、あるいは権力を維持し、あるいは権力を伸張するという目的にとって必要である、という意味ではありません。もちろん、そのためにはもっとも必要な思考法でありますけれども、それだけでなしに、一般にこういう思考法なしにはほんとうの政治的な責任意識というものが成長しない。逆にいえば、どんなに個人的に徳の高い人でも、もしこういう思考法が欠けている、つまり政治的に未成熟であるという場合には、政治的な場ではなはだしい無責任に陥る。その人がとった行動が結果においてその状況に関連する多くの人間に、損害と迷惑を及ぼすということになるわけであります。

というふうに見ますと、そのかぎりにおいては、この政治的思考法は、実はわれわれに倫理的に必要な（道徳的に必要な）思考法であるともいえるわけです。政治は肚《はら》であるとか、政治は人物であるとか、よくいわれます。そこに一面の真理はあるのですが、こういう政治観というものは、とかく政治状況の客観的な認識というものを無視、もしくは軽視するところに育ちやすい考え方です。つまり、認識の錯誤からくる意図と結果との食い違い、自分が実現しようとする意図と結果との食い違いが「不徳のいたすところであります」、あるいはそれを逆にすれば「ずるい相手にしてやられた結果であります」というような弁解によって、そういう決定の政治的責任の問題が解除されてしまう。そういう伝統的な考え方は有徳な人なら政治的にも必ずりっぱな成熟度をもった指導者であるという、そういう神話にしばしばつながっておりま す。あるいは、致命的な政治的錯誤を犯した指導者に対して、この人もお国のためを思ってやったんだから、つまり、その人の動機が純粋なところから出たんだから、ということでその人を是認する、あるいは弁護するという風潮にもつながるわけであります。

四

政治というものはご承知のように、結果によっては人間の物理的な生命をも左右するだけの力をもっております。つまり、状況認識を誤った結果、誤った政策をたてることによって、何百万、何千万の人間の命が失われるということは、われわれがつい最近において経験していることです。そういう意味で、多くの人間の物理的生命をも左右する力をもつ、ということにおいて、政治的な責任というものは徹頭徹尾結果責任であります。行動の意図・動機にかかわらず、その結果に対して責任を負わなければならないというのが政治行動の特色です。政治が結果責任であることからして、冷徹な認識というものは、それ自身が政治的な次元での道徳になるわけであります。

マキャベリズムというものは、権謀術数主義というふうにいわれて悪口の見本みたいになっておりますが、いわゆるマキャベリズムは悪いんです。しかし、思想家としてのマキャベリは、政治に必要な徳というものはどういうものか、それなしには無責任な結果を招いて非常に多くの人々に悪い影響を及ぼすという意味で悪徳になるということを徹底的に考えぬいた思想家であります。つまり、病人を癒すために劇薬を用いたのです。はなはだ極端な例を用いて、残忍冷酷な指導者で、個人道徳としてはどんなにいかがわしい人物でも、イタリーなりフィレンツェなりの統一と独立を守ったなら、それはすぐれた指導者として称えるべきだということをいったのです。それに似たことでイギリスのことわざに、「われわれは道徳堅固でトラファルガーの海戦に負けるネルソンをもつよりは、ハミルトン夫人と姦通をしても、トラファルガーの海戦に勝つ将軍をもつ方が幸福である」というのがあります。ご承知のように、ネルソンはハミルトン夫人との情事をもって名を高くした人であります。ヴィクトリア時代のイギリス人は非常に道徳的な事柄についてやかましかった。そういう意味で多くの非難はしております。その事件だけを批判すれば決していいことではない、それは悪いに決まっています。しかしながら、一定の政治的な状況というものをとれば、確かにそのイギリスのことわざにあるように、非常に道徳堅固であっても、トラファルガーの海戦に負けては、それはイギリス人に大きな害毒をもたらした無能な将軍であった、という結論はまぬがれないわけです。そういう一つの冷厳な結果責任というものが政治にはあるということです。したがってこの政治的責任の意識というものは、先ほどいったような陰謀説、どんな結果になっても、「これは敵にだまされた、敵の陰謀である」というようなものの考え方からは生じてこないということはすぐおわかりになると思います。

五

したがって、政治的な思考法というものは、職業政治家には必須の徳でありますし、また、一般にどんなグループにしろ、グループリーダー、あるいはサブリーダーには、比較的に（相対的に）グループの大衆よりはより必要な資格です。また、そのグループの機能する状況が政治にかかわるほど必要になってくる認識です。

たとえば、一般的に政党と教育団体とを比較すれば、政党のメンバーの方が教育団体のメンバーより、より政治的思考法を必要とする、これはいうまでもないことであります。しかしながら、必ずしもグループそれ自身の性格で決定されない場合があるわけです。つまり、そのグループが政治的団体であるか、それとも非政治的な団体であるか、ということは大事ではないので、むしろそれがどういう場で機能するか、そのグループがどういう場で、どういう具体的な状況で機能するか、ということが大事なのです。つまりどんな非政治的な団体でも、政治的な場で機能する時には政治的な思考法というものが妥当でなければ、そのグループの目的を実現できない、ということになるわけであります。だから、一般的にいって、たとえば労働組合、教育団体、その二つをとってみても、どっちに政治的な思考法が必要かということは、一般には決して論じられないわけです。つまり、政党と労働組合、政党と教育団体というような場合は割合にわかりやすいのですが、労働組合と教育団体という場合には政治的思考がより必要なのはどっちか、ということは軽々しく判断できない。

なぜならば、権力はしばしば抵抗力の比較的弱い所、あるいは抵抗力が弱いと判断された所に、つまり水の低きにつくように、まずいちばん抵抗力の弱い所をねらってくるというのが、昔からの権力の常道であります。政治の目的を抵抗力の弱い所からまず先に実現しようとするわけであります。

ご承知のように、マッカーシズムというものがここ数年来アメリカで盛んであります。これの集中目標とされたのは決して労働組合ではなかった。むしろ、教育団体、新聞・出版社、ジャーナリスト、あるいは大学教授とか弁護士とか、医者とか、だいたいインテリ組織がいちばん集中的に攻撃目標になった。これは一つには、アメリカの労組というものが徹底した経済主義で、政治的に著しく保守的であるというせいでありますけれども、他面からみると、何といっても労働組合というものは組織的な発言力が非常に強くて、うっかりそこに手を出すとひどい目にあう。それに対してインテリ層は組織がバラバラで抵抗力が弱いということとも関係がある。学者、ジャーナリスト、映画人というものがもっともねらわれたということも一つにはそういう背景もあるわけであります。したがって、もしこういう状況にたたされた場合には、労組のメンバー、あるいは労組の指導者よりも、むしろ教育者、学者、映画人、ジャーナリスト、そういった人の方がより政治的な思考法を身につけることが必要になってくる。つまり、権力の方は政治的な場に引きずり込むわけですから、そういう場合には本来それ自身は非政治的な目的をもった団体であっても、否応なしに政治的思考法を身につけなければ、自分の非政治的な目的それ自身をも実現することができなくなる、ということになるわけであります。

六

今申しましたように、時代とか、状況によって、政治的な思考法が必要であるかないかという範囲、およびその程度というものは違ってくるのです。もちろん、一般的に申しますと、デモクラチックでない社会、非民主的な社会よりも、民主的な社会の方がそういう思考法が必要になってくる。なぜかというと、つまり政治的な選択と判断を要する人の層がふえ、同時にそのチャンスがふえるからです。つまり、昔は政治的な指導者、あるいは支配層だけに必要であったこの思考の訓練というものが、ますます広い人民大衆にとって必要になってくるわけでありますし、また、単に非民主的社会から民主的社会になるに従って必要になるというだけでなく、現在においてはこういう思考法がわれわれすべてに要求されているような状況にある。つまり、現代社会が、たとえば民主的な体制であっても、現代社会はわれわれの生活がすみからすみまで政治によって占領されている世界であります。したがって、そういうことを考えますと、単に民主的社会であるから、という以外に、現在の社会の状況そのものがこういう思考法を必要としているわけであります。これをいちばん簡単に示すために、政治的な行動とはそもそもどういうものか、ということを考えてみましょう。

政治行動というものは、だいたい三つに分類されると思います。第一には直接権力を目的とする行動であります。これは政治行動であることはいうまでもない。第二は直接権力は目的としないけれども、権力状況に密接に関連する行動であります。たとえば労働組合の経済闘争、あるいはデモンストレーション、あるいは圧力団体の行動、こういうものは直接権力を目的としている行動ではない。しかし、権力状況に密接に関係しており、その意味で権力状況を動かす可能性がある。第三には政治的状況に、結果的にみると影響を及ぼす行動です。

そうしますと、現代では第三の意味をとるとすれば、極端にいえばわれわれのあらゆる行動というものが政治行動ということになります。一見まったく非政治的な行動も、つまり本人が政治をやろうと思っているわけでもなく、また権力状況に影響を与えようという意図など少しもなくやったような私的な行動も、現代の微妙なコミュニケーションの配線構造を伝って、結果的に政治的に影響を及ぼす。そのかぎりでは政治行動です。つまり、現在において政治から逃避することが、そのまま、それ自身が政治的意味をもつ。こういう逆説が起っている。政治から逃避する人間が多ければ多いほど、それは政治にカウントされない要素ではなくて、その国の政治にとって巨大な影響を及ぼしてくる。つまり、専制政治を容易にする。一般人民が政治から隔たるほど専制主義的な権力というものは、容易になるということです。政治から逃避することが逆に政治に影響を及ぼす、という逆説ですね。こういう逆説が現在において非常に多くみられるようになっております。ですから右の第三の意味においてわれわれの行動が（極端にいえば）すべて政治行動であるといえるわけです。それだけ今日においてはポリティカル・クライメート、政治の気圧配置ですね、それが政治的アクティブだけによって作られるのではない。政治に関心をもたない人の群れのムードによって、それなりに一つの政治的な気圧というものが作られるということになるわけであります。

七

「政界」という言葉があります。政界ということと政治的な世界ということとは、今日においては非常にギャップがあります。政界というのは特殊の、政治を職業とする人々の非常に多面多種なサークルであります。つまり、右に申したことをいいかえるならば、政治的な気圧とい

ているものは、決して「政界」によってだけ決まるものではない。また、「政界」のことだけを見ていては政治の状況認識はできない、ということになるわけであります。このことは当りまえのことでありますが、たとえば、政治的中立とか、政治から独立する、といったような言葉が非常に簡単に用いられることがありますから、一応こういうことを考えておく必要があります。「政界」というものと政治の世界というものは違うんです。今日の世界の政治を見ると、あるいは日本の政治を見るためにも、いわゆる「政界」の出来事だけを見ていてはわからない事が多い。私は日本の新聞の「政治部」というのは「政界部」というふうに直した方がいいのではないかと、新聞社の知人にからかうのですけれども、かれらもその点で、もっともだといって反駁しません。「政治」というものを報道しないで、政治に重要な出来事を報道しないで、「政界」の出来事、派閥がどうなったというような、「政界」の中の人的な関係を報道している。政界ということと政治的世界というものはくい違っているわけであります。

さて、それでは政治的なリアリズム、先ほど申しました状況認識というものは、具体的にどういう思考法をいうのか、ということを多少例をあげてご説明してみたいと思います。もちろん、政治的な思考法について全面的にお話するということは、私の能力を越えておりますし、こんな短い時間には話せませんが、いわば例示的にお話するわけであります。

よく、空理空論というものはだめだ、それは書生の政治論だというようなことがいわれます。

これはある意味では正しい。政治的なリアリズムは実感だ、いわゆる空理空論は排する、書生の政治では実際政治はやれないという。そこには実際正しいものがあります。つまり、政治というものは状況のリアルな認識が必要なんだ、ということが常識的にいわれている。そのかぎりでは正しい。しかしながらここで考えていただきたいことは、政治というものはユートピアではないからといって必ずしもいわゆる理想と現実の二元論を意味するものではないということです。つまり、実際政治家は（特に日本の政治家たちはそうだと思いますが）「理想はそうだけれども現実はそうはいかないよ」というふうにいうわけであります。この言葉は一見非常に政治的リアリズムの思考法を表現しているようでありますが、しかしながらそれは、なるほどそのうちの一端を表現しておりますけれども、全部ではない。それどころか、そういう認識方法が非常に政治的にリアルでない結果を導くことがしばしばです。

なぜかと申しますと、「理想はそうだけれども現実はそうはいかないよ」という、こういういい方というものには、現実というものがもつ、いろいろな可能性を束《たば》として見る見方が欠けているのです。現実というものをいろいろな可能性の束として見ないで、それをでき上がったものとして見ているわけであります。しかし政治はまさにビスマルクのいった可能性の技術です。ビスマルクの言葉を本格的に解釈するとあまりに立入った問題になりますので、ここではそこまで介入しません。さしあたり今の政治的なリアリズムの問題に関係させて申しますと、つまり、現実というものを固定した、でき上がったものとして見ないで、その中にあるいろいろな可能性のうち、どの可能性を伸ばしていくか、あるいはどの可能性を矯《た》めていくか、そういうことを政治の理想なり、目標なりに、関係づけていく考え方、これが政治的な思考法の一つの重要なモメントとみられる。つまり、そこに方向判断が生れます。つまり現実というものはいろいろな可能性の束です。そのうちある可能性は将来に向かってますます伸びていくものであるかもしれない。これにたいして別の可能性は将来に向かってますますなくなっていく可能性であるかもしれない。そういう、つまり方向性の認識というものと、現実認識というものは不可分なんです。それを方向性なしに、理想はそうかもしれないけれども現実はこうだからというのは政治的認識ではない。いろいろな可能性の方向性を認識する。そしてそれを選択する。どの方向を今後のばしていくのが正しい、どの方向はより望ましくないからそれが伸びないようにチェックする、ということが政治的な選択なんです。いわゆる日本の政治的現実主義というものは、こういう方向性を欠いた現実主義であって、「実際政治はそんなものじゃないよ」という時には、方向性を欠いた政治的な認識が非常に多いのであります。

八

ご承知のように、日本では最近中共の承認問題が貿易問題とからんでやかましくなっております。この問題については承認すべきであるとか、すべきでない、ということは、必ずしもここでの私の問題ではない。思考法の問題として私はこの例を出すんです。たとえばしばしばこういうふうにいわれます。「日本は自由国家の一員であるから中共政府を現在承認するわけにいかない。この現実をわれわれは認識しなければならない」。こういう判断に対して、ある原理的な、あるいはイデオロギー的な立場から批判することは可能であります。けれどもそれをここで申しているのではありません。こういう判断が政治的な思考法としてどこに問題があるか、ということのいわば一つの例として問題にするわけです。

ここでは、現実というもののもっている多元性、もしくはわれわれの思考が、果して問題のどのレベルで考えられているかというレベルの多層性というものを無視して、これを一般的・抽象的な命題に還元する思考法が典型的によく出ている。それは私にいわせれば、政治的リアリズムの思考法から遠い考え方です。日本は西欧自由陣営に属している、というのは一般的命題です。具体的に今起っている問題をそういう一般的命題に還元して答を出すのはリアルな政治的考え方といえない。なぜならば、自由陣営に属するから（もちろんそれ自体がいいか悪いかは人によって判断が違います）ということを前提にしても、それと中共承認ということは少しも矛盾していない。イギリスの例を見ればよくわかります。したがって、中共承認の問題は自由陣営に属するか属さないかということとは次元の別な問題です。その次元のちがった問題を混同して、西欧自由陣営に属する以上は中共は承認できない、というふうにいわば演繹的に結論するのはリアルな思考法とはいえません。西欧自由陣営に属するという一般的次元から他の、もっと具体的な次元に属する問題を一義的に結論づける。こういう抽象的な議論の一般的な拡大主義というものは、日本における政治的な思考法に多いと思われます。もし現在中共が日本に、自由陣営から離脱しろ、ということを要求しているというようなことがあるとすれば、先ほどのような考え方は一応成り立つわけです。つまり、離脱を条件にして貿易するということを要求しているというなら、それは現在できません、ということも、一応それは政治的リアリズムの立場からそういえないこともない。しかし私の知っているかぎりでは中共はそういう要求はしていない。それではなぜ日本の政策に中国が疑惑をいだくのか。これを先ほどの問題に関連させますと、つまり、国際政治において日本の方向性というものが少しも明らかでない。将来どういう方向にいこうとしているのか、その方向性というものが少しもわからない。これが疑惑の原因になっている。日本の国際政策、外交政策の今後の方向性が一向明瞭でない。ですから直接実際政治の問題に入るのはひかえますけれども、かりに私が自民党の指導者だったとしますと、私は政治的リアリズムの立場に立ってこういいます。自民党の立場というものを――それに対して私は批判をもっておりますけれども――一応前提にしてこういうふうにいいます。「現在ただちに中共の承認はできない。しかしながら必ずある適当な時期をみて承認する方針である」ということを責任ある当局者がはっきりいうんです。これは方向性を示すわけです。つまり、現実のこの瞬間には承認できない。しかしそういう方向に進んでいるという方針があれば、そこからどういう政策が出てくるかというと、そういう方向というものに対して有害な措置をとることはなるべくさしひかえ、それを促進させる方向へ一歩でも進んでいくという具体的な政策が出てくる。これがつまりビスマルクの「可能性の技術」ということです。

そうでなくて、「現在日本の立場からいって承認できない」というだけでは、そこに方向性というものが少しも現われない。これでは先方が疑惑をもつのはもっともだと思うのです。すなわち、方向性が決まって初めて現実の中にあるいろいろな可能性のうち、どういうものを伸ばし、どういう可能性をチェックするかということが具体的に決まってくるわけであります。そういう点からいいますと、日中貿易の話し合いが最高潮に達した最中《さいちゅう》に、岸信介さんがわざわざ台湾を訪問して、蔣介石に会って、「共に反共のために闘おう」といったというのは、どういうわけで台湾までいってそこまでいわなければならなかったかという、その背景のことは知りませんが、しかしながら現在の問題に関連させていえば、つまり日本がもしほんとうに将来は中国承認の方向に進みたいと思っているとすれば、そういう方向を著しくチェックする要素になったということは疑いない。つまり、政治技術としては必ずしも及第でない、むしろ落第であるといわなければなりません。こういう問題によるレベルのちがいというものを無視して、一般的・抽象的な命題に還元するという考え方は、具体的な、現在争われているいろいろな問題に、いたるところにみられます。

九

いわゆる革新陣営というのは、非常に抽象的なスローガンをただふりまわしている、ということがいわれている。それはたしかにその通りであります。しかしながら、必ずしもそれは革新陣営だけのことではない。たとえば、再軍備問題についても（ここでいっているのは、やはり実質的な再軍備是非の問題でなく、思考法の問題として取り上げているのです）、「そもそも独立国である以上は軍備をもつのは当然である」という議論があります。これは抽象的・一般的命題です。これにたいして政治的リアリズムに立った思考法というものは、現在国内、あるいは世界の状況の中で、日本が再軍備の方向をすすめることはどういう意味をもつかという、そういう問題の立て方をいたします。共産主義はしょっちゅう侵略を考えているからわれわれは軍備をもつのは当然である、というふうに、保守陣営は申しますが、果して現実に今日、中ソが日本に侵略してくるかこないかということはそもそも神様以外の者は知るよしもない。神様でない以上、絶対に侵略してこないということも、逆に必ずやってくるということもいえない。ですから、こういう絶対命題としてでなく、これを政治的リアリズム（認識）の問題にふりかえていうと、こういうことになります。

つまり、現在の状況が続くかぎり、中ソが日本に侵略してくるという事態を仮定すれば、世界戦争を予想しないでは不可能であります。つまり、中ソが日本に侵略して、他の世界の国々は無事平穏で、ただ日本への侵略を黙って見ているということは考えられない。そこで問題はこういうことになるのです。現在の状況で中国とソ連は世界戦争を賭して日本に侵略してくるだろうか。こういう実際の可能性の問題になるわけであります。朝鮮の場合でもあれだけの騒ぎになった。それを日本に侵略してきて他の国が全部平穏で、日本がさんざ荒されて、それきりになって終っちゃうということは、現実の問題として考えられるかというと、まず考えられないでしょう。つまり世界戦争を賭してまで、中国なりソ連なりが日本に兵を進めるということは現在の状況としてあるだろうか。それによって先ほどの答が決まってくるわけであります。これは状況認識の問題であります。これに対して、ああいう中国やソ連のような大きな国が隣りにあって、膨大な軍備をもっている。それなのに日本は無防備ではいかにも心細いというのは、日本と中国とを世界の具体的状況から切り離して、抽象的に考えるか、あるいは何となく心細いという心理的気分に基く判断です。こういうのは政治的なリアリズムに立った判断とはいえません。ところが皮肉なことに今日では、再軍備反対論者にたいして、「道徳的には日本は無防備でもいいという考えも成立つだろう。しかし現実の問題として考えれば、再軍備は必要である」という言い方が通用し、それがあたかも政治的なリアリズムに立った唯一の考え方であるかのようにいわれます。ですから、必ずしもそういう結論が出てくるとはかぎらないという例として今のようなことを申し上げたわけです。

国際的な問題では、たとえば今、国連で拒否権の問題が非常にやかましくなっていることはご承知の通りです。今度はこの問題に政治的な思考法を適用してみるとどういうことになるか。ある国が拒否権を盛んに乱用するため、国連の機能が一向に強化されない。だから拒否権は制限されなければならない、という意見が世界にもかなりあります。これは私にいわせれば、政治的な思考法としては成熟した思考法とはいえません。なぜかというと、国連ができた前提というものは、もちろん世界戦争の防止です。世界戦争というものは、現在、大国と大国の争いがなければおこりません。あるいは小国の争いに大国が関与することによって世界戦争になる。したがって、大国間の協調が国連の前提であり、同時に目的です。つまり何のために安全保障理事国一般にでなくて、そのうちのいわゆる大国にだけ拒否権を国連が与えたか。それはつまり、大国の協調、具体的には米ソの協調が国連の前提になっているからです。もし国連が、ある大国が他の大国を道徳的に、あるいは政治的に圧迫し、非難するための道具になったとすれば、国連のそもそもの目的に違ってくるというわけです。特別に大国に対して拒否権という特権を与えたというのは、小国の立場から考えますと不当だということになりますが、リアルに考えてそうしたのです。ということは、国際連盟の経験からきているわけでありますが、国際連盟のように総会本位にしますと、国連総会のデモクラシーというものはリアルに考えるとおかしな結果になってくる。各政府がそれぞれ一票をもつということですから、グァテマラも一票、アメリカも一票、日本も一票です。つまり、政府の立場からいえば、各政府が一票もつということですが、人民の立場からいうと何億の人民というものは何億分の一しか表現されない。これにたいして別の国の何百万の人口というものはその何倍もに表現されるということになります。必ずしもデモクラシーとはいえません。しかしその問題は別としても、少なくともある大国が集団安全保障のための制裁を、他の大国に適用すれば、形式的には国連の制裁ということですが、実際にはそれは大規模の戦争を意味する。戦争を防止するための国連が大戦争を起すという結果にもなりうるわけです。そういうことを防ぐために「必要悪」として大国の拒否権が認められている。とすれば、拒否権というものは紛争の原因ではなくて結果であります。

つまり、拒否権が発動されるようになったのは大国間の協調が破れた結果であって、拒否権を発動したから大国間の協調が破れたのではない。そうすると、拒否権を制限することによっては、具体的には世界平和の問題は解決できない。原因を取り除かないで、原因から出てきた結果を取り除くにすぎない。もし拒否権を制限し、安全保障理事会は多数決ですべてを決めてしまって、少数は多数に無理に従わせるということにしたらどうなるか。国連は機能しなくなるか、それでなければ世界戦争になるか、どっちかです。それよりも、よろめいて、ぐらぐらしているけれども、すべての大国が国連に参加しているということが、まだしも世界にとってはいいんです。やたらに拒否権を乱用するのはケシカラン、少数が多数に従うのは民主主義の方式ではないかという、一般的・抽象的命題では、必ずしも世界平和の問題、いわんや国連の機能を活発にするという問題は解決されないわけです。

一〇

ちょうど選挙が終りましたけれども、今度はわれわれが選挙する時のいろいろな政党の選択という問題に、今の政治的思考法を適用してみることにいたします。選挙になりますと、ご承知のように各新聞がいろいろな党の公約を発表しまして、社会保障の問題、外交の問題というふうに、「表」にして非常に見やすく掲げております。で、そのこと自身を私は若干問題にしたいと思います。理想的なデモクラシーを前提にいたしますと、各政党は公約を掲げて国民に政策を約束する、国民はその中から最もいいと思われる政策を掲げている政党を選ぶということになるわけであります。みんなそういっておりますし、そうしなければいけないといっているわけです。その理屈はだれでも反対しない、もっとも至極のことであります。それは政治的な教育にとっても悪いこととはいえない。少なくとも、単に情実とか縁故とか、そういうものに基いて投票するという態度から少しでも脱却させるために、各政党政派の公約を比較検討して、それに投票するという態度をより一般化するということは大事なことでありますし、そのかぎりでは私も賛成です。しかし、同時にそれによって看過されやすい面があるのではないか、ということに私は注意を向けたいんです。つまり、各政党が非常にいい公約を並べ、その公約の中でどれがいいだろうと思って選択する、そういう選択の態度にはどういう疑問があるかということを私は問題にしたいと思います。

それはどういうことかというと、つまり、政治的な選択というものは必ずしもいちばんよいもの、いわゆるベストの選択ではありません。それはせいぜいベターなものの選択であり、あるいは福沢諭吉のいっている言葉ですが、「悪さ加減の選択」なのです。これは何か頭に水をぶっかけるようないい方ですけれども、リアルにいえば政治的選択とはそういうものです。悪さ加減というのは、悪さの程度がすこしでも少ないものを選択するということです。この中には二つの問題が含まれているのです。すなわち、第一に、政治はベストの選択である、という考え方は、ともすると政治というものはお上《かみ》でやってくれるものである、という権威主義から出てくる政府への過度の期待、よい政策を実現してくれることに対する過度の期待と結びつきやすい。つまり、政治というものはもともと「自治」ではなくて、政府がよい政策をやってくれるものだという伝統的な態度と容易に結びつくのです。したがって、こういう政治というものをベストの選択として考える考え方は、容易に政治に対する手ひどい幻滅、あるいは失望に転化します。つまり、政治的な権威に対する盲目的な信仰と政治にたいする冷笑とは実はうらはらの形で同居している。政治にベストを期待するということは、強力な指導者による問題解決の期待につながります。政治というものは、われわれがわれわれの手で一歩一歩実現していくものだというプロセスを中心にして思考していったものでなければ、容易に過度の期待が裏切られて、絶望と幻滅が次にやってくる。万事お上がやってくれるという考え方と、なあにだれがやったって政治は同じものだ、どうせインチキなんだ、という考え方は、実は同じことのうらはらなんです。

一一

こういう政治的な傾向がある時に、私は新聞の政治報道というものは、政治教育のやり方としてよほど考えてもらわなければならないと思うんです。いわゆる厳正中立を標榜する一般の新聞は、公平という名目で、たいていどの党派にもケチをつける。「政治家はうまいことをいっているけれどもだまされないようにしよう」といいます。こういう態度は、批判的態度を養成するようにみえて実はそうでないと思うんです。つまり、前から日本人の中にある、「どうせ政治家なんていう連中はろくなことをやらないんだ」という諦観に一層拍車をかける結果になると思うんです。批判的態度のようにみえて、実は政治的な無関心、政治的逃避という最も伝統的な、最も非民主的態度を助長する役割を果しているのではないか。具体的に、A党のこういう政策よりB党のこういう政策の方が少しはましである。あるいは、B党の政策の方が少なくとも「悪さ加減」が少ないというような具体的な比較というものが政治的な判断です。前に悪さ加減の選択であるといいましたけれども、この中には二つの契機が含まれています。第一には、「悪さ加減」の微妙な差を見分けること、「なに、どれもこれも同じなんだ」ということでなくて、〇・一でも、〇・二でも差があればその差を見分ける目です。第二に、政治悪ということは十分知りながらなお選択するという積極的な態度です。どうせ悪いものが附随するからこそ少しでもそれを減らすために口を出すんだという、そういう逆説的な考え方です。放っとくと悪いことばかりするから、しょっちゅう監視するんだということ。いいものだから参加するというよりはむしろ悪いものだから参加して監視していく。これがつまり政治的なリアリズムの考え方ということになるわけです。

もう一つ、具体的な例でお話しします。たとえば同じ政党が非常に長く権力の座にすわっていると、元来いい政党であっても、あるいはその政党がよい政策をもち、あるいはそれをある程度実現していると仮定しても、長く権力の座にいると、そのこと自身から腐敗、堕落というものが起りやすい、というのが歴史の教訓であります。とするならば、反対政党の公約を比較するという、それだけの政治的な判断で、A党の政策の方がよさそうだということだけでA党に投票するのは、果して政治的に成熟した認識にもとづく判断といえるか。必ずしもそうではない。それにならんで、今いったような考え方、つまり、反対政党の政策にたとえ全面的に同調しないでも、支配関係が惰性に陥っていると、そこから腐敗や独走が生じやすいので、その惰性を破るために反対党を伸張させる。現政権への批判力を大きくさせるために、反対政党に投票する、という投票行動が十分ありうるわけであります。つまりこれは、個々の政党それ自身がいいとか悪いという判断に基く投票態度とは一応別の次元の問題です。全体状況の判断という問題がここに登場するわけです。

江戸時代に荻生徂徠という儒者がいました。その徂徠が為政者の人事登用の仕方を論じて、「人間というものは使ってみなければわからない」ということをいっているんです。つまり、使ってみないで人間をいくらためつすがめつながめても、その人間が役人として有能か無能かということはわからない。使ってみると、この人間は案外こういう面に才能がある。あるいは、非常にできると思っていたが、こういう面では無能だということが初めてわかるということです。これは人間についていっているのですが政治や政党についても同じことがいえます。でありますから、反対党にやらせてみて、もし悪ければ次の選挙で引っ込めればいい、とにかくやらしてみようという考え方です。これが一般的に欠けているのではないかというふうに私は思うのです。政党の選択についても、全体の政治状況とにらみ合わせて、もう少しこの線が出た方がいいのではないか、もう少しこの線が引っ込んだ方がいいのではないか、そういう全体状況と関連させる判断、これを政治学者が用いるむつかしい用語をつかうと、全体配合的思考(configurative thinking)、あるいは、文脈的思考(contextual thinking)といいます。ある政党が全体の政治的文脈の中にどういう役割をもつか、あるいは、この政党が出ることは政治の配線構造にとってどういう意味をもつか、という思考法をもって判断する。これは二大政党に対する少数政党の問題にもあてはまると思います。アメリカにおける第三党というものは、しばしばアメリカのデモクラシーを非常にいきいきとさせる要素になっていました。つまり、二大政党がなれあいになることを防ぐために、ラジカルな第三政党が存在して他の二大政党を牽制するという意味をもつ。これもまた権力の惰性の問題に関連するわけです。そういうことを認識すれば、必ずしも二大政党だけになっちゃうのが望ましいとはいえない。イギリスも二大政党である、アメリカも二大政党であるから、日本も二大政党であるべきだというのは、さきほどものべた抽象的命題の拡大主義といわなければならないと思うんです。

イギリスでは、十九世紀後半には自由党と保守党との二大政党が労働党の勃興によって破れました。自由党の衰退で、保守・労働の二大政党になったのは第二次大戦以後であります。アメリカの政治学者はアメリカの政党について二大政党といわずに多数政党といっております。なぜなら、南部の民主党と北部の民主党は、イデオロギー的にも、政策的にも同じ政党とはいえないのです。いろいろの由来から一つの政党になっているだけであります。実質的には多数政党なんです。そういうことは別といたしまして、イギリスもアメリカも二大政党だから、日本も二大政党でなければいかんということは必ずしもいえない。第三政党とか、あるいは政党に所属しない人々というものが存在して、大きな政党を牽制するということが、ある場合には政治の活性化のためにより役にたつということもありうるわけです。私の知っているあるイギリス人と話している時に、彼が半分冗談みたいに「私が日本人なら共産党に投票するでしょうね」といいました。もちろんかれは共産主義者でも、共産主義に同調的でさえもないのです。どうしてこういうことをいったのか、それを今の問題に関連させていえばこういうふうに解釈できるんです。日本全体の政治状況を見ると、共産党が議会に進出することが、いろいろな意味で、政治的な腐敗を牽制したり、あるいは多数政党が専制的になったり、つまり議会政治の名の下に一党独裁ができるというような事態をチェックするために、より必要ではないかという全体状況的な判断を彼が念頭においてそういったのではないでしょうか。イギリス人というものは、にくらしいほど政治的に成熟した国民ですから……。政治は宗教と違いますから、自由主義者が自由主義と名のる政党に投票し、社会主義者が社会主義を名のる政党に投票しなければならないというような、固定的な考え方というものは、政治の場では必ずしも妥当しないんです。それは、ことさら日本の状況ではそうであります。ですから、一見批判的な厳正中立主義の新聞は、日本ではへたをすると政治的無関心を助長するだけです。政党あるいは候補者との間に存する具体的な微妙な差を見分ける眼光を養い、さらにその時の全体状況における意味、全体状況の判断からいって、選挙の結果がどういうふうに現われるのが望ましいか、——いや、さきほどの表現でいえば、政治の「悪さ加減」がより少なくなるか、について具体的な批判に立って投票するように、政治認識を成熟させるうえに、必ずしも日本のいわゆる厳正中立の新聞は貢献していないのではないか。むしろ、諸外国の新聞のように、今度の選挙で自民党を支持する、今度の選挙にはどうする、とハッキリいった方がまだいいのではないか。公約にだまされるな、ということだけいって、一見批判的にみえる論調は、ただ政治的無関心を助長するだけであって、本当に政治的な機能を果していないのではないかというふうに私は思うのであります。

二

日本の政治状況を保守と革新の対立というふうに分けるのが常識になっております。しかしながら、政治的にリアルな認識というものは、こういう抽象的な二分法にはいつも警戒の念をもつんです。はたしてそういうふうに日本の政治状況は表現できるだろうか。その中にはさっきいった、一般的・抽象的命題への還元が含まれていないかということなのです。もちろん、非常に長い目で見れば、社会党あるいは共産党というような革新政党というものは、現在の経済制度であるところの資本主義というものを、社会主義的な経済制度に改めるということを目ざしており、少なくともそれを意図しているわけでありますから、そういう意味では革新的であります。それに反して自民党は資本主義を維持していこうというのですから、そういう意味では保守かもしれない。しかし、現在日本の客観的な条件というものは、具体的な問題として社会主義建設が日程に登っているか、現在社会主義建設というものの客観的な条件が存在しているか。もしも本気で「存在している」というなら、状況認識においてははなはだしく甘い、ユートピア的であるといわなければならない。もし、革新政党自身がそう思っているとすれば、はなはだしい思い上がりです。それでなければ自己欺瞞です。リアルに見れば、社会主義建設というものは全然政治的日程には存在しません。

それでは現在の具体的な、実質的な争点はどこにあるかというと、現に革新政党がどういう方向で動いているかということです。つまり、革新政党が動いている方向は大ざっぱにいって憲法擁護です。終戦後獲得された労働の基本権、労働三法、それを守ることに懸命である。何々を守ろうじゃないか、教育基本法を守ろうじゃないか、子どもを守ろうじゃないかといって、たいてい「守る」という言葉でいっている。保守政党の方はどうか。これは一般的に戦後民主主義はゆきすぎているという状況判断にたっている。むろん革新政党が、保守政党への悪口として「戦前の日本帝国の復活をもくろんでいる」とまでいうのはいいすぎでしょう。けれども一般的傾向として保守は、現在の憲法の民主主義はゆきすぎているという状況判断にたって、いくらかでも元の日本帝国に近いものにもどそうという方向で、いろいろな政策を出しているというのはリアルに見れば明らかです。政治・労働・教育、あらゆる方向にそういうものが出ている。

そうすると、「現状はケシカランから改める」というのが保守政党で、革新政党の方は「何々を守ろう」といっている。べつに私は皮肉なことをいっているのではなくて、ありのままを申し上げればそういうことになると思うんです。現にスローガンにしろ、憲法改正反対、労働三法改正反対、基本的人権を守る、というように、むしろ革新政党の方が保守的な態度で表現されている。ある次元をとれば、何とかして現状を変えようと思っているという意味で、保守党の方が革新的です。だから政治的な選択というものは、保守か革新かの選択のようにみえるけれども、実際はそうではない。さっきいった二つの方向、つまり、終戦後獲得されたものを守っていこうという方向で選択を行っていくか、それとも人権と民主化がゆきすぎているからそれをチェックしようという方向で選択するか。これが現在の具体的な争点です。

一三

社会主義建設を革新政党がいっているとすれば、よほど頭がのぼせ上がっている証拠です。革新政党自身がイデオロギーにとらわれている。革新政党としてはより広汎な国民の間に存在する、正しい意味の保守感覚というものを自分の方に動員することが必要です。実際、憲法擁護とか、原水爆反対の動きが非常に強いのは、つまり、自分たちが今現実に享受しているものを失いたくない、そういう保守的な、コンサァバティヴな感覚というものを表現しているわけです。つまり、保守政党と革新政党とはイデオロギー的に逆の面があります。これを一途に「革新対保守」の対立というふうにいうのはリアルな認識ではないと私は思うんです。

したがって、保守党の立場に立っても、中共の問題をリアルに処理していくにはどうすればいいか、ということを十分問題にしうる余地があります。また革新政党の立場に立って、そういった国民の政治感覚の中にある保守感覚をつかまえて、保守感覚を革新的イデオロギーに結びつける、そういう組織化の努力をすることが可能です。そのことがあまり認識されていないのではないか。とくに革新政党の側が、保守対革新という、非常に公式的な二分法によっているために、さっきいった戦後解放された国民の実感、つまり、現在憲法によって保障されているいろいろな権利の実感を失いたくないという保守感覚、これをもう少し政治的に昇華して、組織化する方向に努力すれば、もっと広汎な大衆を動員できるのではないか。人間の本性というものはどんな場合でも、あすはどうなるかわからないという不安がありますから、あしたもきょうのように続けばいいという気分の方が強い。人間の本性は保守的であります。というのは、物理学に慣性の法則というものがありますように、動きだしたものはいつまでも動いている。止まっているものはいつまでも止まっている。ですから、「きょうの生活が少なくともあすも続く」ということの方を、「あしたどうなるかわからない」という状況よりも望ましいとして前者を選ぶ。だから放っておけば人間の感覚というものは保守に傾きます。

ですから、資本主義対社会主義という形で選択をつきつけられれば、「社会主義になれば今の生活はどうなるかわからない」という不安の方が強い。現状に不満は多々あっても、ともかく今日においてもダンスはやれるし、結構民主的な権利も行使できるし、まあいまのままの方が安全じゃないか、ということになる。革新革新といって不安を与えることによって、保守感覚を正しく動員することをさまたげているのではないか。革新派には政治的なリアリズムというものが非常に不足しているということを、私にいわせればいわざるをえない。

一四

さっき「政界というものは非常に特殊な世界である」ということを申しました。政治のリアリズムというものがないと、政治の言葉の魔術にいかにあやつられるかということは、いわゆる政局の安定、という言葉を例にとってもわかると思います。「政局の安定」ということはしばしばいわれます。けれども政局の安定というのは、特殊な世界である政界の安定以外の何物をも意味しないんです。したがって、日本でいわれている政局の安定ということは、政界の安定であって、それは政治的安定とは必ずしも関係しないし、いわんや国民生活の安定とは何も関係しない。

　ある政党が議会で絶対多数をとれば政局は安定するでしょう。しかしそれは政治的安定に進むとはかぎらない。もし国民生活が不安定ならば、必ずそれは政治的不安定になって現われます。ところが、政局の安定、不安定ということは、言葉の魔術のために政治的安定、不安定と取り違えられる。これはまだしも、さらに、国民生活が安定するかどうかということと取り違えられる。もし、政局の安定というものを国民生活の安定とするならば、なぜ実践活動にたいして政府が「破壊活動防止法」なるものを制定しなければならなかったかということが、説明がつかないわけです。つまり、いかに議会で、ある政党が絶対多数を占めても、国民生活自体の中に不安定をかもし出す要因があるならば、それは政治的な不安定になって現われます。政局が不安定であるということが、もし国民の日常生活自身が、いつも不安にさらされているかのような印象と結びつくとするならば、それはわれわれの政治的な判断の未成熟のためといわねばなりません。

　そこで、政治的リアリズムというものは、何よりもこういう言葉の魔術を見破る一つの思考方法です。フランスの小党分立というのは、政局の不安定の原因で、困ったことだ、とよくいわれます。最近のアルジェリア問題はフランスの帝国主義の問題であって、いわゆるフランスの政局の不安定とは別問題でありますから切り離して考えるべきですが、フランスの政局が不安定でひんぴんと内閣が変わるということは、これはフランス人にいわせれば日本人がいうほど困ったことではない。政局の安定、不安定は政治的安定、不安定とは異り、さらに政治的安定、不安定はその基礎にある国民生活の安定、不安定というものとは当然に区別して考えているから、むしろフランス人の個人主義からすれば、政局が不安定であった方がいい。強大な政権ができると何をするかわからない。いつも政府は変わっている方が国民生活にとっては悪いことができなくていいという考え方です。これは実際そうであるかもしれない。それじゃ、実際国民的なレベルにおいて、政治的な意識がフランスで変動しているかというとあまり変動していないんです。政党のことを専門的に研究しているフランスのある学者によると、驚くことに一八七〇年、つまり第三共和制が成立して以来左を支持する層と右を支持する層とのパーセンテージは殆ど変っていないのです。左と右という言葉はご承知のようにフランスから発しているわけでありますが、左とは何を意味するか、右とは何を意味するかということは時代的に変わってきており、相対的な区別ですが、ともかくある時代時代において「左」を支持する国民層と、「右」を支持する国民層とのパーセンテージは一八七〇年から現在まで五パーセント以上は変わらない。これは驚くべき政治的な安定がフランスにはあるということです。つまり、左と右とがガッチリ組んでそのまま動かないということです。政局がいつも変わっていて、政局が不安定であるのがいいというわけではないんですが、しかし政局の安定ということは何かそれ自身が国民生活の安定と向上を意味すると思うのはとんでもない言葉の魔術によるもので、そういう意味で、小党分立ということを、ただちに国民生活自身がたえず不安にかき立てられている、というふうに思うとすれば、それは非常にまちがいだということを申し上げたわけです。

デモクラシーの進展にともなって、従来政治から締め出されていた巨大な大衆が政治に参与することになったわけでありますが、巨大な大衆が政治から締め出されていく度合いが激しければ激しいほど、あるいはその期間が長ければ長いほど、多数の大衆の政治的成熟度は低い。大衆の政治的成熟度が低いと、右にいうような言葉の魔術というものは、ますます大きな政治的役割をもちます。つまり、それだけ、理性よりもエモーションというものが政治の中で大きな作用をするということになるわけであります。これをある人々は慨嘆して、デモクラシーというものがどうも誤って大衆に過度の政治的権利を与えすぎた結果である、というふうに考えるんです。しかしもしそういう現象があるとすれば、つまり言葉の魔術というものが横行するという現象があるとすれば、それは国民大衆に過度の政治的権利を与えすぎた結果ではなくて、ながらく大衆に政治的な権利を与えなかった結果だと私は思います。これは非常に重大な考え方の別れ目であります。どちらの考え方をとるか、つまり、大衆に権利を与えすぎたからそういう結果になるのか、また、あまり長い間与えなかったからそういう結果になったのか、この考え方によって対策がまるで反対になってくるわけです。大衆が現実に未成熟であるということは否定しませんけれども、それでは大衆が政治的権利をもたなかった時代に、政治的な指導者の言葉の魔術にあやつられ、とらわれることが果してなかったかどうか。大衆どころか、指導者自身が初めは国民の士気を鼓舞する目的で作り出したスローガンに、いつのまにか自分自身が酔ってしまう。そのために冷静な決断ができなくなる。つまり、政治的なリアリズムを喪失する、ということは史上しばしばみられるところです。これはつい先ごろにわれわれの経験したところであります。

一五

東京裁判の記録を見ますと「聖戦」ということが盛んに問題になっています。つまり、連合国が、ああいう戦争をなぜ聖戦といったかということで戦犯たちに追及するわけです。つまり、連合国側に一定の前提があるんです。つまり、国民の支配者たちが国民を欺瞞するために「聖戦」といったんだろうと思っていた。ところが、だんだん調べてみるとそれだけがすべてでない、初めはそういう言葉を大いに宣伝して、国民の意志を鼓舞しようと思っていたのでしょうが、だんだん、自分自身がイカレちゃって聖戦と思い込んじゃったという面があることが分った。つまり、聖戦という言葉を流布することによって、国民の間にまきおこる熱狂的な空気の中に指導者自身が巻き込まれてしまった。これが世の中がデモクラシーでも何でもなかったついさきごろのお話であります。

先ほど、にくらしいほどイギリス人は成熟した国民であるということを申しましたが、それは、民主主義の最も長い伝統をもっているということとまったく無関係ではないわけです。デモクラシーの円滑な運転のためには、大衆の政治的な訓練の高さというものが前提になっている。これがあって初めてデモクラシーがよく運転する。しかしながら反面、デモクラシー自身が大衆を訓練していく、ということでもあります。この反面というものを忘れてはならない。つまり、デモクラシー自身が人民の自己訓練の学校だということです。

大衆運動のゆきすぎというものがもしあるとすれば、それを是正していく道はどういう道か。それは大衆をもっと大衆運動に習熟させる以外にない。つまり、大衆が大衆運動の経験を通じて、自分の経験から、失敗から学んでいくという展望です。そうでなければ権力で押さえつけて大衆を無権利にするという以外には基本的ないき方はない。つまり大衆の自己訓練能力、つまり経験から学んで、自己自身のやり方を修正していく――そういう能力が大衆にあることを認めるか認めないか、これが究極において民主化の価値を認めるか認めないかの分れ目です。つまり現実の大衆を美化するのでなくて、大衆の権利行使、その中でのゆきすぎ、錯誤、混乱、を十分認める。しかしまさにそういう錯誤を通じて大衆が学び成長するプロセスを信じる。そういう過誤自身が大衆を政治的に教育していく意味をもつ。これがつまり、他の政治形態にはないデモクラシーがもつ大きな特色であります。他の政治形態の下においては、民衆が政治的訓練をうけるチャンスがないわけでありますから、民衆が政治的に成熟しないといってなげいても、ではいつになったら成熟するのか、民主的参加のチャンスを与えて政治的成熟を伸していくという以外にない。つまり、民主主義自身が運動でありプロセスであるということ。こういう、ものの考え方がまた政治的思考法の非常に大きな条件になってくるわけであります。

つまり、抽象的に、二分法に考えないで、すべてそれを移行の過程としてみるわけで、その意味でデモクラシー自身が、いわば「過程の哲学」のうえに立っております。たとえば、多数決ということをよくいいますが、これはどういうことかというと、過程の哲学ぬきには考えられない。多数決についても、もし数が多ければ多いほどよいという考え方に立てば全員一致がいちばんいいということになります。だいたい閉じた共同体というものは全員一致です。つまり閉された社会というものは伝統的な一つの価値が通用しておって、その価値を認めないものはそのことで村八分になる。価値が画一化しているわけでありますから、だから当然そこでは全員一致になる。だれでも同じような考え方をしている。したがって全員一致になるのは当然なんです。つまり、デモクラシーが多数決だというのはどういう意味か。多数は少数に勝つという意味が含まれるのは今さらいう必要もありませんがそれがすべてではない。多数決という考え方には、違った意見が存在する方が積極的にいいんだという考え方が根底にある。違った意見が存在するのがあたりまえで、それがないのはかえっておかしいという考え方ならば、全員一致はむしろ不自然だということになるんです。ここではじめてつまり、反対意見にたいする寛容、トレランスということが徳とみなされるようになる。これが基本的な、「多数決」についてのものの考え方の違いになってくるわけであります。つまり、こういう反対少数者が存在した方がいいという考え方から、少数意見の尊重ということが、あるいは、反対意見に対する寛容ということが、民主主義の重要な徳といわれる理由はすべてそういうところから出てくるわけであります。単純に数が多ければ多いほどいいというだけならば、すべて少数意見の尊重などはいけないことになります。つまり、歴史の長い教訓によって、今日異端の意見があすは認められ、今日はいいとされているものも、かつては異端の意見であったということが、あらためて反省され、それが少数意見に対する寛容の徳の前提になっているわけであります。

つまり、全員一致を理想とする考え方と、デモクラチックな多数決という考え方とは似ているようで意味が逆になるわけです。多数と少数との議論によるプロセスそれ自身を重視するか、それともその結果だけを重視するかということの違いになってくるわけであります。こういうことをお話しますと、そういう原則は初めからわかっているとお思いかもしれないけれども、具体的な事柄の政治的な判断になると必ずしもそうはならないところが問題だと思うのです。

一六

昨日(五月二三日)私、宿屋のラジオを聞いておりますと、自民党の河野さんでしたか、有力な人が新橋の街頭で挨拶しているんですけれども、その時に、「選挙に勝った以上は、政治というものはきれいにわれわれにまかしてもらいたい。したがって、議長・副議長というものはもちろん自民党が独占するし、常任委員長もこの前のように社会党と話し合いということにしないで、これも独占する。選挙に勝って国民の審判が下ったから政治はきれいにおまかせ願いたい」ということをいっていたが、そういうふうに本心から考えているかどうかは別として、そういう考え方、つまり、もっぱら結果の勝ち負けでものごとを判断する考え方がいろいろな面で考えられる。結局、どっちが勝ったかという興味中心になる。これでは競馬と同じです、極端にいうと。

だからいろいろ熱心に組合活動をしても、原水爆反対というようなことをやっていても、急にやめちゃう。いくらやったって同じだ、全部与党の言い分が通っちゃうんだから、ということで……。ここには二つ問題があります。一つは、先ほどいった、政治に対するあまりにも過度の期待は過度の幻滅におわるということの一つの現われであると同時に、もう一つはここにやはり勝ち負け思想というものが現われている。悪法が通った、盛んに反対したけれども結局通っちゃった、通っちゃったら終りであるという考え方。これは終りじゃないんです。通ったらその悪法が少しでも悪く適用されないように、なお努力をする、終局的には撤廃されるように努力するということです。だいたいいわゆる「文化人」などは、いくら反対しても通っちゃうから、反対しても意味ないというふうにいうが、これも投票の結果論からみた先の勝ち負け二分法です。ある法が望ましくないという場合に、その反対する力が強ければ強いほど、その法が成立する過程において抵抗が強ければ強いほど、できた法の運用をする当局者は慎重にならざるをえない。たとえば破防法というものはあまりいい法律ではないと私は思う。破防法はワーワー反対してさわいだけれども現実にはあまり適用されていないではないかといいますが、あれだけ反対があったからうっかり適用できないんです。つまり、投票の結果において通るか通らないかということは、政治過程における一つのファクターであるけれどもすべてのファクターではない。要するに負けちゃったじゃないか、いくらやってもだめじゃないかという、そういう考え方には勝ち負け思想というものが非常に大きくはたらいているんです。

たとえば、革新政党にいくら投票しても天下をとらない。天下をとらなければただの人という言葉があるけれども、政治過程としては、批判すること、反対することによって政府の政策もだんだん変わってきている、ということはリアルに見ればわかると思います。政府が面壁九年でだんだん変わってきたのではなく、抵抗があるから、こんどはこういう政策を出さないと反対党に負ける恐れがあるから、ということで政策が変わってきた。こういうふうに両面から見ていかないと、万年野党であるから何にもならないというような批判が生まれてくる。そこにはやはり天下をとればすべてで、天下をとらなければナッシングであるといった勝ち負け思想が根底にある。われわれはこういう具体的な問題について判断をする場合に、必ずしも政治的に成熟した判断を下しているとはかぎらない。そういうことを申し上げるために、あまり適切でない例もあったかもしれませんけれども、多少私の思いついた例を申し上げて、政治的なリアリズムというものはどういうものか、こういうような考え方が政治的な思考法だということをお話し申し上げたわけです。

最初に申し上げたように、こういう思考法をもっている人が理想だとか、道徳的にりっぱな人だという意味でなく、ただ政治的な場で思考する場合に、こういう思考法が著しく不足しておれば、政治的に無責任な結果をみちびく。そして今日の状況においては、われわれの最も非政治的な行動までが、全体の政治状況に影響を及ぼす、というのが現在の宿命なんです。とすれば、政治的な認識方法というものが、決して職業的な政治家だけの問題であるとは考えられないということがおわかりになるのではないかと思います。

（信濃教育、第八六〇号、一九五八年七月、信濃教育会）

（付記）

本稿は、もと一九五八年五月に信濃教育会上高井教育会総会における講演であって、『信濃教育』に速記のまま掲載された。今回の収録にあたって多少の加筆修正を施した。（一九九五年）

拳銃を……

アメリカ修正憲法には、宗教・言論・出版・集会及び請願の自由にはじまる著名な基本的人権の諸規定にまじって「規律正しい民兵《ミリシア》は自由な国家の安寧にとり必要であるから、人民が武器を保持し武装する権利はこれを侵してはならない」という条項（第二条）がある。いうまでもなくここでは、人民の自己武装権が、政府その他の公権力の侵してならない人権の一つとしてかかげられているわけである。これがアメリカの独立戦争の由緒を背景にした規定であることもべつに註釈の必要はないだろう。ただこうした武装権が集合体としての「国民」の自衛権に、さらには「国家」の自衛権へといつの間にか蒸発してしまわないためには、本来この権利がいわゆる「人身の自由」habeas corpus の一環として、どこまでも、個々人の武装権を意味していることを念のために附け加えておきたい。

むろん政府の組織された武装力が巨大な姿に発達するにしたがって、この規定が実質的には独立当初のなまなましい意味を失って「退化」して行ったことはアメリカの憲法学者もみとめている。けれどもアメリカ憲法のバックボーンといわれる修正条項のなかにともかく厳然として、人民の自己武装権が明文化されて今日まで残っていること――そこに含まれた精神は基本的人権の御説教のみいたずらにかまびすしい現代の日本でもう少し考えられてもよくはないか。

基本的人権が自然権であり、いわゆる前国家的権利（*Vorstaatliche Rechte*）であるということの意味は、あらゆる近代的制度が既成品として輸入され、最初から国家法の形で天降って来た日本では容易に国民の実感にならない。自然権という考え方は政治思想史のややこしい説明によると、ストアに発するとかキリスト教の影響とかいろいろなことがいわれるが、私はさきのアメリカ憲法の規定を見るにつけて、どうもそれは原始社会で各人が弓矢や刃物をたずさえて自分の責任で自分の身を護って来た記憶と経験とに深い関係があるのではないかというような気がしてならない（現にホッブスなどの国家論は首尾一貫してそういう仮説の上に組み立てられている）。そういえば外国映画などで、思いあまった主人公が――私は軍人とかギャングの親方といった特殊な人間でなく、平凡な銀行員とか新聞記者の場合をいっているのだが――やおら机のひき出しからピストルを出して額にあてるというような場面にしばしばお目にかかるが、さてわれわれ日本の善良な家庭をふりかえってみるがよい。ピストル一挺はおろか、刀一振もないというのが普通ではなかろうか。われわれはそれを当然のこととしてべつに怪まないが、存外この事実はたいへんな意味をもっているかもしれないのである。アメリカの武装ギャングのような例は困るけれども、たとえばナチ占領下のフランス市民の抵抗運動にしたところで、むろん秘密に武器が大量にもちこまれたということもあろうが、そもそも彼等が日本の一般市民のようにピストル一つ家庭で見たりいじくったりする経験をてんで持っていなかったら、とてもあのようには行かなかったろう。とにかく、豊臣秀吉の有名な刀狩り以来、連綿として日本の人民ほど自己武装権を文字通り徹底的に剝奪されて来た国民も珍らしい。私達は権力にたいしても、また街頭の暴力にたいしてもいわば年中ホールドアップを続けているようなものである。どうだろう、ここで一つ思いきって、全国の各世帯にせめてピストルを一挺ずつ配給して、世帯主の責任において管理することにしたら……。そうすれば深夜に御婦人を襲う痴漢や、店に因縁を附けに来るグレン隊も今迄のように迂闊にはおどせなくなるだろう。なにより大事なことは、これによってどんな権力や暴力にたいしても自分の自然権を行使する用意があるという心構えが、社会科の教科書で教わるよりはずっと効果的に一人一人の国民のなかに根付くだろうし、外国軍隊が入って来て乱暴狼藉しても、自衛権のない国民は手を束ねるほかはないという再軍備派の言葉の魔術もそれほど効かなくなるにちがいない。日本の良識を代表する人々につつしんでこの案の検討をお願いする。

（羅、第一号、一九六〇年三月、羅社）

現代における人間と政治

一

チャップリンの映画『独裁者』のなかで、"What time is it ?" というセリフが出て来る場面が二度あった。最初はシュルツという負傷した士官が砲兵のチャップリンに助けられて飛行機で脱出する途中でこうたずねる。この時飛行機は逆さに飛んでいるのだが、二人とも雲海の中にいてそのことが分らない。チャップリンが懐中から時計を出すと忽《たちま》ち、時計は鎖からニョッキリと眼の前に聳え立って彼をおどろかす。二度目は、ゲットー（ユダヤ人街）で乱暴をはたらいた揚句、アンナにフライパンでのされた突撃隊員の一人が意識をとりもどして立ち上って、真っ先にいう言葉がやはりこれである。私は最初の時はただゲラゲラ笑っただけだったが、再度同じセリフが出て来たときには「オヤ」と思った。「いま何時だ」などという問いはもっとも日常的なありふれた言葉だから、同じ映画に二度でて来てもべつに不自然ではないともいえるが、それが使われた場景との関連を考え、さらには、床屋の時間感覚の喪失ということが、あの映画のギャグ全体を貫く筋金になっていることなどを思い合せると、どうもただのセリフではなさそうな気もする。その後、『独裁者』についてその道の専門家の批評も、二、三読んで見たが、とくにあのセリフを問題にしてはいなかったようである。してみると、私が「オヤ」と思ったこと自体が、インテリの意識過剰などといわれている症例をまた一つ示すだけのことかもしれない。けれどもここは映画『独裁者』についての責任ある紹介や論評をする場所ではないのだから、私は私なりに、この場合の「タイム」を何時何分ではなくてもっとはるかに大きな単位にまで勝手にふくらませて考えることも許されるだろう。つまりそこで問われているのは、『モダン・タイムス』や、さかのぼっては、『ゴールド・ラッシュ』に直接つらなっているような、そういう「時代《タイム》」なのではないかということである。

そういう目で見ると、チャップリンは、現代とはいかなる時代かを執拗に問いながら、くりかえし同じ規定を以て答えているように見える。それは「逆さの時代」だということである。何をもって「逆さの時代」というか。それは常態と顚倒した出来事があちこちに見られるとか、人々の認識や評価が時折狂いだすとかいうような個別的な事象をこえて、人間と社会の関係そのものが根本的に倒錯している時代、その意味で倒錯が社会関係のなかにいわば構造化されているような時代ということである。『モダン・タイムス』の冒頭の著名なシーン――囲いのなかに追い込まれる羊の群に、工場に吸い込まれる出勤時の労働者の群をかぶせたシーンがすでにそうした構造的倒錯の暗示であった。しかもチャップリンがそこで戯画化したのは、マルクスが百年も前に古典的定式を与えた、労働過程における機械と人間の倒錯だけではなくて、十九世紀における予言者たちの想像をもはるかに越えた規模と深さにおいて――たとえばテクノロジーによる深層心理の開発と操作の問題一つをとれば十分であろう――現代生活に浸透した「人間の自己疎外」のさまざまの局面なのである。食事という人間のもっとも原初的な「自然」な欲求さえも、能率のための能率の崇拝によって自由な選択を奪われる（モダン・タイムス）。いや、自由な選択を「奪われる」段階さえも通り越して、いまや商品の購買から指導者の選出まで、「自由な選択」それ自体が宣伝と広告によって造出されるのだ。かつてはともかく「再創造《リクリエーション》」という意味付けを与えられていた娯楽やスポーツまでが巨大な装置となって大衆を吸い込み、規格化する。「ヒンケル」の獅子吼の前に一斉に右手をあげる群集（独裁者）と、ワイドスクリーンの前に一斉に首を左右にふる観客（ニューヨークの王様）とはけっして別の種族ではない。性もまた倒錯し、男が女の声を出し、女が低音で応ずる（同上）。「プロデュース」とは現代では価値の生産ではなくて、なにより価値の演出なのである。

そうして神話と科学を満身にちりばめた二十世紀の独裁者こそは現代世界の最大の「演出」

者であり、そこでの政治権力の自己目的化は、現代文明における手段と目的の転倒のクライマックスにほかならない。目には目を、演出には演出を。こうして庶民の床屋チャップリンは、整然と仕組まれたオーストリッチ進駐の政治的演出をそっくり逆用することによって独裁者に見事復讐する！

しかし“What time is it ?”という問いのシンボリックな意味は、たんに現代が逆さの世界であるという事実命題の提示だけではない。とくにあの飛行機の場面での重要な暗示は、「逆さの世界」の住人にとっては、逆さの世界が逆さとして意識されないという点なのだ。倒錯した世界に知性と感覚を封じ込められ、逆さのイメージが日常化した人間にとっては、正常なイメージがかえって倒錯と映る。ここでは非常識が常識として通用し、正気は反対に狂気として扱われる。まさに時計は鎖から逆上し、水は水筒から噴出するのである。これが意識を喪失している間に世界が一変したことを知らずにわが家へ立ちかえって来た床屋を待ちもうけていた運命であった。彼は何事も知らないから、きわめて普通の常識にしたがって普通に行動する。ユダヤ人の店先のガラスに勝手に「ユダヤ人」とペンキでぬりたくるのは、以てのほかの非礼であるから彼はしごく平然と突撃隊員の目の前でそれを消す。なんの罪もない市民や婦女を集団的にいじめるのは街のギャングのすることだから、彼は義憤を感じて制止しようとする。かけつけた突撃隊員を彼は服装から警官と思って、乱暴者をとりしずめてくれと訴える。彼の判断や行動はどれもきわめて自然なのだが、それが一つ一つ、この世界ではとんでもない無鉄砲なことか、あるいは異常な勇気を要すること――いずれにしてもまさしく不自然なことなのだ。このチグハグが私達の滑稽感をさそう。この滑稽感はベルグソン流にいえば、床屋の世界――ゲットー――の出来事に私達が情緒と共感をもってではなく、われ関せず焉《えん》の見物人として、「純粋理知」をもって対していられるからである。日常性の倒錯は自然の流れにたいするこわばりを示すからこそ好んで喜劇の題材として扱われる。役割の交換も何が何とかとりかわっているかが観客に自明であるからこそ狂言になる。だが『独裁者』における倒錯は一見するよりはるかに複雑である。あの時のあの世界における日常性を所与とすれば、床屋の行動はまさに転倒しているが、実はその日常性自体が「逆さの世界」における日常性だとするならば、転倒しているのはトメニヤ国の全体なのであり、真すぐに立っているのは、床屋とその周囲のほんの一にぎりの人間にすぎない。私達は一体どちらの日常性の側から、どちらの倒錯を笑っているのか。『独裁者』にしても『モダン・タイムス』にしても、そうした現代における日常感覚の分裂の問題をなまなましく提出しているからこそ、そこでの滑稽感はほとんど痛苦感と背中合せになって私達に迫って来るのである。

もっとも六〇年代の「ゆたかな社会《アフルーエント》」と余暇享受時代の実感から見ると、あのようなあからさまな正気と狂気の転倒はトメニア国――いやもうチャップリンから離れよう――枢軸ファシズム華やかなりし頃の一場の悪夢のようにも見える。われわれの住んでいる時代はもうあの時代とはちがっている、あらゆる出来事にたいする反応が、三〇年代の暗い連想と結びつく考え方からいい加減に訣別しようではないか——そういう声もあちこちに盛んである。日本だけでない。西欧の知識社会にはすでに数年前から「イデオロギーの終焉」という合唱がひびいている。そのことについてはまた後で触れよう。ともかく果してわれわれの六〇年代には政治的良識はそれほど自明さを取戻しているかどうか。良識の「家元」として通っているイギリスでさえも、正気と狂気のけじめはそれほど確固とした基盤を持っているか。すでに度々の新聞報道で知られているように、イギリスのCNDを中心とする核武装の一方的廃棄運動は今年の二月に至って、アメリカのポラリス潜水艦の基地貸与協定にたいする嘗《かつ》てない規模の抗議集会にまで発展し、デモ隊は会場のトラファルガー広場から行進して国防省前に坐り込み、数百の逮捕者を出した。終始この運動の先頭に立っていたバートランド・ラッセルは、この時も八八歳の老軀をさげてつめたい舗道に坐り込むという「異常」な行動をとったが、この著名な哲学者の述べるところによると、「例えば日刊新聞のなかでいちばん公平だと考えられているある新聞の労働党関係の通信員は、一方的核廃棄論に対する反対こそが「正気の声」だ、と述べた記事を書いた。私はそれに答える手紙を書いて、むしろ逆に、正気は一方的核廃棄論者の側にあり、廃棄論反対者の側こそヒステリーにおちいっている、と論じたのであるが、この新聞はそれを印刷することを拒否したのである。ほかの一方的核廃棄論者たちも同様の経験をもっている」。つまり、言論の自由の祖国でも、一方的核廃棄論は、気狂い沙汰というイメージを通じてしか大多数の国民の耳目に入らず、また入ることを許されないというわけである。アメリカでも、広島の原爆投下に関係したクロード・イーザリーが、罪責感からはじめた核兵器反対のための行動が「その筋」によって狂人扱いされ、精神医学者の「証明」付でついに精神病院に入れられたが、これまたラッセル卿によれば、イーザリーが自分の動機を説明したいくつかの声明は、完全に正気であり、すくなくも、原爆投下の正当性をあくまで弁護する当の責任者トルーマンよりは、はるかに正気なのである。こうしてラッセルは沸々とした憤りをかれ独特のソフィスティケーションにまぶして投げつける――「今日のさかだちした世界では、人類全体に対して生殺与奪の権を握っている人たちは、名目上は出版や宣伝の自由を享受している国々のほとんどすべての住民に、誰れであれ人類の生活をまもることを価値ある事柄と考える人は狂人でなければならぬということを、説得するだけの力をもっているのである。私は私の晩年を精神病院で過ごすことになっても驚かないだろう――そこで私は人間としての感情をもつことのできるあらゆる人たちとの交際を楽しむことになるだろう」(New Statesman, Feb. 17, 1961. 世界、四月号訳載)。

こうした声にもかかわらず他方では相変らず「CBR(ある種の大量殺人兵器)の大きな利点

は住民をさぐりあてて殺してしまいながら、しかも同時に大都市や工業施設を破壊しないということである」(Saturday Review, July 23, 1960)といったことが大真面目で「現実的」な議論として「識者」の間に交わされている。床屋と士官をのせた逆さ飛行機はどうやら今日も延々として雲海の中をとびつづけているらしい。

二

私達はナチの「グライヒシャルトゥング」とよばれた徹底した権力統制、苛烈をきわめた弾圧と暴行、網の目のようにはりめぐらされた秘密警察網と息がつまるような市民相互の監視組織、さらには強制収容所におけるほとんど信じがたい残虐行為の数々について、すでにうんざりするほど知らされている。だが、それらすべてを書物や報告やフィルムやで見ききしたあとで、どうしても湧きおこる疑問は、ドイツ国民は――すくなくも熱狂的な党員以外の、多くの一般ドイツ国民はナチの一二年の支配をどういう気持ですごして来たのか、その下で次々とおこった度はずれた出来事をどう受けとめて来たのか、ということである。もっとも、たとえばアウシュヴィッツやベルゼンで何が現実に行われていたかということは全く知らなかった、戦後それをわれわれの同胞がやったということを知ったときの衝撃は測り知れなかった、という言葉はすでに多くのドイツ人から語られた。それは必ずしも彼等の遁辞や弁解だけではなかろう。事実、彼等に戦後はじめて知らされたナチ治下の出来事も少なくなかったにちがいない。ちょうど日本国民の多くが「皇軍」の占領地におけるふるまいを――すくなくもその程度と規模のあらましを――戦後はじめて知らされたように。けれどもそれと同時に、ほかならぬドイツ国内において普通のドイツ市民が街頭で目撃し、あるいは報道を通じて知っていた筈《はず》の出来事もまたあまりに多いのである。「グライヒシャルトゥング」の途上に立ちふさがる障害と抵抗の大きさは日本の翼賛体制の比ではなかった。政治・経済・教育・文化あらゆる領域におけるユダヤ人の占めていた地位と役割、マルクス主義的社会主義と労働運動の長い伝統と広汎な社会的基礎、キリスト教会とくに「文化闘争」の経験をもつカトリック教会勢力、根強いラントの割拠と地方的自主性の意識――それらの一つ一つを考えただけでも、ゲッベルスの「宣伝」組織とヒムラーやヘスの「暴力」組織が次々と直面した課題がどんなに巨大であったかは容易に想像される。それだけにこうした「組織」のスチーム・ローラーが全国いたるところに発するすさまじい騒音、そこから逃れようとする群の悲鳴と押しつぶされる人々の呻きがなんらかの機会に一般国民の耳に届かなかった筈はない。にもかかわらず彼等は黙ってすごした。恐怖の支配にうちひしがれていたのか。しかしどんな人間も、一ヵ月や二ヵ月ならともかく、十年以上もおののき続けの生活を持続できないだろう。宣伝の効果？　むろんそれは大きい。しかし全生活を「政治化」しようというナチの要求がどんなに成功したところで、普通の仕事をもった普通の市民の生活と感覚が、制服を着たSS隊員のそれと完全に同一化するということはありえない。たしかに彼等の一人一人がナチ党員と思想や性格が同じになったわけではなかった。ただ彼等の住む世界がナチになったのだ。しかも、その世界の変化にたいして彼等は、いわばとめどなく順応したのである。

ナチ「革命」の急激性を、他の国――たとえば日本だけでなく、「元祖」イタリーのファッショ化過程の漸進性と対比させることは私達の通念になっている。けれどもこの対比を強調するのあまり、ナチの世界がヒットラーの権力掌握後に一挙に完成したかのように考えるならば、それはナチズムの前提条件がワイマール時代にすでに熟していたことを理由として、一九三三年における事態の質的転換を否定するのと逆の意味で、やはり歴史を単純化することになろう。外側から見ておそろしくドラスティックな打撃の連続であったものは、内側の世界の住人にとっては意外に目だたない、歩一歩の光景の変化として受取られていたということを、たとえばミルトン・メイヤーの『彼等は自由だと思っていた』(Milton Mayer, They Thought They Were Free, 1955) は幾多の例証によって示している。何故ドイツ人はあの狂気の支配を黙って見すごしたのか、何故あれほど露骨に倒錯した世界の住人として「平気」でありえたのか、というさきほどの疑問を解く一つのいとぐちがここにあるように思われるので、メイヤーの面接したドイツ人のなかから、一人の言語学者の「告白」をえらんで、一部を紹介してみよう。

彼は当時においてナチ「革命」の全過程の意味を洞察するには、通常の仕事に追われる市民にとっては、ほとんど望みがたいほど高度の政治的自覚を必要としたということを綿々と語るのである——そういう言い方自体が聴き手のメイヤーには自己弁護としてひびくだけで、到底たやすく理解してもらえないだろうといういらだたしい感情をこめながら……。

「一つ一つの措置はきわめて小さく、きわめてうまく説明され、時折〝遺憾の意〟が表明されるという次第で、全体の過程を最初から離れて見ていないかぎりは——こうしたすべての〝小さな〟措置が原理的に何を意味するかということを理解しないかぎりは——人々が見ているものは、ちょうど農夫が自分の畠で作物がのびて行くのを見ているのと同じなのです。ある日気がついて見ると作物は頭より高くなっているのです」

「どうか私を信じて下さい。これは本当の話なのです。何処に向って、どうして動いて行くのか見きわめられないのです。一つ一つの行為、一つ一つの事件はたしかにその前の行為や事件よりも悪くなっている。しかしそれはほんのちょっと悪くなっただけなのです。そこで次の機会を待つということになる。何か大きなショッキングな出来事がおこるだろう。そうしたら、ほかの人々も自分と一緒になって何とかして抵抗するだろうというわけです」

ところが――

「戸外へ出ても、街でも、人々の集りでもみんな幸福そうに見える。何の抗議もきこえないし、何も見えない。……大学で、おそらく自分と同じような感じをもっていると思われる同僚たちに内々に話してみます。ところが彼等は何というでしょう。〝それほどひどい世の中じゃないよ〟あるいは、〝君はおどかし屋《アラーミスト》だ〟というんです。

そうです。たしかにおどかし屋なんです。何故って、これこれのことは必ずやこれこれの結果を招来するといったって、証明することは出来ないんです。なるほどこれらはものの**はじまり**です。けれど**終り**が分らないのに、どうして確実に知っているといえますか」

こうしておどかし屋だとか、トラブル・メーカーだとかいわれるのを避けるために、まあこの際はしばらく事態を静観しようということになる。

「けれども、何十人、何百人、何千人という人が自分と一緒に立ち上るというようなショッキングな事件は決して来ない。まさにそこが難点なんです。もしナチ全体の体制の最後の最悪の行為が、一番はじめの、一番小さな行為の**すぐあと**に続いたとしたならば――そうだ、そのときこそは何百万という人が我慢のならぬほどショックを受けたにちがいない。三三年に、ユダヤ人**以外**の店先に「ドイツの商店」という掲示がはられた直後に、四三年のユダヤ人にたいするガス殺人が続いたとしたならば……。しかしもちろん、事態はこんな風な起り方はしないのです」

そうしてある日、あまりにも遅く、彼のいう「諸原理」が一度に自分の上に殺到する。「気がついてみると、自分の住んでいる世界は――自分の国と自分の国民は――かつて自分が生れた世界とは似ても似つかぬものとなっている。いろいろな形はそっくりそのままあるんです。家々も、店も、仕事も、食事の時間も、訪問客も、音楽会も、映画も、休日も……。けれども、精神はすっかり変っている。にもかかわらず精神をかたちと同視する誤りを生涯ずっと続けて来ているから、それは気付かない。いまや自分の住んでいるのは憎悪と恐怖の世界だ。しかも憎悪し恐怖する国民は、自分では憎悪し恐怖していることさえ知らないのです。誰も彼もが変って行く場合には誰も変っていないのです」（傍点は丸山）

ナチの世界の内側から見た市民のイメージをこの言葉はかなり忠実に描き出しているように思われる。この言語学者の「原理的なるもの」にたいする「意識の低さ」が非難さるべきなのか、それとも現代政治におけるコンフォーミズムが市民のどのような実感の上に乗って進行して行くかという典型的な例証としてこれを受取るべきなのか。「おどかし屋」と世間から思われたくないと思って周囲に適応しているうちに、嘗てならば異和感を覚えた光景にもいつしか慣れ、気がついたときは最初立っていた地点から遠く離れてしまったというのは、ドイツだから起った事なのか、それとも問題はナチのようなドラスティックな過程でさえ、市民の実感にこのように映じたという点にあるのか。すくなくも聴き手のメイヤーは、この長い告白にたいして、「一言も発せず、いうべき言葉を思い付かなかった」ほどの衝撃を受けた。

三

ナチの「全体主義革命」はこれまでのべたような「時間」の問題、つまりその過程の急速性という点だけでなく、その市民生活への浸透度の徹底性――生活と文化の頂点から末端にいたる組織化――という点でもあまりに有名である。けれどもこの第二の問題でも、私達は、さらに立ち入って内側の住人の経験にきいて見る必要があるだろう。それは果して外国から、又は後の時代から往々臆測されるように、私生活の口腔に「政治」というささくれだった異物を押し込まれて柔かい粘膜をひっかきまわされるような感覚だったろうか。必ずしもそうでなかったようである。さきの言語学者の言葉からもこのことは暗示されるが、それを逆の観点から証示する例としてカール・シュミットの回想がある。

シュミットは人も知るナチ法学界の大立者であり、そのゆえに戦後直ちに連合国の裁判に付され、投獄されたが、その彼が出獄後の第一作“Ex Captivitate Salus〔囚われからの救い〕”（一九五〇年）で、ナチ支配下における知識層の態度や知的雰囲気についてのべているところは、彼の近況を知る上にも興味がある。要するにシュミットによれば、流石の「グライヒシャルトゥング」も結局最後までドイツの精神状況のいわば二重構造を打破できなかったというのである。表層には朝となく夕となく、ラジオ・新聞・街頭の拡声機から流れ出す「世界観」の洪水があり、雨と降る布告や法令の氾濫があり、そしてこれにおうむのような極り文句で呼応する人民の斉唱があった。しかしこのおそろしく単調で無味乾燥な騒音と規律の世界の下には、自らの伝統的な矜持と自らの不可譲の自由と、自らの「守護天使」さえ持った、教養と内面性の領域が頑強に保護されていた。本当に権力と歩調を合せて太鼓をたたいていたのは、少なくも学者、芸術家、文筆家の中では三流、四流の人物であり、いくらかでもましなインテリはみな表向きと内面との二重生活をしていた。だからナチの一二年の支配は、まさにその恐るべきテロルと、巨大な技術的手段を駆使した完璧な組織的統制のゆえに「事実上いかなる自由な思想も、いかなる保留ももはや残されていないという程度にまで一国民全体の精神的生産性をわが手におさめることが、そもそも政治権力の把握者にとってどこまで可能なのか」という巨大な問いにたいするこよなき実験だったのであり、そのために、ドイツの知識層は外部から見ている者には到底推察できないような体験をくぐらねばならなかったが、結果としてはかえってここに精神的自由と創造性にたいする政治権力の本質的な限界が実証された、というのである。

さきの言語学者の沈鬱な告白と反対に、ここに現われている態度は言ってみればふてぶてしい居直りである（もっともシュミットもナチ時代にSSの機関紙やヨリ御用的な学者から激しく攻撃された経験をもっており、海外で考えられていたほど彼の理論は終始ナチの正統的地位を占めていたわけではない）。が、そうした姿勢を別とすれば、シュミットによるドイツの精神状況の描写は、他の文献と照し合せてみても甚だしい歪曲とは考えられない。問題はむしろそこから如何なる意味と教訓をひき出すかにある。シュミットは、西ヨーロッパの合理主義の長い伝統に加うるにドイツ人の「抜きがたい」個人主義は十数年の暴圧によって滅ぼされるような生易しいものではないと揚言する。けれども、ドイツ知識層の日々の精神生活が表面の狂瀾怒濤の下で、静謐な自由を保持したということは、逆にいえば、現代においてはそうした「私的内面性」が、われわれの住んでいる世界を評価する機軸としてはいかに頼りないか、を物語っているわけである。だからシュミットも続けてこう言っている――

「ドイツ人が驚くほど組織され易いということは、実はドイツ人の驚くべき自我武装の表玄関にすぎない。その時々の合法的な政府によって命じられたことにすべて喜んで協力するという態度が最大限に発揮されたような場合にさえも、私的内面性への引退という昔から守られて来た静かな伝統はそのまま残っていた。……ほかのいかなる世界でも、ドイツほど内的なものと外的なものとの区別が徹底して押し進められ、ついには両者の無関係にまでたちいたるというようなところはなかった。こうした教養層への外面的なグライヒシャルトゥングが円滑単純に進行しただけに実は彼等を内面から完全に均一化することは困難だったのである」(a. a. O., SS. 18-19)

つまり全体主義の「限界」といわれるものが、裏返せばそのまま、「内面的自由の世界」の「限界」なのであり、両者がいわば相互不可侵の事実上の承認の上に立って同じ社会で共存しうるという証明にすぎない。彼のいう「抜きがたい個人主義」は、内面性の名において「外部」を、つまり人間関係(社会)をトータルに政治の世界にあけ渡すことによって、外部の世界の選択を自己の責任から解除してしまった。それは「精神」の光栄なのか、それとも悲惨なのか。

一口に経験から学ぶといっても、学び方はさまざまである。たとえば著名なルッター教会牧師のマルチン・ニーメラーは同じくナチ時代に、自己の生活実感や私的内面性に依拠した経験の反省から、さきの言語学者より一層積極的な、そうしてカール・シュミットとはまさに逆の、教訓をひきだした。この場合、抵抗者としてのニーメラーと、(便乗者ではなくとも)同伴者としてのシュミットという二人の経歴を考えれば、この対比はあまりに当然すぎて不適切に見えるかも知れない。事実、ニーメラーがナチの強制収容所から漸く解放された時に、カール・シュミットの獄中生活がはじまっており、それほど両者は現実政治の次元では両極に立っていたのだから……。しかしながら、こうした結果からの遡及法は必ずしも事態を内側から照し出すことにはならない。すくなくもナチの初期の精神状況においてニーメラーとシュミットとの距離は、一九四五年において両者がお互いを見出した地点の遥けさからは想像しがたいほど意外に近かったのである（むろん職業と専門領域からして、二人の本来の関心対象が非常に離れていたことは、ここでは度外視している）。シュミットとニーメラーさえ然りとすれば、いわんやさきの一言語学者のような不作為の黙従者とニーメラーとの距離はほとんど一歩である。ニーメラーの次のような告白を見よ——

> 「ナチが共産主義者を襲ったとき、自分はやや不安になった。けれども結局自分は共産主義者でなかったので何もしなかった。それからナチは社会主義者を攻撃した。自分の不安はやや増大した。けれども依然として自分は社会主義者ではなかった。そこでやはり何もしなかった。それから学校が、新聞が、ユダヤ人が、というふうに次々と攻撃の手が加わり、そのたびに自分の不安は増したが、なおも何事も行わなかった。さてそれからナチは教会を攻撃した。そうして自分はまさに教会の人間であった。そこで自分は何事かをした。しかしそのときにはすでに手遅れであった」（Mayer, op. cit., pp. 168-169）

こうした痛苦の体験からニーメラーは、「端初に抵抗せよ」（Principiis obsta）、而して「結末を考えよ」（Finem respice）という二つの原則をひき出したのである。彼の述べているようなヒットラーの攻撃順序は今日周知の事実だし、その二原則もカール・シュミットのイロニーを帯びた「限界」説とくらべると、言葉としてはすでに何度も聞かされたことで、いささか陳腐にひびく。けれどもここで問題なのは、あの果敢な抵抗者として知られたニーメラーさえ、直接自分の畑に火がつくまでは、やはり「内側の住人」であったということであり、しかもあの言語学者がのべたように、すべてが少しずつ変っているときには誰も変っていないとするならば、抵抗すべき「端初」の決断も、歴史的連鎖の「結末」の予想も、はじめから「外側」に身を置かないかぎり実は異常に困難だ、ということなのである。しかもはじめから外側にある者は、まさに外側にいることによって、内側の圧倒的多数の人間の実感とは異ならざるをえないのだ。

四

ここで第三の問題、同じ世界のなかの異端者の問題が登場する。これまでは政治的同質化と画一化の進行する状況を、内側の住人——といっても指導者やその副官たちではなく、もっぱら一般の国民の日常感覚に視点を置いて述べてきたのであるが、もちろんナチの世界にあって、これを全体として「原理的」に批判していた人間、あるいはユダヤ人のようにはじめから権力によって法の保護の外におかれる蓋然性をもったグループ、さらにまたグライヒシャルトゥングの進行過程において、内側から外側にはじき出されて行った人間——要するにナチの迫害の直接目標になった人間にとっては、同じ世界はこれまで描かれて来たところとまったく異った光景として現われる。それは「みんな幸福そうに見える」どころか、いたるところ憎悪と恐怖に満ち、猜疑と不信の嵐がふきすさぶ荒涼とした世界である。一つ一つの「臨時措置」が大した変化でないどころか、彼等の仲間にはまさに微細な変化がたちまち巨大な波紋となってひろがり、ひとりひとりの全神経はある出来事、ある見聞、ある噂によって、そのたびごとに電流のような衝撃を受ける。日々の生活は緊張と不安のたえまない連続であり、隣人はいつなんどき密告者になり、友人は告発者となり、同志は裏切者に転ずるかも測り難い。ぎらつくような真昼の光の中で一寸先の視界も見失われるかと思えば、その反面どのような密室の壁を通してでも無気味に光る眼が自分の行動を、いや微細な心の動きまでも凝視しているかのようである。これが自主的にであると、他動的にであるとを問わず、自らを権力から狙われる立場においた人々に多少とも共通するイメージであり、そうして、ナチ・ドイツについて私達に常識化しているのはむしろこの方のイメージに近い。ナチ・ドイツだけでなく、スターリニズム下のロシアないし東欧のある国々、「暗い谷間」の日本帝国など、例はいくらでも思いうかべられるが、いわゆる「全体主義」の支配について外側の世界からの報告、もしくは後世の歴史の「客観的」観察が読者に与える印象はだいたいこうしたものである。それは、そうした観察の情報源がおおむね体制の被害者——亡命者や異端者——から出ていることと無関係ではないだろう。そうした被害者もしくは抵抗者にとってはまさに右のような光景が「真実」だったのである。さきに見たような体制の同調者と消極的な追随者にとってこれと甚だしく異った光景が「真実」だったように。……要するにナチ・ドイツには、このように真二つに分裂した二つの「真実」のイメージがあった。だから一方の「真実」から見れば、人間や事物のたたずまいは昨日も今日もそれなりの調和を保っているから、自分たちの社会について内外の「原理」的批判者の語ることは、いたずらに事を好む「おどかし屋《アラーミスト》」か、悪意ある誇大な虚構としか映じないし、他方の「真実」から見るならば、なぜこのような荒涼とした世界に平気で住んでいられるのかと、その道徳的不感症をいぶからずにはいられない。もしもこの二つの「真実」が人々のイメージのなかで交わる機会を持ったならば、ニーメラーのにがい経験を俟《ま》たずとも、「端初に抵抗」することは——すくなくも間に合ううちに行動を起すことは、もっと多くの人にとって可能であり、より容易でもあったであろう。事実はまさにその交わりが欠けていたし、ますますそれが不可能になって行ったのである。

グライヒシャルトゥングとは、正統の集中であると同時に異端の強制的集中を意味する（*Konzentrations* lager という収容所の名称は何と象徴的なことか）。それが成功する度合いにしたがって、右のような二つのイメージの交通は困難になる。この場合、初めからの正統の世界と初めからの異端の世界、つまり二つの世界の中心部ほど、それぞれのイメージの自己累積による固定化が甚だしく、逆に、二つの世界の接触する境界地域ほど状況は流動的である。そこで支配者にとっての問題は、いかにしてこの異なったイメージの交錯に曝された辺境地帯の住人を権力の経済の原則にしたがってふりわけて行き、両者の境界に物的にも精神的にも高く厚い壁を築き上げるかということにあり、グライヒシャルトゥングの成否はここにかかっているわけである。

こうして権力が一方で高壁を築いて異端を封じ込め、他方で境界に近い領域の住人を内側に「徐々に」移動させ、壁との距離を遠ざけるほど、二つの世界のコミュニケーションの可能性は遮断される。そうなれば、壁の外の側における出来事は、こちら側の世界にはほとんど衝撃として伝わらない。異端者はたとえ、文字通り強制収容所に集中されなくとも、「自ずから」社会の片隅に身をすりよせて凝集するようになり、それによってまた彼等の全体的な世界像だけでなく、日常的な生活様式や感受性に至るまで、大多数の国民とのひらきがますます大きくなり、孤立化が促進される。ナチ化とは直接的な「暴圧」の拡大というよりは、こうしたサイクルの拡大にほかならなかった。だからこそ異端者や亡命者の情報源に多く依存した外国からの対ナチ宣伝は、その前提になっているイメージ——暴圧のもとに喘いでいるドイツ国民というイメージそのものが当のドイツ国民の自己イメージとはおそろしく遊離し、そのためにしばしばかえって独裁者の宣伝を裏付ける効果さえ生んだのである。ファシスト治下のイタリーで地下運動の経験をもったイグナチオ・シローネがその小説の主人公につぎのような嘆声をあげさせているのも、基本的に共通した問題状況をものがたっている――

「外国の旅券をポケットに入れて、鎧扉ごしにのぞいている人間が、プロパガンダは作りものであり、……その栄光は単に不可抗な催眠力によって貧しい民衆の眼が眠らされていることに基づくのだ、と考えようとも、しかし貧しい民衆はそこまで登っていって鎧扉の蔭に隠れているのではなく、まさに下の街頭にいるのである。そして下の街頭では、事物は異った様相を呈していたのだ。もし一人が叫ぶならば、他の者もみな叫び出す。もし一人が手をあげてローマ式敬礼をするならば、彼の隣人は一歩彼を凌駕するために両手をあげるのだ。プロパガンダの網の中にいる各人は、おのれのために若干の安全性を求める。みなが推薦状を求め、ひいきを求める。そしてそれだけが問題なのだ。プロパガンダが呼号するところのものは単に副次的な意義をもつにすぎない。だからそれを反駁しても無益である」（I・シローネ、パンと葡萄酒、山室・橋本訳、傍点は丸山）

ところでこのシローネの言葉は二重の意味で示唆的である。一つは、いまのべた正統の世界の住人のイメージと、異端もしくは精神的に「外側」にいる人々のイメージとの鋭い分裂、両者の言語不通という問題である。もう一つはさきほどのシュミットの引用に関係のあることだが、表層のプロパガンダの世界と、底層で「おのれの安全性のために」これに適応する民衆の生活次元とが、ここでも弁別されているということである。前者が全体主義下の精神状況の縦断面を示すとするならば、後者はいわばその横断面である。いまこの両面の関係を、ナチズムならナチズムというイデオロギーの分布としてみるならば、精神的「外側」からの見方ほどイデオロギー的意味での反ナチであり、また「内側」の中心部に近いほどイデオロギー的意味でのプロ・ナチである。また表層のプロパガンダの世界ほどイデオロギーの色彩が強烈であることはいうまでもない。つまりその意味では、異端者や外国からの批判は表層のプロパガンダの世界と同じ次元に属し、ただヴェクトルの方向が逆になっているわけである。シュミットが全体主義の日常生活への浸透の「限界」を見たところに、地下運動者は鉄扉の蔭からのアピールの「無力」を感じた。内側の住人の多数は「上」のプロパガンダに行動的に適応したが、それは必ずしもイデオロギー的にナチやファシストになったのではなくて、「おのれの安全性」のためにそうしたのであり、知識層が「私的内面性」にたてこもったと同様に、大衆は大衆なりの日々の生活と生活感覚を保持した。それが保持されているという実感があればこそ、異端者あるいは外部からの「イデオロギー」的批判が彼等の耳に届いたとしても、それは平地（!）に波瀾を起し、徒《いたず》らに事を好むかのような異和感を生んだのである。イデオロギーとイメージの関係をこのように観察するならば、私達はナチにおける正統と異端の集中と隔離の問題にしても、またグライヒシャルトゥングの徹底の問題にしても、通念化している解釈がイデオロギーと宣伝の次元にあまりに比重をかけてその世界の様相を眺めていることに気付くであろう。そのためにひとは本当におそるべき問題を見落しながら、かえって現実には「限界」があるものを過大視して来たきらいなしとしない。それでは、ナチやファシズムの「全体主義」の問題性はむしろ特定の国の特殊な歴史的状況にだけ限定され、現代の人間にたいして投げかけている普遍的挑戦の意味が見失われてしまう。

したがって、さきに引用した『彼等は自由だと思っていた』の著者メイヤーが、

「ナチが幸福であったという事実と、反ナチが不幸であったという事実と、この二つの真実は相矛盾したものではなかった。(中略) 敢て異議を唱えない人々、または異論者《デイセンターズ》とつき合わない人々は、異論者たちにたいして大きな社会がいだいている不信と疑惑のほかには、べつに不信も猜疑も (あたりに) 見なかったし、他方、異論者もしくは異論の権利を信じた人々は、そこに不信と猜疑のほかは何も見なかった」(op. cit., p. 53)

という結論を多くの面接からひき出したとき、「ナチが」「反ナチが」という表現をもっぱら一定のイデオロギー的信奉の分布としてとらえるならば、むしろメイヤーの真意から離れるだろう。それにすぐ続けて「ちょうど一九五〇年のアメリカに二つのアメリカがあったと同じよう

に、もっとはるかに鋭く区別された二つのドイツがあった」といっているように、このとき著者の脳裏には、あたかもマッカーシイ旋風がふきすさんでいた彼の祖国が二重うつしになっていたのである。右の文のヤマはむしろ「異論者たちにたいして大きな社会がいだいている不信と疑惑のほかには」という限定のなかにある。ドイツとアメリカ——それは文化的思想的背景からいっても、政治的伝統から見ても、ほとんど対極的とさえ思われる社会であり、三〇—四〇年代のドイツと、五〇年代のアメリカを比べても類似性を指摘するよりは相違性を指摘する方がはるかに容易であろう。そんなことはいわば百も承知の上で、メイヤーはひとしくそこに、同じ世の中についてのイメージが鋭く分裂し隔離する姿を見た。そうしてこの場合、おのれの社会における異端者としてのイメージを共有するためにひとは必ずしもマルクス主義や、共産主義のファシズム論に依拠する必要はなかった。チャップリンはこうしてアメリカを去ったし、ほかならぬナチの世界から逃れて来たトーマス・マンも戦後ふたたびスイスに移ったのである。そこで間もなく生涯を終えたマンの回想の一節は、さきほどからの問題のもう一つの例証とするにはあまりに痛ましくひびく。

「私は戻って来た。七十八歳でさらにもう一度私の生活の地盤をかえたわけである。これはこの年齢では決してささいな事ではない。それについて私は認めざるをえないのだ——ちょうど一九三三年と相似て、この決断には政治的なものが関与していたことを。不幸な世界情勢によって、あんなにもめぐまれた国、巨大な強国にのし上がった国の雰囲気にも、心をしめつけ、憂慮をかき立てるような変化が来た。忠誠と称するコンフォーミズムへの強制、良心にたいするスパイ、不信、悪罵への教育、立派ではあっても好ましくない学者にたいする旅券交付の拒否……、異端者を冷酷無残に経済的破滅につきおとすやり方——残念ながらこれらすべてが日常茶飯事になってしまった。要するに自由は擁護になやんでおり、少からぬ人が、自由の滅亡をおそれている」(Commprendre, 1953)

けれども世の中の雰囲気に「心をしめつけ、憂慮をかき立てるような変化」を感じとったのは、ここでもやはり少数者であり、マンの警告も、チャップリンの諷刺も、多数の住人にはせいぜい「おどかし屋」の、もっと悪い場合には「アカ」の一味の中傷としてひびいたであろう。恐慌のなかから誕生したナチズムの支配でさえ、民衆の日常的な生活実感には昨日と今日の光景がそれほど変って見えなかったとすれば、繁栄の時代のマッカーシイ旋風はなおさらである。だからといってここでの顕在的潜在的異端者にとって、それがナチより住みよい世界だったとは一概にいえないし、彼等が憎悪と不信、恐怖と猜疑にとりまかれている程度がヨリ少なかったわけでもない。「自由だと思ってい」る圧倒的多数の——したがって同調の自覚さえない同調者の——イメージの広く深いひろがりのなかで、異端者の孤立感はむしろヨリ大きいとさえいえるのである。

五

「いかなる国民共同体でも、外界の事象にたいする世論を形成するものは主として、少数のステレオタイプ化したイメージであ」ること、そうして、「ステレオタイプの体系が確固としている場合、われわれの注意はステレオタイプを支持するような事実の方に向き、それに矛盾するような事実からは離れる」傾向があるからして、ステレオタイプは事実によって証拠立てるというまさにその行為を通じてすでに「事実」に自分の刻印を押すものであることを、幾多の例証で分析し、今日の情報理論への途をきりひらいたのは、W・リップマンの『世論』(初版一九二二年)であった。この今日すでに古典となった第一次大戦直後の研究が、まさにコミュニケーション網が世界でもっとも発達し、社会的流動性が伝統的に高度であった国に現われたということはまことに現代の逆説を象徴している。内側の住人(正統の世界)と外側の世界とのそれぞれにおいて「世の中」のイメージについての自己累積作用がおこり、それによって両者の間の壁がますます厚くなるという悪循環も、結局こうした一般的傾向性のなかで発生した問題であり、ナチ権力も——もちろん驚くべき巧妙さを以てではあるが——それを利用したのであって、創設したのではない。現代の政治権力が巨大なマス・メディアを駆使して「民意」を画一化する傾向はすでにしばしば指摘されているが、権力のイデオロギー的宣伝はひとびとのイメージの積極的な形成力としては「限界」があるのであって、その意図も効果もむしろ対抗宣伝の封殺、あるいは好ましからざる方向からの通信、つまり「雑音」の遮断という点にある。「全体主義」のような政治権力がマス・メディアを直接に掌握する形態をとっていないところでも、結構「内側」と「外側」のイメージのふり分けが昂進しうることは上にも見たとおりである。しかもそういう場合の理由づけに度々挙げられるマス・メディアと支配層との利害同盟説、あるいは前者の「独自」権力説もステレオタイプの形成についてはすべてを語っているとはいえない。「世の中」イメージは、マス・コミも含めた意味での「上から」のいわば目的意識的な方向づけと、ひとびとの「自我」がいわば自主的につくり出す「擬似環境」(リップマン)との複雑な相互作用による化合物にほかならない。そうして周囲の「世の中」の変化について、それがかつてありし姿と倒錯するまでに至っても気付かないという悲劇または喜劇の進行には、そうした「自我」したがってまた「自己の利害《セルフ・インタレスト》」の現代的構造が無視できない役割を演じているのである。政治的イデオロギーの「虚構性」を衝いて、自我の実感や利害の明証性を疑わない者も、逆に、イデオロギーの「客観的」正当化によりかかって、内側の住人のイメージの「虚偽意識」を摘発する者も、右のようなステレオタイプ形成過程における自我の側からの関与を単純化している点において、奇妙な両極の一致を示している。

前者のグループの合唱はとくに戦後の繁栄の時代に西欧世界もしくは西欧的世界に高まった。その歌の主題は「イデオロギーの終末」であり、戦前の進歩派の「夢魔から醒めた」転向者がしばしばタクトをとり、これに戦後の消費文化を享受する「新しい」世代が和するという風景も国際的である。「イデオロギーの終末《エンド》」の合唱がはたしてC・W・ミルズのいうように「どん詰り《エンド》のイデオロギー」であるかどうかはしばらく措くとしても、こうした合唱において贖罪山羊《スケープゴーツ》となった「イデオロギー的知識人」にたいする批判や嘲笑の調子までがいかに国際的に類型化しているかを見ることは当面のテーマのために興味なしとしない。たとえば詩人K・エイミスの『社会主義と知識人』（K. Amis, Socialism and the Intellectuals, 1957）によれば、イデオロギー的知識人とは、「自分以外の、自分の外にある利害や大義名分に夢中になる非合理的な能力」の持主である。またイギリスの「新左翼」の最も注目すべき著作の一つであるレイモンド・ウィリアムズの『文化と社会』（Culture and Society, 1959）にたいするマンチェスター・ガーディアンの書評のなかには、「ウィリアムズ氏その他大ざっぱに言って、思想を職業とする人々は、なにより夜も寝ずに自分たちのこと、社会のこと、デモクラシーのことを心配するのをやめて、自分の仕事をもう少し精出してやった方がいい」という忠告があった（以上E. P. Thompson (ed.), Out of Apathy, 1960 の引用による。傍点は丸山）。わが国における同類と同じように、ここでは、自我か「大義名分」か、「自分の仕事」かイデオロギーか、というあれかこれかの形で問題が問われ、告発が行われている。たしかに三〇―四〇年代の激しいイデオロギー的な対立は西欧世界に関するかぎり、しかもその「内側」に関するかぎり、福祉国家とレジャームードにとって代った。したがって「イデオロギーの終末」という「世の中」イヽメヽーヽジがひろがる条件はそれなりに増大したわけである。しかしこの類の人々の考え方にとっては「イデオロギー」は虚構であっても、「イデオロギーの終末」のほうはあくまでイメージではなくて「現実」なのである。ちょうど彼等のいう自我や自分の利害が、自我や自利についヽてヽのイメージではなくて、「外」の環境と明確に領域的に区別された「内」なる実体として想定されているように……。まさにそれが当然とされて、問われないところに問題がある。

政治的事件に「いかれ」て熱狂する自我と、イデオロギーの「過剰」にうんざりして「自分の事柄」にたてこもる自我とは、果してそれほど性質と構造を異にするだろうか。カール・シュミットのいう「私的内面性への引退」がドイツの思想的伝統に属することは疑いない。が私達はそれを「縦から」だけでなく、同時に「横に」、つまり国際的に共通するあヽる精神状況のドイツ的ヴァリエーションとして見る眼をもたなければならない。すでにアレクシス・ド・トクヴィルが百年以上も前のアメリカ社会の観察からして「民主社会」(なお彼の場合の la société démocratique という範疇は、ふつうに「民主主義」の社会といわれているものより広いが、いまそれには立ち入らない)における平準化の進展が、一方における国家権力の集中と、他方における「狭い個人主義」の蔓延という二重進行の形態をとること、中間諸団体の城塞を失ってダイナミックな社会に放り出された個人は、かえって公事への関与の志向から離れて、日常身辺の営利活動や娯楽に自分の生活領域を局限する傾向があることを鋭く指摘した。このあまりにも早熟な洞察の意味は、人間関係と交通手段が彼の時代と比較にならぬ規模で拡大し複雑化した現代において、とくに第二次大戦後において漸く見直されようとしている。そうして、この「狭い個人主義」の個人は同時にリースマンのいう他者志向型の個人なのだ。だから現代においてひとは世間の出来事にひどく敏感であり、それに「気をとられ」ながら、同時にそれはどこまでも「よそ事」なのである。従ってそれは、熱狂したり、憤慨したり適当にバツを合わせたりする対象ではあっても、自分の責任において処理すべき対象とは見られない。ナチ治下における知識層の内面と外面の二重生活といわれているものも、一面でそうしたいわば「他者志向型のエゴイズム」が知識層にふさわしく合理化された形態ではなかったか。こうした自我の政治的「関心」は「自分の事柄」としての政治への関与ではなくて、しばしば「トピック」への関心である。しかしそれは必ずしも関心の熱度の低さを意味しない。むしろ現代の「政治的」熱狂はスポーツや演劇の観衆の「熱狂」と微妙に相通じているし、実際にも相互移行しうる性格をもっている。逆に無関心というのも、「自分の事柄」への集中でほかの事が「気にならない」ような——天体望遠鏡をのぞいていて日露戦争を知らなかったという「学者」

の逸話に象徴されるような——無関心ではなくて、しばしば他者を意識した無関心のポーズであり、したがって表面の冷淡のかげには焦躁と内憤を秘めている。現代型政治的関心が自我からの選択よりも自我の投射であるように、現代型「アパシー」もそれ自体政治への——というより自己の政治的イメージへの対応にすぎない。政治的関心かアパシーかが問題なのではなく、政治的関心の構造が問題なのである。

「イデオロギーの終末」の合唱は「全体主義」の経験から学ぶといいながら、実はせいぜいその半面しか学んでいないのは、グライヒシャルトゥングの進展を縦への浸透過程という点でも、「内側」の世界の横への拡大過程という点でも、もっぱら権力とイデオロギーの合作という観点から見るにとどまり、住民の日常的感覚の側からの問題に少なくも深くは立ち入らないからである。イデオロギーの宣伝戦はかつても今もけっして「万能」ではない。むしろそれは、イデオロギーの売込み合戦にたいする反撥——「販売抵抗の増大」といわれている傾向——をも民衆の側に惹きおこすという意味で両面性をもっており、「イデオロギーの終末」自体がその一方の面の発現形態である。けれどもたとえ私達が「外から」来るものとして意識するイデオロギーの洪水にうんざりし、不感症になったところで、それだけ私達が「虚構」への呪縛から脱して、自分自身をとりもどすわけではない。対立する諸々のイデオロギーが販売抵抗の増大に面して、宣伝効果を相殺されたとしても、その空間を埋めるものは私達の「擬似環境」としてすでに定着し、自我のわかち難い一部となっているようなイメージである。目新しい商品の誇大広告に反撥した購買者は購買一般をやめるのではなくて、慣れ親しんだ商品に、ほとんど選択の意識さえなしに手をのばす。現代における選択は「虚構の」環境と「真実の」環境との間にあるのではない。さまざまの「虚構」、さまざまの「意匠」のなかにしか住めないのが、私達の宿命である。この宿命の自覚がなければ、私達は「虚構」のなかの選択力をみがきあげる途を失い、その結果はかえって「すべてが変化する世の中では誰も変化していない」というイメージの「法則」に流されて、自己の立地を知らぬ間に移動させてしまうか、さもなければ、自己の内部に住みついた制度・慣習・人間関係の奴隷になるか、どちらかの方向しか残されていないのである。

ここでもう一度グライヒシャルトゥングの完成期ではなくて、その成長期の課題を思い出して見よう。ナチの場合においてもイデオロギー的な分布は、同じ内側（正統）の世界でも中心部と周辺とで均等でなく、異端との（精神的）境界領域の状況はかなり流動的であった。いいかえれば、最初からの明確なイデオロギー的ナチ派はそれほど多くなかった。そうした中心部から遠いところほど、異ったイメージの交錯にさらされ、それだけイメージの自己累積作用ははばまれていたわけである。グライヒシャルトゥングの課題は、この境界に至るところ高壁を築いて異端を封じ込め、その近辺の住人を慎重かつ徐々に内側の中心部に近いところに移動させて、異端との交通を遮断することにあった。

ところでさきの言語学者も、ニーメラーも、その他多くの知識人は、正統・異端のそれぞれの中心部ではなくて、むしろ右のような境界——というよりかなり広い中間——領域の住人であった。どの社会でも知識人の多数はこうした領域に住んでいる。知識人が一般に「リベラル」な傾向をもつといわれる所以である。しかしリベラルであるということが、たんに自分の外の世界からのさまざまの異った通信（ここでいう通信とはマス・メディアだけでなく、広く外界の出来事が自分の感覚に到達するプロセスを指す）を受容する心構えをもち、その意味で「寛容」であるというだけなら、それはこの境界領域の多数住民のむしろ自然的な心理状態にすぎない。しかしひとたびこうした領域に住むことの意味を積極的に自覚し、イメージの交換をはばむ障壁の構築にたいして積極的に抗議するような「リベラル」は、上のような権力の意図からみれば、むしろ初めからの異端よりは危険な存在とみなされる。それはナチの場合だけではない。「自由主義的傾向」にたいしてあらゆる正統的世界の——自由主義を「正統化」する世界も含めて——いだく猜疑の源はここに発する。事実また、権力の、あるいは正統イデオローグたちのキャンペインの、主要方向がしばしばここに向けられるのである。そうして、リベラルであるということの「あいまい」な意味がこの時はじめて問われる。もし前の意味であらゆる通信に開放的であるだけにとどまるならば、もっとも強力な電波で送られる通信が彼のイメージの形成に決定的な影響を持つかも知れない。あるいはある種の通信が絶えたり、または一見多様な通信が実質的に画一化されても、その時々の通信にたいして開放的であるということからして、自分は依然リベラルであると思い、したがって彼の「世の中」のイメージも以前と変らないかも知れない。その際、さきほど述べたステレオタイプによって無意識的に自己に好ましい通信を選択していながら、自分は公平に判断していると信じているかも知れない。このようにして権力の弾圧の恐怖なしにでも彼は中心部に移動して行く。

中心部へ移動しても、中心部の「大義名分」に全面的にコミットしてもいいではないか、それが真理と正義を代表しているならば——という考え方は、とくにイデオロギーの客観的正当性に依拠してさまざまの「虚偽意識」を裁く立場から出て来るだろう。こういう立場からみれば、さきの「イデオロギーの終末」の合唱なども、反動陣営が意図的におこなう宣伝、またはせいぜい案出された「対抗イデオロギー」の問題として処理されてしまう。もちろん「イデオロギーの終末」論についていえば、その登場には第二次大戦後の西欧資本主義の内部変容だけでなく、文字通りの外側としてのソ連圏にたいする冷戦の半恒久化という背景があるからして、右のような側面は否定できない。けれども第一に、西欧世界の日常的な生活感覚のなかに、イデオロギー時代は終ったというイメージがひろがる社会的条件があるかぎり、一切を「対抗イデオロギー」とみる外側からの批判は、内側の多くの住人から激しい異和感をもって迎えられることは、さきの叙述から一層容易に推論される。それだけではない。そもそも正しいイデオロギーに立つ体制や組織においては、中心部と辺境の問題性それ自体が存在しないという考え方こそスターリニズムに見られたような自家中毒の一つの有力な培養菌ではないか。社会主義の体制や政党の内部における辺境の問題を立ち入って論ずるのは、もちろん本稿の範囲をこえるけれども、冒頭にのべたような「逆さの世界」の住人の問題の現代的普遍性を再確認する意味で以下の点だけ触れておこう。

マルクスが疎外からの人間恢復の課題をプロレタリアートに託したとき、プロレタリアートは全体として資本主義社会の住人であるだけでなく、人間性の高貴と尊厳を代表するどころか、かえってそこでの非人間的様相を一身に集めた階級とされた。自己の階級的利益のための闘争が全人類を解放に導くという論理を、個人の悪徳は万人の福祉というブルジョアジーの「予定調和」的論理と区別するものは、ひとえに倒錯した生活形態と価値観によって骨の髄まで冒されているというプロレタリアートの自己意識であり、世界のトータルな変革のパトスはそこに根ざしていたのである。もし「逆さの世界」は敵階級だけの、その支配地域だけの問題とせられ、世界のトータルな変革とは、人間性の高貴と尊厳を――完全にではなくても――すでに代表している己れの世界が、他者としての「逆さの世界」をひたすら圧倒して行く一方的過程としてのみ捉えられるならば、それはマルクスの問題提起の根底にあった論理や世界像とはいちじるしく喰いちがうことはあきらかである。他者を変革する過程を通じて自らもまた変革されるし、されなければならないという痛いまでの自覚にかわって、そこにあるのは現実政治において昔ながらの通念になっている善玉悪玉の二分論と安易な自己正義感にすぎない。社会主義の思想と運動が今日のように発展したことを人類のために祝福する者は、まさにそれゆえに、資本主義世界の内部における運動として出発したものが、その外部に巨大な権力を築き上げたところから来る問題状況の複雑化について、どんなに鋭い注意と周到な観察を働かせても、しすぎることはないだろう。

境界に住むことの意味は、内側の住人と「実感」を頒ち合いながら、しかも不断に「外」との交通を保ち、内側のイメージの自己累積による固定化をたえず積極的につきくずすことにある。中心部と辺境地域の問題の現代的な普遍性を強調することは、思想や信条にたいする無差別的な懐疑論のすすめではけっしてない。もし懐疑というならば、それは現代における政治的判断を、当面する事柄にたいする私達の日々の新たな選択と決断の問題とするかわりに、イデオロギーの「大義名分」や自我の「常識」にあらかじめ一括してゆだねるような懶惰な思考にたいする懐疑である。もし信条というならば、それは「あらゆる体制、あらゆる組織は辺境から中心部への、反対通信によるフィードバックがなければ腐敗する」という信条である。そうして私達の住む世界が質的にも規模としても単一でなく多層的である以上、こうした懐疑と信条はさまざまのレヴェルで適用されるし、適用されねばならない。

「反主流」や「反体制」の集団もそれなりに中心部と辺境をもち、そこから発する問題をかかえている。その場合一般に、境界から発する言動は、中心部からは「無責任な批判」と見られ、完全に「外側」の住人からは、逆に内側にコミットしているという非難を浴びやすい。しかし批判が「無責任」かどうかは、何にたいする責任かを問うことなしには意味をなさない。中心部が批判にたいしていだくそうしたイメージにはしばしば内側の構造と勢力配置を基本的に維持しようという意識的、無意識的な欲求がひそんでいるからである。コミットについていえば、およそ壁の内側にとどまるかぎり、いかなる辺境においてもその活動は、なんらかの意味で内側のルールや諸関係にコミットすることを避けられない。それは前に示したように、外側からのイデオロギー的批判がたとえどんなに当っていても、まさに外側からの声であるゆえに、内側の住人の実感から遊離し、したがってそのイメージを変える力に乏しいという現代の経験から学ぶための代償である。しかも、自称異端も含めた現実のいかなる世界の住人も外側と内側の問題性から免れていないことも前述の通りである。いうまでもなくここにはディレンマがある。しかし知識人の困難な、しかし光栄ある現代的課題は、このディレンマを回避せず、まるごとのコミットとまるごとの「無責任」のはざまに立ちながら、内側を通じて内側をこえる展望をめざすところにしか存在しない。そうしてそれは「リベラリズム」という特定の歴史的イデオロギーの問題ではなくて、およそいかなる信条に立ち、そのためにたたかうにせよ、「知性」をもってそれに奉仕するということの意味である。なぜなら知性の機能とは、つまるところ他者をあくまで他者としながら、しかも他者をその他在において理解することをおいてはありえないからである。

（丸山眞男編、人間と政治、一九六一年九月、有斐閣）

二十世紀最大のパラドックス

実は私、この集会にまいる前に多摩墓地に行ってまいりました。はなはだ個人的なことを申し上げて恐縮でございますが、八月十五日というのは、私の母の命日でありまして、しかも私の母は昭和二十年の八月十五日、敗戦の日に亡くなったのであります。私は当時兵隊で広島市の宇品におりまして、母の死に目に会えませんでした。ですから私にとって毎年八月十五日という日ははなはだ複雑な気持を覚えます。正直のところこの日はなにかひっそりとすごしたいという気持です。大体個人的な体験とか実感とかいうことを公の場で話しますのは、実は私の個人的な趣味に合わないのでありますが、八月十五日についてなにかしゃべれといわれますと、そういう個人的な体験をぬきにしては私としては語れない感じがいたすのであります。

私は戦後、なにかの折に「ああ、おれは生きているんだなあ」とふっと思うことがあります。というのは、なにか私は間一髪の偶然によって、戦後まで生きのびているという感じがするのです。それはあの苛烈な戦争をくぐった国民の方々でおそらく同じような感じ方をなされる人も少なくないと思います。私もその一人であります。私の場合とくにその実感を支えておりますのは、なんといっても敗戦の直前の原爆であります。私がおりました広島市宇品町は原爆投下の真下から約四キロのところにありました。そのときの状況をお話すればきりがありませんし、またその直後に私がこの目で見た光景をここでお話する気にもなれません。ただ私は非常に多くの「もしも」——もしもこうであったら私の生命はなかった、したがって私の戦後はなかったであろうという感じ、いわば無数の「もしも」のあいだをぬって今日生きのびているという感じを禁じ得ないのであります。

宇品町は広島市の南端にあります。そこで、たとえば海上から侵入してきたB29の原爆搭載機に乗っていたアメリカの兵士が、もう一分、早くボタンを押していたら、その瞬間に私の体は蒸発していたかもしれません。また、あれはちょうど毎朝の点呼の時間で、私たちの部隊は戸外で参謀のはなはだ退屈な講話を聞いていた時です。私どもの集合していたすぐ前に、船舶司令部の非常に高い塔があって、キノコ雲はまるでその塔のすぐ背後からたちのぼっているように見えました。私たちはあの高塔が熱の直射や猛烈な爆風をかなりさえぎってくれたように思います。さらにもし室内にいたらどうだったか。私どもの部屋はすぐ後に入ってみましたところ、惨憺たる光景でした。窓ガラスはすべて破片となって飛び散り、入口のドアは蝶番《ちょうつがい》がはずれて室内に倒れておりました。テーブルはひっくりかえり、書類は床に散乱している。当番でただひとり室内にのこっていた将校は重傷を負いました。翌々日、私は外出してみて、宇品町でも死傷者が多いのにおどろきました。しかも私は放射能などということに無知なものですから、その日一日爆心地近辺をさまよい歩いたりしました。その他、その他の「もしも」を考えますと、私は今日まで生きているというのは、まったく偶然の結果としか思えない。ですから虚妄という言葉をこのごろよくききますが、実は私の自然的生命自身が、なにか虚妄のような気がしてならないのです。けれども私は現に生きています。ああ俺は生きてるんだなとフト思うにつけて、紙一重の差で、生き残った私は、紙一重の差で死んでいった戦友に対して、いったいなにをしたらいいのかということを考えないではいられません。

戦前と戦後のちがいとかいうことがあちこちでいわれますが、ここでも私は自分の身辺的な話をすることをお許し願いたいと思います。私は先ほど申しましたように、結局母の死に目に会えなかったわけですが、死ぬ直前に私の母が病床でいくつか歌を作りました。娘のときにやったきり何十年、歌など作らなかったのですけれども、死の直前にどういうものかそういう気になったようです。その歌のなかに、出征していった私を詠んだ歌が一、二あります。非常に恐縮ですけれども、その一つをちょっとここで読ませていただきます。

それは〝召されゆきし吾子《あこ》をしのびて病床に泣くはうとまし不忠の母ぞ〟というのです。私はこの歌が巧みであるとは思いません。しかし最後の病床にあって、天皇陛下のお召を受けて戦争に行くのは名誉なことと思わねばならぬという、そういう明治に育った母の規範意識というものと、にもかかわらず出征の日の朝の別れを思い出しては泣く自分――自分は不忠の母だ、これではいけない、という気持と、やはり自分は不忠でもこの切ない気持を押さえようがないという、その二つの感情のあいだに引き裂かれたまま死んでいった母を思いますと……ほんとうに痛ましくなります。これは明治の時代に育って、わが子を戦地におくった数多くの母に共通した感情であったと思います。

昭和の初期に少青年時代をおくった私の天皇制というものへの気持はもはやそういうものではありませんでした。私は学生時代から、かつて思想的にマルクス主義者になったこともなく、いわんや、当時の実践運動に関係するというようなことは大体性にも合わないし、臆病な私にはとてもできませんので、やったことはありません。にもかかわらず一九三三年の春ごろに「唯物論研究会」という団体のある集会に出たということで、つかまりました。そのときちょうど高等学校の学生が二人しか出席しておらず、あとはだいたい大学生や社会人だったので、私はよほど運動の大物と見られたらしいのであります。これが実は後々まで特高や憲兵隊とのあいだにご縁が続く、そもそもの最初になったわけであります。

そのときに特高が私から押収した日記を前にして取調べを受けました。日記にはいたるところ赤い紙切れがはさまれていて、そこをあけては突こまれるのですが、その中の一ページにはこういうことが書いてあった。「ドストエフスキーは自分の信仰は懐疑のるつぼのなかで鍛えられたと言っている。日本の国体は——国体はというのは若い皆さんのために一言申し上げておきますが、体育のほうの国体ではなくて、今日の言葉で言えば天皇制はということでありますが——日本の国体は懐疑のるつぼのなかで鍛えられているのであろうか」。私はただ疑問形で書いているのです。私は事実を申しあげて敗戦まで、あるいは敗戦の少しあとまで、天皇制を完全に否認する気持にはなっていませんでした。ところが私を峻烈に取り調べた特高は、その個所を指して、おまえは天皇制を——いや天皇制とは言いません、君主制と言いました——君主制を否定しているではないかというわけです。私はあわてて、私は否定してはおりませんと言おうとしたのですが、それより早く猛烈な罵声と鉄拳が私を見舞いました。これは非常にささいなエピソードにすぎません。たとえば先ほど話された古在（由重）先生などがあわれたようなすさまじい体験に比べれば、私のそのときの体験などは実にとるに足らぬことです。しかし私はこの小さなエピソードのなかに、戦前の日本の体制を特徴づける一つの思想的意味を汲みとることができるように思います。特高が、懐疑と否認との区別がつかなかったことは必ずしも彼の無智といいきれないものがある。よく、なんのかのいっても国民の圧倒的多数は明治憲法の天皇制を支持していたんだ、というようなことがいわれます。しかしその「支持」とは一体何でしょうか。およそ疑うこと自体を許さない前提の下での「支持」であり、否定と肯定との選択の機会がそもそも存在しないし、存在することを許されないような、そういう性質の「支持」であります。およそ否定をくぐらない肯定であります。それはけっして戦争中の軍国主義時代だけのことではありません。明治憲法の天皇制が本来そういう性質のものだったわけです。ですから、今日、国民の多数が戦後の天皇制の存続を支持したとしても、その「支持」の思想的意味はまったくちがいます。それは国民の自由な選択によっていつでも否定する権利が保証された上での、一定の政治形態の「支持」です。これが、ポツダム宣言から日本国憲法にいたる国民主権原則の採用にいたる巨大な歴史的転回の思想的意味であります。その二つの「支持」の間に横たわる論理的な断絶とその内包する意味を理解しない人は、およそ戦前も戦後も語ることができないと思います。

戦後の民主主義は虚妄だとかそうでないとかいう議論がさきごろから盛んなようです。私は、ぬくぬくとした今日の環境の中で、戦後の民主主義などは空虚なイデオロギーだとか、平和憲法なんてたわごとだとかいう、いかにもわけしりの口調をマスコミでいう人を見ると、正直のところ、いい気なもんだなあと思いますが、それにしても、戦後民主主義や日本国憲法への疑問や懐疑が出されることそれ自体は大変結構なことだと思います。もしかりに、皆さんが、戦前に、大日本帝国憲法なんて虚妄だというようなことを公然口にしたらどういうことになるでしょうか。皆さんはただちにつかまるだけではありません。おそらく一生涯、どこでなにをしていようと、国家権力によって、見えないところから皆さんの一挙手一投足をじっと監視される身になることを覚悟しなければならないでしょう。戦後民主主義が虚妄だとか、平和憲法なんてつまらんということを公然と主張できること、そのこと自体が、戦後民主主義がかつての大日本帝国に対して持っている道徳的優越性を示すものではないでしょうか。

歴史においてはよく逆説というか、パラドックスというものが起ります。これはおそらく歴史というものには、しばしば極限状況があらわれるからだと思います。極限状況においては、逆説的真理がしばしば出現します。ご承知のように論語とか、聖書とかいった古典のなかには、至るところパラドックスの形で、人生の教えが語られております。というのは、やはり人間が直面する極限状況における真理を表現しているからだと思います。「わが命を得んとする者はこれを失い、失う者はこれを得べし」とか、「最後なるもの、最初になるべし」というような命題です。極限状況というものは、必ずしも戦争とか革命とか、そういう「異常」な状況をいうのではなく、われわれの日常生活のなかに、いくらでもころがっているものです。したがって聖書をまたずとも、たとえばイロハガルタのなかにも「急がばまわれ」とか、「うそから出たまこと」とか、「まけるが勝ち」というような、パラドキシカルな命題がいろいろあります。「急がばまわれ」というのは、二点間の最短距離は、二点間を結ぶ直線であるという幾何学の命題から見ると、明白に矛盾しています。しかし皆さんの日常生活を通じて、「急がばまわれ」という逆説の真理を承認する機会を経験されていると思います。「負けるが勝ち」というのもそうであります。これは普通の形式論理をもってすれば、勝ちはどこまでも勝ちであり、負けは負けであります。しかし歴史においては「負けるが勝ち」という結果になることが必ずしもめずらしくありません。

私は八・一五というものの意味は、後世の歴史家をして、帝国主義の最後進国であった日本、つまりいちばんおくれて欧米の帝国主義に追随したという意味で、帝国主義の最後進国であった日本が、敗戦を契機として、平和主義の最先進国になった。これこそ二十世紀の最大のパラドックスである——そういわせることにあると思います。そういわせるように私達は努力したいものであります。

（世界、一九六五年一〇月号、岩波書店）

初出・初収単著・底本

各項末尾の数字は底本とした『丸山眞男集』の巻数。

国民主義の「前期的」形成　『国家学会雑誌』第五八巻三・四号（原題：国民主義理論の形成）、国家学会、一九四四年／『新装版　日本政治思想史研究』、東京大学出版会、一九八三年　…2

超国家主義の論理と心理　『世界』一九四六年五月号、岩波書店／『現代政治の思想と行動』上、未來社、一九五六年　…3

福沢諭吉の哲学　『国家学会雑誌』第六一巻三号、国家学会、一九四七年　…3

軍国支配者の精神形態　『潮流』一九四九年五月号、潮流社／『現代政治の思想と行動』上　…4

肉体文学から肉体政治まで　『展望』一九四九年一〇月号、筑摩書房／『現代政治の思想と行動』下、未來社、一九五七年　…4

「三たび平和について」第一章・第二章　『世界』一九五〇年一二月号、岩波書店　…5

「現実」主義の陥穽　『世界』一九五二年五月号（原副題：ある編輯者への手紙）、岩波書店／『現代政治の思想と行動』上　…5

戦争責任論の盲点　『思想』一九五六年三月号（もと無題）、岩波書店／『戦中と戦後の間』、みすず書房、一九七六年　…6

ある感想　『現代日本文学全集 52 中江兆民・大杉栄・河上肇集』月報66、筑摩書房、一九五七年　…7

日本の思想　『岩波講座 現代思想 11 現代日本の思想』、岩波書店、一九五七年／『日本の思想』、岩波新書、一九六一年　…7

政治的判断　『信濃教育』一九五八年七月号、信濃教育会　…7

拳銃を……　『鑼』第一号、鑼社、一九六〇年　…8

現代における人間と政治　『人間の研究 4 人間と政治』、有斐閣、一九六一年／『増補版 現代政治の思想と行動』、未來社、一九六四年　…9

二十世紀最大のパラドックス　『世界』一九六五年一〇月号、岩波書店　…9

解説――丸山眞男という多面体

杉田　敦

一

丸山の文章を読んでいて誰しも気付くのは、「思惟様式」（「思惟方法」、「思惟範型」、「思考様式」などともいう）というものに与えられている役割の大きさである。彼が日本思想を論ずるにあたって最初に取り上げた江戸儒教をめぐっても、「社会的秩序を自然的先天的なものに基底づける」（「近世日本政治思想における「自然」と「作為」」『丸山眞男集』第二巻、一四頁。以下、『丸山眞男集』からの引用は、二―一四のように略記）朱子学の思惟様式に根本的な問題が見出される。朱子学的な思惟様式に修正を加えたと丸山が高く評価する荻生徂徠についても、その思惟様式が注目される。

徂徠は、中国古代の「聖人」（「先王」）が、規範としての「道」を創造したと見なした。規範は自然的なものではなく、人間の作為によるものとしたのである（「近世儒教における徂徠学の特質」、一―二一五以下）。ここに丸山は決定的な転換を見出す。秩序を所与のものとして受け容れる受動的な態度から、自ら秩序をつくり出していく能動的な態度への移行、すなわち封建的な時代から近代への転換の準備が、ここで始まったという。ただし、徂徠の意図はもとより近代化などにはなく、それどころか、彼の目的は封建秩序の維持にあったが、そうした思想内容とは独立に、思惟様式を変化させたことで、自らの意図を超えた効果をもたらしたとする。

丸山が常に別格の扱いをした福沢諭吉に関しても、注目されているのは、主としてその思惟様式である。福沢は「議論の本位を定ること」の重要性、すなわち「究極的な真理や絶対的な善」について語るのでなく、具体的状況の中で「ヨリ善きものとヨリ悪しきものとの間」の選択を論じる必要を指摘した（本書所収「福沢諭吉の哲学」、八四頁以下）。こうした福沢の立場は、日本の人々の中に深く残る儒教的な思惟範型（「儒魂」）との闘争を強く意識するものであったという（「福沢諭吉の儒教批判」、二―一四二）。

研究生活を始めるにあたって思惟様式に注目した経緯を、丸山は一九八〇年代になって次のように述懐している。研究の当時、一方では国民道徳論や日本精神論のように、「「文化」や「哲学」を、社会史的な文脈や時代の階級構造から切断し、自足的な存在のように取り扱って済ます」潮流があった。他方ではマルクス主義の影響下に、「思想の自律的な内的論理の展開」

を否定する潮流があった。このいずれにも満足できなかった丸山がすがったのが、「社会的土台と個々の政治的＝社会的観念の中間にあって両者の媒介の役を果たすものとして」のカール・マンハイムの「視座構造」や「思考範型」のような概念であった（「『日本政治思想史研究』英語版への著者序文」、一二―八八以下）。経済的・社会的な構造にある程度規定されながらも、一定の自立性をもった思考する主体として人間をとらえようとしたことが、思惟様式論の背景にあるという説明である。

しかし、丸山の思惟様式論には、単に人々の考え方の型を客観的に解明したいという動機だけでなく、解明することによってそれを変えたいという実践的な意図が明らかに見てとれる。同じ八〇年代に、次の発言がある。自らの思惟様式を「トータルな認識に昇らせることは、そうした思惟様式をコントロールし、その弱点を克服する途に通ずる」という「ヘーゲル的な考え方」が自分にはあるとした上で、ヘーゲルよりも実はマルクスであると丸山は主張する。「ミネルヴァの梟は夕暮れになって飛びたつ」とし、時代認識は「後から」しかできないとした保守的なヘーゲルに対し、マルクスは「ある時代をトータルに認識することに成功すれば、それ自体その時代が終焉に近づいている兆候を示す」とした。こうしたヘーゲルとマルクスの関係をカール・シュミットに教えられ、「目からウロコが落ちる思いが」したというのである（「日本思想における『古層』の問題」、一一―二二二～二二三）。

もちろんマルクス像は多様でありうるが、認識の成功が時代変化の必要条件と見なされうるとしても、それが十分条件かは別問題であろう。丸山がシュミットから学んだと主張する、認識発展そのものが歴史を動かすという主知主義的な考え方は、マルクス主義の枠内にあるだろうか。丸山の思惟様式分析は、認識発展にきわめて積極的な役割を与えている。彼を一躍論壇の寵児とした「超国家主義の論理と心理」（本書所収）や「軍国支配者の精神形態」（本書所収）をはじめとして、丸山は現代の日本社会ないし日本人に対する集団的な精神分析ともいいうるものを繰り返し行っているが、そこでは「病理」の摘出が治療の少なくとも端緒であるという発想が顕著である。

「超国家主義」論文は、「日本国民を永きにわたって隷従的境涯に押しつけ、また世界に対して今次の戦争に駆りたてたところのイデオロギー的要因」（本書五八頁）を探るものとされるが、そこでは「全国家秩序が絶対的価値体たる天皇を中心として、連鎖的に構成され、上から下への支配の根拠が天皇からの距離に比例する」（同七四頁）とするような思惟様式が問題となる。それは「中心的実体からの距離が価値の基準になるという」考え方である。そこでは誰も自分が判断の主体であるとは思っていない。権力関係の中で、誰もが上から抑圧されていると感じ、それを下へと移譲していく「抑圧移譲」が横行し、誰も責任を負わない体制がそこに生まれるとされる。

「軍国支配者」論文では、ドイツと日本での戦争裁判を素材に、両国の戦争指導者らの考え方が対比される。丸山によれば、ドイツの指導者たちは自らが何をしたかを正面から認め、「罪の意識に真向から挑戦することによってそれに打ち克とうとする」「ヨリ強い精神」をもっていたが、日本の指導者たちは、戦争の侵略性も認めようとせず、「状況上余儀なき戦争であった」と主張する「ヨリ弱い精神」の持ち主であった（本書一四五頁）。丸山は、日本の指導者たちが「いわば神経衰弱」であるという表現もしている。但し、これは単なる心理分析ではなく、彼らの態度の背景に、既成事実への屈服と、権限への逃避といった思惟様式があると丸山は分析しているのである（同一五四頁以下）。現にあるものを所与として受け容れる思惟様式こそは、丸山が儒教批判以来、告発し続けてきたものであるし、後述するように、丸山は別のところでは、福沢らに依拠しながら、これに対抗する形で、あるべき「現実主義」を提示しようと試みた。

また、縦割り的な権限を根拠に自らの責任を回避するという思惟様式は、丸山自身が言及するように、マックス・ウェーバーのいわゆる「官僚精神」（同一七二頁）に関係しており（そうであるとすれば、西洋人にとっても無縁ではないはずであるが）、それへの反発から彼は、現代社会での「官僚制化」に対抗するものとしての「政治的統合」に期待をつなぐことにもなる。論文「肉体文学から肉体政治まで」（本書所収）では、文学の現状から説き起こしながら、「日本のように精神が感性的自然」から「分化独立していないところでは」、「擬制（フィクション)」、「虚構」といったものが正しく位置づけられないと丸山は指摘する（本書一九二頁）。西洋では、社会契約論などに代表されるように、秩序が人為的に生み出されるという考え方が定着し、それによって近代社会が可能になった。これに対し日本では、秩序は常に実体化され、固定的な所与と受け取られがちであるという（同二〇二頁）。

このように思惟様式に着目することで、丸山は、独創的な仕事を多く残すことになった。経済的な分析にも還元されず、歴史学にも還元されず、かといって哲学によってすべて代替されるのでもない、政治思想史という学問分野は、彼によって確立されたと見ることもできる。しかし、それでは丸山自身の思惟様式はどうだったのか。人々の思惟様式を分析し続けた丸山であるが、彼も特定の思惟様式から自由ではないに違いない。明らかなのは、丸山が、物事にひそむ逆説的な関係ともいうべきものに、きわめて敏感な観察者であったということである。

荻生徂徠が封建的秩序を保とうとして、逆に封建秩序の解体のきっかけをつくってしまったという丸山の説にはすでにふれた。彼は本居宣長らの国学についても、「逆説的ではあるが国学はその本質的性格が非政治的であるが故にこそ、換言すればその封建社会の肯定が非政治的立場からなされているというまさにその事に於て、かえって一つの政治的意味をもちえた」（「「自然」と「作為」」、二—七六）という屈折した議論をする。宣長は、徂徠のように秩序を人の作為によるものと見ることを拒み、かといって朱子学のように自然に与えられたものとも見ず、

「神のしわざ」とした。これ自体は、人為を否定する点で非政治的な主張であるが、しかし、作為という発想が乏しかった日本に作為をもち込んだ点では、徂徠と同様に、その後の展開のきっかけをつくったという。

「軍国支配者」論文では、東京裁判での検察側と被告側との対立点が取り上げられる。戦争遂行に関して被告の間に共同謀議があったとする検察側に対し、被告側はそのような謀議や計画のようなものはなかったと強調した。ところが、これについて丸山は、「敢て逆説的表現を用いるならば、まさにそうした非計画性こそが「共同謀議」を推進せしめて行ったのである」(本書一三六頁)という、これも相当にアクロバティックな議論を展開する。丸山によれば、日本の戦争指導者たちは、誰もが(まさにその思惟様式ゆえに)「戦争を欲したかといえば然り」だが「戦争を避けようとしたかといえばこれまた然り」というあいまいな態度を取り続け、結果的には戦争に向かっていった。自らは決断することなく、付和雷同的にその場の雰囲気に合わせるという日本人にありがちの思惟様式が、重大な結果を生んだ。そうだとすれば、あえてそれを「共同謀議」と見なし、そこに潜む暗黙の共同性を暴かなければならない、ということであろうか。

マルクス主義との関連でも、丸山はさまざまな逆説を見出している。戦前・戦中に非転向を貫いたとして、戦後日本では共産党が倫理的優位に立ち、戦争責任とは最も無縁なものと考えられていた。しかし丸山によれば、共産党指導者もファシズムとの戦いに負けたという意味では、ある種の責任を免れないのである(本書所収「戦争責任論の盲点」)。他方、スターリン批判に関して丸山は、それはスターリンを「半神化」してきた共産主義者への鉄槌であるにとどまらず、ソ連や共産主義の「ある歴史的段階における形態」を固定化してとらえ、どんな政治にもある傾向性、たとえば国家の暴力性といったものをソ連や共産主義だけに投影しようとした「反共主義者に対して歴史が下した批判」でもあると主張する(「「スターリン批判」における政治の論理」、六一二六〜一七)。自らの過ちを反省しないファシストと異なり、共産主義者が反省しえたということは、逆説的にも、共産主義にとっての希望とされる(同、六一二四六)。

こうした丸山の議論をどう受け止めるべきか。徂徠や宣長の例は、意図とは別の結果が生じたとされる事例であり、プロテスタントの人々が宗教的な動機から勤勉に労働した結果、意図せざる結果として資本蓄積がなされた、というマックス・ウェーバーの周知のテーゼなどにも通じるところがある。これに対し、軍国支配者や共産主義者についての丸山の主張は、彼ら自身がその意図と異なる結果を生み出したというよりも、彼らの行動やその結果を丸山が見ると、通常いわれているのとは異なる解釈ができる、というものである。いわば、逆説的な歴史解釈ということだ。徂徠と宣長のようなかけ離れた思想が、その機能において等価だという丸山の発見も、こちらの系列に属する。

これらの二類型にあらわれている丸山の思惟様式をあえて図式的にまとめれば、前者は、歴史は意図と結果の単純な連鎖ではなく、しばしば意図せざる結果がそこに介在しているという彼の歴史哲学を示すものといえよう。ただし、それは、歴史は現にそうなった以外のものでもありえたという、他の可能性への関心に強く向かうというよりは、どうあがいても結局は規定の方向に向けられてしまうという「理性の狡知」（ヘーゲル）により近いものであるように思われる（丸山の中にある、これとは別の傾向には、後にふれる）。他方、逆説的な歴史解釈の方は、どんな事象も、これを複眼的に見ればさまざまな相貌を見せるものである、という彼の思惟様式を示しているといえよう。そうした複眼的な見方の先駆者として丸山が意識しているのが、誰よりも福沢であることは疑いない。

丸山の思惟様式に関して、あえて問うとすれば、思考の内容と切り離して様式を論ずることはそもそもどこまで可能なのだろうか。そして、そうした論じ方に伴う弊害はないのか。たとえば、極右と極左が同じような思惟様式であると指摘し、極端な思想が陥りがちな陥穽を明らかにすることは意味があるが、かといって、左右対立という軸の重要性が否定されるわけではない。思惟様式論の切れ味は鋭いし、丸山自身はそれを巧みに操ったが、用い方次第では思想的なニヒリズムにつながりかねない面もある。また、国学やスターリン批判が果たす逆説的な役割に丸山が注目したことは、当時の一般的な論調の中で見落とされがちな文脈を発掘する上で確かに重要であったが、それらはあくまで副次的な文脈であって、そうした文脈の存在を指摘することで、主たる論点を否定したことにはならないだろう。

二

丸山は日本の思想について、「あらゆる時代の観念や思想に否応なく相互連関性を与え、すべての思想的立場がそれとの関係で――否定を通じてでも――自己を歴史的に位置づけるような中核あるいは座標軸に当る思想的伝統はわが国には形成されなかった」ことを問題点として指摘している（本書所収「日本の思想」、二八〇頁）。「ギリシャ――中世――ルネッサンスと長い共通の文化的伝統が根にあって末端がたくさんに分化している」「ササラ型」のヨーロッパとは対照的に、日本にはそうした共通の根がなく、個別の学問分野が孤立する「タコツボ型」になっている（「思想のあり方について」、七一―一五八）とも述べた。中国伝来の「道」の観念は、かつてそれなりに日本社会に原則を提供していたが、それが近代社会への適応力のなさを露呈して解体した幕末以降には、代わるものはついに現れなかったという。

明確な中軸がないから、すべてがばらばらになって連関が生じない。さらにいえば、（まさに逆説的なことに）中軸に対抗する勢力さえ形成されない。こうした焦燥に近いものが、丸山の文章にはにじみ出ている。彼が長い間テーマとして抱え込み、本格的に展開しようとして果たせなかったのが「正統と異端」論であったこともこれと関連しよう。

軸としての思想的伝統がないから人々が無原則に行動するのか。それとも、人々が無原則に思考するから軸が形成されないのかはともかく、丸山にとっては、日本における中軸の欠如は、思想と行動における無原則性と見合うものとされていた。たとえば、明治の自由民権運動が、政府批判から出発しながら、政府に懐柔されて「自由党を伊藤博文に譲り渡」すに至った「挫折、ないし変質」の過程（「自由民権運動史」、三―二四〇以下）。丸山はその原因を、「国家は個人の幸福のためにあるという天賦人権論」と、「日本の国権を対外的に拡張するという国権拡張論」とが、民権論者の中で未整理のまま同居していたことなどに求めている。

こうした自由民権論者らと対照的な、日本では例外的な人物として丸山が挙げるのが、明治期の代表的なナショナリストである陸羯南である。羯南は反動的なショーヴィニズム（排外主義）とは無縁であり、国民の独立なしにはデモクラシーが成り立たないということを正しく認識していた人物であった。彼の議論は一見保守的に見えるが、「政治をどこまでも人民に基礎づけようとする」原則を保持しており、だからこそ、民権論のように藩閥的国権論に吸収されることはなかった。羯南は、「いついかなるときでも、現実的要求に彼の原則を従わせたことなく、かえって逆に、一切の党派乃至現実的動向を彼の原則に照して批判」することができたとされる（「陸羯南――人と思想」、三―九六以下）。

軸としての伝統が欠如したところで、原則を保持し、押し流されることなく判断する主体は形成できるのか。こうした丸山の関心は、彼の著作の中では、三つの主題がからみ合う形で、さまざまに変奏されているように思われる。一つは、主権的なものの確立を通じて人々を主体にしていくこと。二つめは、かつて存在した多元的な主体に可能性を見出すこと。そして三つめに、流動的な世界に対応した相対的な認識・態度のすすめである。三者は必ずしも不整合なものではないが、かといって常に和音をなすものでもない。

すでにふれたように、丸山は荻生徂徠の作為論を、近代への移行の準備として高く評価した。秩序をつくる主体として徂徠が想定したのが「第一義的には聖人であり、次にそのアナロギーとして一般的な政治的支配者である」（「『自然』と『作為』」、二―四二）と丸山も認める。ヨーロッパの社会契約論におけるように、すべての人が作為する人格と見なされているわけではない。しかし、ここで丸山はカール・シュミットに言及しながら、ヨーロッパでもまずは君主主権という形で秩序形成主体が考えられ、後にそれが人民主権に転化したことを指摘する。そして、君主主権自体、それ以前にあった「全能の主権者」としての神概念を援用したものであったというシュミットの「政治神学」的な説明をしている（同、二―四七）。

近代国家は「中世の位階的秩序の否定体であり、教会とかギルドとか荘園とか」を解消して、一方で主権を確立すると同時に、他方で自由平等な個人をつくる。「個人が〝公民〟として主権に一体化した極限状況を予想すると、そこでは個人的自由と主権の完全性とが全く一致する」というルソー的な理念が、「民主主義国家の理念型」として認められなければならない。国民の統合なしには自由も存在しえないのだから、ともする（「ラッセル「西洋哲学史（近世）」を読む」、三―七二～七四）。

こうした観点から丸山は、明治日本の「前期的」ナショナリズム（本書所収「国民主義の「前期的」形成」）が、その後いびつな形となって国内への過剰な締め付け（グライヒシャルトゥング）と排外主義をもたらしてしまったことを問題にし、ナショナリズムをもう一度鍛え直して「ナショナリズムとデモクラシーの統一的解決」（「戦後日本のナショナリズムの一般的考察」、五―一一九）をすべきだとする。「軍国支配者」論文では、戦前の日本では日常的に抑圧されている下位者が時々爆発するようなことがあったとした上で、こうした「抑圧委譲」と「下剋上」の結合に代わるものとして、「強力な政治的指導性」をもつ民主的権力が制度的に確立されることを丸山は求めている（本書一六三～六四頁）。

彼はまた、「権力の集中はそれ自体「悪」ではない」とし、「絶対的権力は絶対的に腐敗する」という歴史家アクトンの言葉について、「もし絶対権力という意味が権力の集中自体をさすのならば、その言は歴史上の腐敗しない集中権力の実例によっていくらも反駁される」とする（もっとも、この実例とは具体的に何を指すのか不明である）。さらに丸山は、「現代の複雑な課題」は権力の分散と拮抗によっては解決できず、むしろ「社会的必然として出てきた集中権力をいかに大衆の利益と自発的参与に結合させるかに問題の核心がある」としている。政府権力をただ制限することは自由の拡大にならず、むしろ富に基づく権力関係を強めるとし、「この点にかんする自由主義者の楽観の破綻」を指摘してもいる（「政治権力」、六―一〇九、「政治権力の諸問題」、六―三四七～四八）。

政治的統合へのこのような丸山の関心は、彼の日本観と不可分であったろう。明治維新で「絶対王政的集中」が準備されながら、結局「多頭一身の怪物」（中江兆民）ともいうべき「多元的政治構造」ができあがったことを丸山は厳しく批判する（「日本の思想」、本書三一三頁）。彼によれば、決断主体（責任の帰属）の不明確なそうした体制だからこそ、その後の「巨大な無責任」が生み出されたのである。主体と客体の分離、公と私の分離という西洋近代的な基準が実現していない日本、「自由なる主体意識」がない日本では、独裁さえも成立せず、ただあいまいなもたれ合いだけがあり、そして体系的な抵抗も発生しなかったとされる。社会の中枢にありながら自由主義的な考えをもっていた「重臣リベラル」たちが、戦争を防いだり停めたりする上でほとんど役割を果たせなかったという事実も、丸山にとっては重いものであったようである。

しかし、一神教を前提として絶対主義的な君主権力が確立するという段階を一度くぐらなければ、きちんとした主体が成立しないという風に、シュミット的枠組みで考えることはもちろん自明ではない。また、ヨーロッパが仮にそうした経過を辿ったとしても、他の地域でも同様のことが起こる保証はない。逆に一度権力が絶対主義的に集中してしまうと、そこから抜け出すことができないということも十分にありうる。ヨーロッパ中世のような多元的な秩序、つまり教会や領主がそれなりの権力をもち、君主の権力に対抗していた秩序の延長上にこそ、自由な体制が成立するという見方も可能であろう。

実際、丸山においても、とりわけ五〇年代後半から、日本史上に多元的な秩序の（すでに失われた）形態を見出すという第二の主題が顕著にあらわれるようになる。第一の主題が、日本でヨーロッパ近代の機能的等価物を探す試みであったとすれば、ここでヨーロッパ中世に等価なものを丸山は探そうとしているかのようだ。論文「忠誠と反逆」では、日本の封建秩序で、「君、君たらずとも、臣、臣たらざるべからず」という具合に、家臣の側が一方的に忠誠心をもつものとされたが、これは単なる盲従ではなく、いざという時には君主に意見することも辞さない能動性につながったという（八一一七七以下）。「封建的」であったからこそ抵抗のエネルギーが出てきたのであり、日本にもそれなりに抵抗の芽はあったという議論である。こうした丸山の議論の背景に、若き日から親しんだハロルド・ラスキ（その政治的多元主義は、まさにシュミットによって厳しく批判されたものであった）や、五〇年代に読みふけったというアレクシ・ド・トクヴィルの影を見るのは容易であろう。

ところで、第一の主題が一元性を重視し、第二の主題が多元性に注目するとすれば、丸山の第三の主題は、相対性をめぐって展開するものといえる。福沢にふれつつ変奏されるこの議論は、初期から晩年に至るまでの丸山の文章に見られる。福沢は一見したところ原則に従っているようには見えないし、状況に合わせて自在に立場を変えているようにも受け取れる。たとえば彼は一方で、自然法に基づいて国家は（人間相互と同様に）相互に平等であるとしながら、他方で、現実の国際社会では国家は平等などではなく弱肉強食であると論じる（「福沢諭吉選集第四巻 解題」、五一二三〇以下）。福沢の軸はぶれているのだろうか。

しかし、丸山によれば、福沢の思惟方法を理解すれば、こうした経緯は逆に福沢の思考の特長を示しているのである。福沢は、「事物の善悪とか真偽とか美醜とか軽重とかいう価値判断はそれ自体孤立して絶対的に下しうるものではなく」、具体的な状況の中で決まってくるとした。絶対的な善といったものはありえず、すべては相対的な「比較考量」の対象である（「福沢諭吉の哲学」、本書八六頁）。したがって、議論をする際に必要なのは「議論の本位を定る」こと、つまり「問題を具体的状況に定着させること」である、と主張している（同八七頁）。

したがって、丸山の理解する福沢の立場では、議論の文脈や状況が変われば判断が変化して当然である。これは単に状況追認の機会主義であるかのようだがそうではない（同九五頁以下）。福沢は特定の状況で自分にはこう見えるという自己のパースペクティヴを大切にする「遠近法的認識」をしているのだ、という。その上で丸山は、こうした「価値判断の相対性の強調」が、「人間精神の主体的能動性」と関連しているとする。封建秩序のような固定的な社会では、「権力が集中し」、「人々の思考判断の様式が凝固する」。これに対し、すべてが流動化する近代では、それをとらえる人間の判断も流動的である他はないし、そうした流動性をあえて引き受けることで、人は自由な主体になるという。

このような思惟様式を、丸山は「現実主義」を再定義する形でもとらえようとする。一般の人々が現実というものを既成事実と同一視しがちであり、現実的な方向は一つしかないと見なしがちであり、支配権力による選択を現実的と受け止める傾向があることを彼は批判する（本書所収「「現実」主義の陥穽」）。これに対し、正しい政治的思考法とは、丸山によれば、「現実というものをいろいろな可能性の束」と見るようなそれである。つまり、一つしか可能性がないと決め込まずに、自由かつ複眼的に、あらゆる方向に目を配った上で判断するということであろう。過去の思想を評価する際には、その「到達した結果」で判断するよりも、「むしろその初発点、孕まれて来る時点におけるアンビヴァレントなもの」に注目した方が建設的であるという彼の主張（「思想史の考え方について」、九—七六）も、人間というものを、流動的な状況の中で考えあぐねる存在者と見なしていることと関係する。

丸山はすでに戦後初期の時点で、自由は「多事争論の間に」あるという福沢の言葉に注目していた。これは、それぞれのパースペクティヴをもつ人々の間の議論それ自体に意味を見出すということである。もちろん、自らの視点をもって議論ができるのも責任ある主体だからだという限りでは、こうしたいわば遠近法主義は第一・第二の主題と矛盾しているわけではない。丸山が福沢を評価するのも、福沢は変化しているようで結局は一本筋が通っていると見なしているからである。

しかし、日本は無原則だから危ういという丸山の中核にある確信と、福沢のように自由かつ複眼的に考えよという要請との間には、容易に縮めることができない距離がある。「事物の善悪とか真偽とか美醜とか軽重とかいう価値判断はそれ自体孤立して絶対的に下しうるものではな」いとする思惟様式は、一歩間違えれば、無原則な変節の自己正当化につながるからである。こうした緊張関係の意識こそが、丸山の仕事に独特の陰翳を与えているようにも思われる。

三

丸山は、初期の思想史論文で、歴史は、紆余曲折こそあれ、結局はある方向に向かうという目的論的な歴史観の傾向を強く示していた。思想としての儒教は、どうあがいても自壊することになっていた。そして、それは封建的な秩序が必然的に崩壊する「兆候を示す」ものであった。「歴史は昌平黌の朱子学者の絶望的な反抗を踏み越えて前進を続けた」(「「自然」と「作為」」、二—一一三)といった記述は、そうした歴史観を典型的にあらわしている。後に丸山は、論文執筆時の「超学問的動機」として、「いかなる磐石のような体制もそれ自身に崩壊の内在的な必然性をもつことを徳川時代について」実証することが「大げさにいえば魂の救い」となったという事情を挙げている(「『日本政治思想史研究』あとがき」、五—二九〇)。明けない夜はないはずだ、と思わずにはいられなかったということであろう。

八〇年代の丸山は、読者は「これらの論文の基底にある概念枠組をいささか奇妙、あるいは時代遅れと思うかもしれない」(「「現代政治の思想と行動」英語版への著者序文」、一二—四六)と認めることになった。大学時代にヘーゲルによって「圧倒的に魅惑」され、新カント派の恩師南原繁の助言に抗して、ヘーゲルの強い影響下に初期論文を書いたと述懐してもいる(「思想史の方法を模索して」、一〇—三四〇)。同じころに彼は、「朱子学的思惟様式の普及と、それにつづくその漸次的な解体」という初期論文の基本的な構図が、その後の研究動向に照らすと、必ずしも維持できなくなったともしている。朱子学の普及と、それに対する挑戦とが、ほぼ同時並行的であったことが明らかになったという(「「日本政治思想史研究」英語版への著者序文」、一二—九八以下)。そして、これが「自然から作為へ」という自らの枠組みそのものをゆるがすものであるとも認める。

こうした留保にもかかわらず、八〇年代においてさえ、丸山が歴史の方向性という意識をなお保持していたことは注目される。「進歩的」「革命的」「反革命的」「反動的」といった用語法について、「もし私が今日書くとしたならば、こうした言葉をもう少し控え目に用いるかもしれない」としながらも、「しかし私は歴史における逆転しがたいある種の潮流を識別しようとする試みをまだあきらめてはいない」と宣言している。「進歩的」役割を「二つの政治陣営に」帰属させたり、歴史を「神秘的な実体的な「諸力」の展開」と解釈したりしてはならないと、マルクス主義やヘーゲル主義が陥りやすい落とし穴に注意を促しながらも、「人間の能力の一層の成長を胎んでいるような出来事」と「時計の針を逆にまわす」出来事とは区別できるはずだ、という（「「現代政治」序文」、一二―四九）。

丸山の歴史への取り組み方は、研究生活を通じて、何度か屈曲をとげている。なかでも、一九六三年以降に彼が一連の「日本政治思想史」の講義で展開し、論文「歴史意識の「古層」」や「政事の構造」で示した「古層」論の系列は、それまでの彼の歴史観からの大きな転回であると受け取られてきた。丸山は、「未来をふくむ一切の「歴史の理」が「神代」に凝縮されているる」という本居宣長の言葉を引いた上で、記紀神話の「発想と記述様式のなかに、近代にいたる歴史意識の展開の基底に執拗に流れつづけた、思考の枠組み」(「歴史意識の「古層」」、一〇―三～四)があるとする。

「古層」論文では、主体が何かを人為的に「つくる」という意識が日本には乏しく、主体や目的があいまいな形で、まるで生物が発生するように、物事が「なる」とされることが多いといった点が指摘されている。日本では、物事を評価するにあたっても、一種の生命主義ともいえるように、「いきほひ」があるかどうかが基準とされるという。丸山は日本社会の「基底に執拗に」あるものを講義などで当初「原型」と呼んだが、それでは時間と共に失われたものと誤解されかねないとして、次には「古層」という表現を用いる。その後、そうした地質学的な比喩を用いると、まるで時間を超えて固定的なものがあるかのように誤解されかねないとして、今度は「執拗低音」という表現に変えたと後に述懐している(「原型・古層・執拗低音」、一二―一四九以下)。日本にはさまざまな外来思想が入ってくるが、他方で終始一貫してある低音が鳴り響いており、それによって外来思想の意味が変質してしまうというのである。

「政事」論文では、政治をあらわすマツリゴトは従来宗教的な「祭事」と結び付けられてきたが、むしろ下の者が上の者を奉る(タテマツル)ことと関連しているという説が示される。しかも、日本ではタテマツル仕方が常に二元的であり、実務的な決定権力を握る部分と、秩序の根拠としての正統性を担う部分とが分離しがちであること、すなわち二重権力になりがちなために、実権の部分は交代しても、正統性そのものが根底から問われることはない。これが日本政治の「執拗低音」とされる。

こうした丸山の主張に対してはさまざまな疑問が寄せられてきた。八世紀に成立した史料中に太古の思惟様式を探ることができるのか。できるとしても、より慎重な作業が必要ではないか。国学と同様に日本に固有の思惟様式を探るというのは、評価の方向こそ逆であっても、すなわち国学と対照的に、克服されるべき様式を「古層」として摘出しようとしたのであるとしても、国学の裏返しの本質主義的な議論に近づく危険性はないのか。日本に固有のものがあるとするが、日本という単位が太古からあったわけではない以上、閉じた体系としてとらえるのは無理ではないか。それとの関係で、「古層」ないし「執拗低音」のようなものは、他の地域にもそれぞれの形で、あるいは同じような形で見出されるのではないか等々。

しかし、ここではむしろ、初期の歴史観と「古層」論以後の歴史観との関係について、一つの見方を示しておきたい。一見したところ、両者は鋭い対照を示している。前者が歴史を段階論的にとらえ、変化に注目するのに対して、後者は時間が流れても事態は根本的には変化しないとしているからである。しかし、あえていえば（丸山流の逆説的な歴史解釈を援用すれば）、両者は、不変なものを探究するという発想を共有しているのではないだろうか。すなわち、変化の方向を不変と見なすか、それとも、変化に抗する不変なものを見出すかである。ヘーゲルの歴史哲学が、世界精神の展開過程として歴史をとらえる一方で、「アジア的停滞」を想定していたこともここで想起される。

これに対して、丸山の文章の中には、右の二つの歴史観のいずれとも微妙に異なる、第三の歴史観のようなものも見え隠れしている。それは、たとえば「開国」論文における、歴史というものは「到達すべき成果へ向かってのある計画的な意図の実現」（八―七四）ではなく、「維新後十数年の歴史的状況は」、「どろどろとした液体性を帯び、そこには種々な方向への可能性がはらまれていた」とする見方である。こうした傾向の議論は、福沢に言及する形で展開されていることが多い。「現実というものをいろいろな可能性の束」ととらえる思惟様式も、この歴史観にかかわる。

それぞれの時点で、さまざまな選択肢がある。実際に選択されたものが唯一の選択肢だったわけではなく、歴史は現にそうなった以外の、さまざまな別の可能性を孕んでいる。そう考えるのでなければ、「可能性の束」について語っても空しいし、主体の自立を求めても意味がないであろう。どう動こうが「理性の狡知」には逆らえないというのでは、自由の領域などないことになる。そう考えると、丸山の、このもう一つの歴史観は、歴史の方向性を強く想定しようとしたり、逆に停滞性を強調したりする歴史観とは異なる傾向を示している。それは、歴史を偶有的な選択の連鎖とする、歴史の系譜学的な見方（ニーチェ主義）へと展開する可能性さえ秘めていたのではないだろうか。

丸山の仕事の中で、歴史観をめぐる緊張関係がどのような意味をもつかを、ここで詳細に検討することはできないが、歴史的な事象への彼の評価の仕方との関係で、論点をいくつか挙げておきたい。まず、とりわけ初期の文章では、幕藩体制の崩壊や大日本帝国の解体といった事実が、それらの体制そのものに内在する限界を示すかのように論じられる傾向があるが、これをどう受け止めるべきか。戦争中に丸山自身が感じていた閉塞感と、その裏返しで戦後に得た解放感からくる「心理」としては理解できるとしても、「論理」としてはどうなのか。たしかに、時間と共に物事は変化するし、不連続的な転換という形で変化が起こることも多い。だが、そうした転換が現に生じることと、体制についての評価とは別であるべきではないか。

幕府の崩壊は、つまるところ幕軍の官軍への降伏によって、そして「超国家主義」の解体は、日本の連合国に対する敗戦をきっかけとして生じた。丸山にとってそれが相対的に良い方向への転換であり、他の多くの人々にとってもそう受け止められたとしても、戦争の勝敗と体制評価とを結び付けるという（戦後思想に広く共有された）思惟様式には危うさがつきまとう。極言すれば、もしも戦いに負けなかったとしたら、その体制は正しかったということにもなりかねないからである。また、逆に、歴史の中で押しつぶされ敗北していった勢力や、大きな影響力をもちえなかった思想が孕んでいた可能性を正当に評価できないおそれもある。

このこととも関連して、丸山が実際に歴史を見る際に、当事者の置かれた状況や、当事者の前に開けていた視野の範囲をどの程度考慮しているかが次に問題となりうる。不断に変化する状況の中で判断を迫られる人々の眼前に、どのくらいの「可能性の束」があったかを確認することなしに、人々がした選択の妥当性を事後に批判してもあまり意味がないとも思える。

日本近代史に例をとると、明治国家の樹立を進めた伊藤博文が、「わが国のこれまでの「伝統的」宗教が」、国民の「内面的「機軸」として作用するような意味の伝統を形成していないという現実をハッキリと承認」した上で、ヨーロッパにおける「キリスト教の精神的代用品」として「「國體」という名でよばれた非宗教的宗教」をつくり出したという事情を丸山は紹介している（「日本の思想」、本書三〇五～〇六頁）。その上で、この「國體」が反対意見を排除する上でいかに猛威をふるったかを批判していくが、すでにふれたように、他方において、日本に機軸がないことを誰よりも問題にしたのは丸山である。伊藤と丸山は、軸の必要性までは一致しているといえなくもない。丸山が伊藤の軸を絶対に受け容れられないのはわかるが、それなら伊藤らには他にどんな選択肢があったとするのか。キリスト教がなく、仏教などもほとんど頼りにならないとすれば、明治日本は「内面的「機軸」」をどこに求めるべきだったのだろうか。

いわゆる日本の立場の二重性についても、丸山の立場は微妙である。明治日本が、西洋列強からの自立を図りながら、アジア諸国に対して植民地権力としてふるまったという二重性を帯びていたことを丸山も認めている。その上で彼は、「一方でいじめられる立場にありながら、他方ではいじめる地位にあった」日本が、国際社会の中で、日本の「下士官層」と類似した行動様式をとったと批判する（「日本ファシズムの思想と運動」、三一一三〇一以下）。自らの従軍体験からくる丸山の「心理」が背景にあることは想像できるし、一種の「抑圧委譲」として植民地主義を論じるその手際は見事であるが、「下士官」にとって、下士官のようにふるまう以外のどのような選択肢があったかは必ずしも明らかにされていない。

丸山の友人であった竹内好は、ヨーロッパを素早く模倣した日本と、自らを強くもつがゆえに簡単には模倣できなかった中国とを対比し、日本は自らを「優等生」と思っているが、実は抵抗する精神さえない「ドレイ」にすぎないとした（竹内好「中国の近代と日本の近代」）。丸山も、近代日本批判では、竹内と共鳴する部分がある。しかし他方で丸山には、主権国家を樹立し、基本的に西洋モデルに従った近代化を進める以外に、日本の進路を想像することはできなかったのであり、アジア主義を標榜し、西洋化としての近代化への抵抗を重視する竹内とは相当の距離がある。戦前の「近代の超克」座談会など、近代批判を掲げる系譜に対しても、丸山は常にきわめて批判的であった。

日本の特殊性や独特な立場を強調することで、日本近代史のすべてを肯定し、犯罪的行為さえも免罪しようとする潮流は、戦前の議論との連続性を保持しながら、戦後日本の思想世界や論壇で存続してきた。そうした流れに対抗するために、丸山が過去の当事者の位置に立とうとはあえてせず、外部から批判的に論じようとしたことも理解できる。また、日本社会への精神分析的な一連の文章で論壇での地位を確立した丸山が、分析医のように外から突き放して見ることで、病理を突き止めようとしたのも自然であった。しかし、丸山らによって確立された、そうした戦後的なスタイルの批判が、どこまで再演し続けられるべきかは別の問題である。

四

人々がそれぞれの現場で、的確な政治的判断をできるようにするにはどうすべきか。その指針を丸山が最も具体的に示したのが、五九年の講演「政治的判断」(本書所収)である。そこで丸山はまず、民主的な社会では、指導者だけでなく一般の人々も選択を求められるので、政治的な成熟が万人にとって課題となると確認する。その上で、現実を「可能性の束」ととらえ、その束の中のどれを伸ばしていくかを検討せよという持論を展開する形で、悪の要因を全部誰かに帰着させるような陰謀論に走ってはいけない(同三四五頁)とか、政治は所詮、福沢のいう「悪さ加減の選択」であって、政治にベストを求めることはかえって失望に転化し易い(同三六八〜六九頁）等、さまざまな貴重な指摘をしている。

国際関係をめぐっては、冷戦構造の中で西側に属するからといって、東側の中国を承認できないと決めつけるのは間違っているし、中ソが世界戦争の危険を冒してまで日本に侵略したりしないことは、現状をよく見ればわかるといった主張がされる。国内政治に関しても、長期政権が腐敗を生むことを考えれば、「惰性を破るために反対党を伸張させる」といった「全体状況の判断」が重要であって、野党の公約内容よりも政権交代への配慮を優先して戦略的に投票することもありうる（同三七一頁）とか、英米が二大政党だからといって、日本も二大政党でなければならないわけではない（同三七三頁）等、今日の政治状況について考える上でも示唆的な議論が見られる。

丸山自身の政治的判断はどのような特徴をもっていただろうか。ちなみに彼が同時代の政治を直接の対象として活発に言論活動を行ったのは五〇年代、すなわち全面講和論（論文「三たび平和について」（本書所収）等）からスターリン批判やハンガリー動乱への対応を経て六〇年安保論（論文「復初の説」等）に至る時期であるが、それ以外の時期を含めて、一見したところ状況とは無縁に見える文章や、きわめてアカデミックな研究にも、彼の政治的判断はさまざまな形で反映している。その意味でも、丸山における「本店」と「夜店」といった区分をすることにはさほど意味があるとは思われない。

「三たび」論文では、戦争が世界大の、しかも全国民を動員する全体的なものとなった現在、戦争は手段としての意味を失ったと論じられる（本書二一〇頁以下）。とりわけ原子力兵器の登場が限定的な戦争を不可能にしたので、もはや憲法第九条こそが現実的である。全面講和を目指し、冷戦において対立する「二つの世界」の共存を説く丸山らの認識は、共存の不可能性を説く認識と比べて、少なくとも同程度には「現実的認識」なのであって、要は現実のどの部分を伸張させるかの選択である。米ソ間の対立も絶対的なものではなく、両体制が収斂していく可能性もあるという。

今日の目から見ると、冷戦が破局にまでは至らないと見通した丸山の冷静な分析は、的を射たものであった。しかし、それは現在の時点でできる評価であって、同時代の人々が丸山のように考えなかったとしても、つまり、冷戦の中にある以上どちらかの側に立つ他ないと考えたとしても、いちがいに不見識だったとはいえないのではないか。戦後六〇年以上を経た現在でさえ、アメリカとの対等な関係に言及すること自体が反米的で危険だといった認識が広く見られることを考えれば、当時の人々が「可能性の束」を見積もる際に、丸山よりもはるかに狭い範囲にしか目を向けられなかったとしても不思議ではない。

「三たび」論文で印象的なのは、直前に勃発した朝鮮戦争にほとんど言及がないことである。共同執筆者らとの関係から、戦争が北朝鮮側によって開始されたかどうかという論点を避けた可能性も指摘されている。丸山には「反・反共主義」（梅本克己・佐藤昇・丸山眞男『現代日本の革新思想』下、二八三頁）と自ら呼ぶ態度、すなわち、いわば「全体状況の判断」の観点から、共産主義批判に対してより警戒的になる傾向があったが、このこととも無関係ではないかもしれない。

丸山は、とりわけ初期においては、革命論を含めてマルクス主義に理解を示していた。戦争の被害は社会の下層にまで及ぶが、「革命の鉾先は益々上層権力に集中し、従って、被害も上層部ほど激しくなる」ので、革命が常に正しいとはいえないにしても、それは必要な場合もあるといった議論をしていた時期もある（「政治の世界」、五一―一七九以下）。すでにふれたように、スターリン批判に際しても社会主義への希望をつなごうとした。

しかし、だからといって丸山はマルクス主義者であったわけではない。むしろ彼の中に強かったのは、反共主義こそを自由な社会の最大の敵と見なし、それに対抗しようとする志向であった。日本社会は、少し手をゆるめれば戦前型の超国家主義やその類似物へと逆もどりしかねない、右バネが強い社会であり、左側に相当大きな錘をつけておかなければならないということであろう。こうした丸山のバランス重視の、力学的ともいえる思惟様式は、「全体状況の判断」にもとづいて判断し行動せよとの彼の議論とも通じるところがある。ちなみに「ある自由主義者への手紙」では、彼は、自らが「左右いかなる狂熱主義にも本能的に反撥する」にもかかわらず、共産党に寛容なのは、現状において共産党が民主化の役割を果たしているという「プラグマティスト」としての判断からであるとしている（四―三三二～三三三）。

民主化を進める上で役立つし、保守的な主流派の暴走を抑える安全装置ともなる。こうした観点から左端まで包摂しようとする丸山の判断は、当初は日本の文脈に即したものであったが、五〇年代に入り、相対的に自由な国と見なしていたアメリカでマッカーシズムが猛威をふるうのを目撃するに至って、反共主義一般の危険性という認識にまで至る（「ファシズムの現代的状況」、五―二九九以下）。「俺は赤じゃないということで左に一線を引く」ようなやり方をしていると、自由は封殺されてしまうとして、反共主義を敵とする幅広い連帯を求めたのである。

このような路線は、ひとり丸山の力によるものではないにしても、戦後論壇で長期にわたって優位を占めたものであった。しかし、「左右いかなる狂熱主義にも本能的に反撥する」として、絶対的な真理への帰依を危険視する丸山の思惟様式と、こうした戦略との間に一種の緊張があることは明らかであろう。右にやられないために左への批判を避けるという判断は、戦後のある時期までは妥当であったとしても、その後はむしろ、中道左派を中心とした、保守派に代替する批判勢力の形成を困難にした面もあるのではないか。

丸山は六一年の論文「現代における人間と政治」（本書所収）で、ナチス時代を経験した神学者マルチン・ニーメラーとの関係で興味深いことを述べている。彼はまず、現代が「人間と社会の関係そのものが根本的に倒錯している」「逆さの時代」になっているという時代認識を示す。しかも、変化が徐々に進んでいるため、人々はそれに気付いていない。こうした文脈で丸山は、よく知られているニーメラーの告白を引用する。すなわち「ナチが共産主義者を襲ったとき、自分はやや不安になった。けれども結局自分は共産主義者でなかったので何もしなかった。(中略)それから学校が、新聞が、ユダヤ人が、というふうに次々と攻撃の手が加わり」、自らが属する教会が攻撃された時にはじめて抵抗を試みたが、「すでに手遅れであった」というものである(本書四一一頁)。

一度は振り払ったはずの全体主義の濃霧が、またひたひたと押し寄せてきており、しかも周りの誰もそれを意識していないようであることに丸山は戦慄している。注目すべきは、彼がこのニーメラーの告白から、「端初に抵抗せよ」という(ありがちの)教訓を引き出しているわけではないことである。共産主義者が弾圧された時に抵抗するのが当然であったという「反・反共主義」的な議論をここではしていないのである。

むしろ丸山が注意を促すのは、ニーメラーさえ「自分の畑に火がつくまでは」行動できなかったという事実である。初めから「外側」の異端と自認している人々を別として、ほとんどの人々は自分たちを「内側」にあるものと考えようとし、体制全体を批判することは避けるものである。そのことを前提とした上で、つまり、そうした態度を頭から否定するのでなく、「内側の住人の実感」に寄り添いながら、どう批判を広げていくかが、内と外の「境界に住む」知識人の役割だという（同四三一頁）。

丸山が「内側を通じて内側をこえる」ことと呼んだこの戦略を、彼自身が十分に展開したとはいえないし、それには十分な理由がある。日本の「内側の住人」が責任ある主体とはほど遠いという、彼の根幹にある認識との関係で、それはあらかじめ困難を孕んでいた。「内側の住人の実感」を考慮することで、批判の鉾先が鈍ることを彼は恐れたに違いない。しかし、「政治的判断」の主体を根付かせていくためには、さまざまな方向からのアプローチが必要になるだろう。

丸山を継承するとは、彼がその一身に抱え続けた種々の葛藤と、その思考に内在する緊張とを自らのものとしていくことではないだろうか。

＊さらに深く知るための参考文献

飯田泰三『戦後精神の光芒――丸山眞男と藤田省三を読むために』（みすず書房）
今井弘道『丸山眞男研究序説――「弁証法的な全体主義」から「八・一五革命説」へ』（風行社）
大隅和雄・平石直昭編『思想史家 丸山眞男論』（ぺりかん社）
苅部直『丸山眞男――リベラリストの肖像』（岩波新書）

権左武志「丸山眞男の政治思想とカール・シュミット――丸山の西欧近代理解を中心として」(『思想』九〇三、九〇四号)
小林正弥編『丸山眞男論――主体的作為、ファシズム、市民社会』(東京大学出版会)
齋藤純一『政治と複数性――民主的な公共性にむけて』(岩波書店)
酒井哲哉『近代日本の国際秩序論』(岩波書店)
笹倉秀夫『丸山眞男の思想世界』(みすず書房)
孫歌「丸山眞男における「政治」」(『思想』九八八号)
都築勉『戦後日本の知識人――丸山眞男とその時代』(世織書房)
長谷川宏『丸山眞男をどう読むか』(講談社現代新書)
間宮陽介『丸山眞男――日本近代における公と私』(筑摩書房)
『丸山眞男集』各巻・解題(植手通有・松澤弘陽・飯田泰三)
宮村治雄『戦後精神の政治学――丸山眞男・藤田省三・萩原延壽』(岩波書店)
水谷三公『丸山真男――ある時代の肖像』(ちくま新書)
川崎修『「政治的なるもの」の行方』(岩波書店)
田中久文『丸山眞男を読みなおす』(講談社)
遠山敦『丸山眞男――理念への信』(講談社)
アンドリュー・バーシェイ『近代日本の社会科学――丸山眞男と宇野弘蔵の射程』(山田鋭夫訳、NTT出版)

編者あとがき

本書は、丸山眞男の文章から、代表的なものを選んだ論集である。編集にあたっては、丸山自身が何を自らのテキストとして残そうとしたかを尊重する立場から、生前に企画された『丸山眞男集』（全一七巻、岩波書店）収録作品を対象とした。限られたスペースで丸山のさまざまな側面が見られるようにするため、重要であっても長いものは除外せざるをえなかった。

丸山の生涯については、すでに評伝や解説書が多数あるので、そちらに譲りたい。ごく基本的な情報だけ記すと、一九一四年東京生まれ、東京（帝国）大学法学部にて日本政治思想史を講ずる。同助教授の身分で応召、終戦直前に広島で被爆。戦後論壇で活躍すると共に、政治学界で主導的な存在であり続ける。七一年に東大辞職。九六年没。『丸山眞男集』以外に、『丸山眞男座談』（全九巻、岩波書店）、『丸山眞男講義録』（全七巻、東京大学出版会）、『丸山眞男書簡集』（全五巻、みすず書房）、『丸山眞男回顧談』上・下（岩波書店）、『丸山眞男話文集』（全四巻、みすず書房）などがある。

筆者は丸山に師事するどころか言葉を交わしたことさえなく、丸山について書いたこともない。政治学を専攻してはいるが、日本思想に暗く、政治思想史の研究者であるかも心もとない。

これまで丸山のよい読者ですらなかった。今回、思想史家・市村弘正氏と平凡社の保科孝夫氏の慫慂に抗し切れず、本書の編集に携わることになったが、予想通り、いや予想以上に作業は困難をきわめた。しかし、この機会に丸山と向き合うことができたのは、筆者にとっては貴重な経験であった。

本書の「解説」では、収録した文章を中心に、収録できなかった丸山の仕事、彼の思想史論文などにもある程度ふれながら、筆者なりの丸山の読み方を示してみた。丸山は人々の「思惟様式」に関心をもち続けた思想家であるが、その丸山自身の「思惟様式」、とりわけその内部の複雑さに注目することが何より重要ではないか、と考えたのである。

筆者に期待されたのは、われわれの現在にとっての丸山の意味を探るといった作業であったかもしれず、筆者自身、そうしたことに関心がないわけではなかったが、いざ丸山という海に入ると、そのあまりの大きさと深さに圧倒されて終ったというのが正直なところである。読者諸兄、とりわけ初めて丸山に接する方々には、この一冊をきっかけに、自ら豊かな海に漕ぎ出して行かれることを願ってやまない。

最後に、参照させていただいた先学諸氏、「解説」草稿に対して有益なコメントを頂戴した齋藤純一氏、権左武志氏、出版にあたりお力添えいただいた松澤弘陽氏に感謝する。

二〇一〇年一月

杉田　敦

平凡社ライブラリー　700

丸山眞男《まるやままさお》セレクション

発行日…………2010年4月9日　初版第1刷
2022年7月10日　初版第12刷

著者……………丸山眞男

編者……………杉田 敦

発行者…………下中美都

発行所…………株式会社平凡社
〒101-0051　東京都千代田区神田神保町3-29
電話　東京(03)3230-6579[編集]
東京(03)3230-6573[営業]
振替　00180-0-29639

印刷・製本 ……藤原印刷株式会社

DTP …………株式会社光進＋平凡社制作

装幀……………中垣信夫

ISBN978-4-582-76700-1

NDC 分類番号311.2

B6変型判（16.0cm）　総ページ480

平凡社ホームページ　https://www.heibonsha.co.jp/